# 日本国憲法の真実

## 偽りの起草者ベアテ・シロタ・ゴードン

Eiji Takao
高尾栄司

幻冬舎

# 日本国憲法の真実

偽りの起草者ベアテ・シロタ・ゴードン

ブックデザイン　鈴木成一デザイン室

# まえがき

二〇一六年二月二十九日、オーストリア、ウィーン・ヴェーリンガー通り五十八番の扉前に立っていた。かつて、この木製扉のある建物には、リヒャルト・シュトラウス、クルト・ヴァイル、アルマ・マーラー等文化人や芸術家たちが、知的な会話と情報そして美食を求めて集まったのだという。一九二一年九月二十日、結婚した二人の新居はサロンとなり、新妻はピアニストの夫を守り立て世間に宣伝するため、お手伝いさんと仕込んだウィーン料理やロシア料理で客人をもてなした、と彼らの一人娘は回想録に書いている。現在、両隣は、女性下着店、無国籍装飾店になっていた。そこで、店のドアを開け、「レオ・シロタ」というピアニストがここに仕んでいたのを知っているか、そう訊いてみたところ、どちらの店主も知らなかった。しかし、ここここそが、日本と関係を持つ女性が育った家だった。

ベアテ・シロタという名の女性は、この建物内で五歳半まで育つと、両親と日本へ向けて旅立った。彼女は、「ウィーンでの生活については何も憶えていない」(The Japan Times 13-1-2013)。日本にやって来ると、カルチャー・ショックでそれまでの記憶が全て消されたと語っている。

ヴェーリンガー通りから、私はユダヤ博物館に向かった。ベアテの父親レオ・シロタの資料を探すためである。ところが、そこに関係資料は一点もなかったので、同館内のユダヤ書店に行ってみた。ここでも「レオ・シロタ」という名は見つからなかった。音楽書籍専門店を紹介され、そこで、「レオ・シロタ」「ピアニスト」で探してもらったが見当たらない。彼は著名なユダヤ人ピアニストであることを告げ、ヘブライ語で書かれたユダヤ人音楽関連書籍からも探してもらった。しかし、書店員から「見つからない」と宣言されてしまったのである。

ある音楽研究者によれば、ベアテの父親の本名は、「レイブ・グレゴローヴィッチ・シロタ」だという。ところが、私が彼女の出生証明書をウィーンのユダヤ公文書館で入手したところ、父親名は「レオ－レイブ・シロタ」となっていた。日本では、「レオ・シロタ」であった。なぜ彼は、いくつもの名前を使って生活をしていたのであろう。

ウィーンは、ユダヤ人がヨーロッパで一番多く住んだ都市だった。一九一八年以降、ロシアから多数のユダヤ人が流れ込み、ベアテの育ったヴェーリンガー通りも、ロシアから逃れてきたユダヤ人が多く住んでいたという。

五歳半だった女の子は、その後来日し十年間を過ごすと、米国に渡り、「米国版東京ローズ」として対日工作に従事し、終戦直後に再来日する。そして、当時二十二歳だったベアテは再来日後わずか一か月足らずで、現行の日本国憲法起草に参加したのである。

では、私がなぜこのテーマに取り組むことになったのか。直接のきっかけは、ベアテと同時代を生きた人物から提案されたことにある。日本共産党書記長徳田球一の初代秘書として寝食を共にし、後に日本共産党を除名され、日中貿易に生きたその人物は、私の前著を読むと、彼自身が強く関心を寄せていた日本国憲法に取り組むようにと私に告げ、その後間もなく世を去った。

私も、日本国憲法がＧＨＱからの押し付け憲法であること、それがＧＨＱ本部で秘密裏に作成されたものであることはかねてから気になっていた。そして、憲法が国家、国民の根本をなす大切な基本法であることを思うとき、日本国憲法だけが金科玉条として一指も触れられずに七十年間奉戴され続けてきたことに危機を感じてきた。さらに、ノンフィクション作家として長年にわたり海外取材を続けてくる中で、欧米民主主義と日本の民主主義の在り方の違いにも疑念を持ち、その憲法がどれだけ国民自らの手で作られたものか否かで、その国の民主主義が決まる、と確信するに至っていた。

今日の日本を取り巻く国内、国際情勢が、一九五〇年代の米ソ二項対立構造の時代とは異なり、予測不能なカオス的危機状況にあるのを目の当たりにし、国民が自国の安全保障について関心を持って自覚的に危機に臨もうとするとき、拠って立つ国の基本法（憲法）が重要なのは言を俟《ま》たない。このようなとき、私は日本国憲法が制定されるに至った真実の姿を、国民一人一人に知らせなければならない、と思ったのである。

一九四六年二月四日から九日間、ＧＨＱ司令部民政局で日本国憲法の起草作業が行われた。その作業に参加した米国人二十数名の中に、ウィーン・ヴェーリンガー通り五十八番から五歳半のときに来日したベアテ・シロタもいたのである。

彼女はその後、日本のテレビメディアなどで、男女平等条項の起草者として紹介されると、戦後民主主義の「女神」のような存在として称賛される。日本国憲法の骨子となる人権条項は、当時二十歳そこそこだったベアテ・シロタの起草になるものだということも、日本の主な憲法研究者・学者の間で「常識」化された。なぜ、一介の、憲法には門外漢の若い女性が、憲法起草委員会のキーパースンとして受け入れられたのか？

これを不思議に思い、この人物が有名になったプロセスをつぶさに調査してみると、Wikipedia「ベアテ・シロタ・ゴードン」に記されている数々の美談の裏には、全く別の契機があることが判明したのである。

例えば、男女平等条項を含む人権条項は、現行日本国憲法の第三章「国民の権利及び義務」に入っている。実は、同章の担当班長はピーター・ルーストという人物だが、日本の学者は、この名前からして間違って伝えている。加えて、ベアテの上司であり、日本国民の義務を憲法で規定したこれほどの重要人物が、全く紹介されなかったこと自体、謎なのだ。そこで、私は、ルースト班長の息子たちに接触し、彼らから証言を得、これまで日本人が知らなかった事実を発掘することにしたのである。しかし、どのようにしてそのようなことが出来たのか？

移民の国米国は〝流れ者〟の国でもある。東京のGHQ本部に集まった中にもこうした人が多く、ピーター・ルーストもオランダで父親に勘当されて、米国に流れ着いていたのである。ピーターは元々はライデン大学医学部に在籍し、父親から期待をかけられていた。ところが、信仰上の違いから彼を勘当してしまった父親は、生涯、息子ピーターに会えなくなってしまい、失意のうちに世を去り、母親も町を出ていたのである。

現在米国西海岸に住む彼の息子たちも、一度はオランダまで父親のルーツを求めて出かけてみたもののわからず、私の取材を受けるまで父親の生家を見たことがなかったのである。私がオランダに行き、そんな彼らの父親の生家を探し当て、現在の家主の許可を得て写真に収め、両親の出生証明書と婚姻証明書を取得し、それらをプレゼントすると、彼らは感謝し、以降は父親について、母親について、何でも話してくれるようになった。すると、その結果、憲法の「女性の権利」と「男女平等条項」の背景には、ピーター・ルーストの妻ジーン・ルーストと神智学協会という宗教団体の存在があることが新たに浮上してきたのである。

日本国憲法は九日間の作業で完成した。

しかし、それがどのように始まり、終わったかは、明かされてこなかった。本書で扱われるサイラス・ピーク、アルフレッド・ハッシー、マイロ・ラウエルその他キーパーソンのオーラル・ヒストリーにより、読者は初めてその詳細を知ることになる。作業に当たり、日本の学者は、そこに小委員会が設立されたと記している。しかし、それは名ばかりであった。さらに、その小委員会の起草委員たちは、憲法の書き出しさえわからなかったため、「虎の巻」を求めて東京中を探し回ったのである。そして、この虎の巻を接収してくると、それをそのままコピーしたのである。本書で私は、現行の日本国憲法がどの国の憲法からコピーされ、どの条項になったかを、原文と対照して提示している。STAP細胞事件の小保方晴子氏が〝コピペ〟の罪により学界から除名されたのであれば、コピペ日本国憲法の実態こそ問われなければならないのである。

日本国憲法は、偽りの「小委員会」によって英文で書き上げられると、GHQ本部民政局は日本側代表（松本烝治国務相）に手交し、「日本語にせよ」と命じた。松本国務相は日本案を作り、民政局に届けるが、日本側のなすことは頭から信じていなかった民政局は、この日本文を英文にする確認作業を徹夜で強行したのである。その作業中に通訳をしていたベアテは後に彼女ならではのストーリーを作るが、それで話は終わらない。ベアテは、家族の日本での戦時体験をユダヤ人ホロコーストに重ね合わせて、GHQの仲間に語っていた。それほどまでに彼女の日本への怨みは激しく、それ故に以降、彼女は「復讐心」を背景に、その認識が全くの誤解であったにもかかわらず、その個人的感情を「人類普遍の理念」の反映とされる日本国憲法の中に注入するというパラドックスに陥るのであった。

しかし、こうして作られた米国製文書は、日本国憲法として私たち日本人の前に姿をあらわし、そのまま使われることになったのである。

この度の取材で、私は米国、オランダ、オーストリア、フランスなどを訪れたが、一度として嫌な思いをしたことがなかった。それどころか日本人とわかると誰もが親切に接してくれたことが印象に残り、本当にありがたいことであった。一方で、この世界は国境の壁はますます薄くなり、コスモポリタン的反国家、反体制テロリスト集団が国境を超えて跋扈《ばっこ》し、無差別・非道なテロ行為を繰り返している。第二次世界大戦の教訓から生まれた国連は形骸化し、「世界の警察」米国の国威が衰退し、新興大国がムキ出しの国家エゴを振るう中で、「平和を愛する諸国民の公正と信義」に依存する我々が戴いてきた現行憲法は日本国と国民の安全保障を本当に担保できるのだろうか——? 今を生きる者、これから生きてゆく人たちが、現行憲法が制定されるに到った真実の姿を本書を通して考えていただければ幸いである。

目次

## 第六章　偽りの起草者——281

# GHQ民政局憲法起草組織図

- 最高司令官ダグラス・マッカーサー
  - コートニー・ホイットニー局長
    - 運営委員会
      - チャールズ・ケーディス
      - アルフレッド・ハッシー
      - マイロ・ラウエル
      - ルース・エラーマン

**立法権委員会**

フランク・ヘイズ
ガイ・ソープ
オズボン・ハウギ
ガートルード・ノーマン

**行政権委員会**

サイラス・ピーク
ミルトン・エスマン
ジェイコブ・ミラー

**人権委員会**

ピーター・ルースト
ハリー・ワイルズ
ベアテ・シロタ

**司法権委員会**

マイロ・ラウエル
アルフレッド・ハッシー
マーガレット・ストーン

**地方行政委員会**

セシル・ティルトン
ロイ・マルコム
フィリップ・キーニー

**財政委員会**

フランク・リゾー

**天皇・条約その他諸事項委員会**

ジョージ・ネルソン
リチャード・プール

# 第一章 ロシア系ユダヤ人の「運命」

## 著名音楽家レオ・シロタの娘として

二〇一二年十二月のことだった。私が彼女の住むニューヨークの自宅に連絡を入れて訪米を告げると、すぐに面会を承諾してくれた。しかし、訪米が少し暖かくなる初春になる、そう告げると、彼女は電話口で口ごもった。今思えば、あの時、自分はそこまで生きられない、そう告げたかったに違いない。彼女が膵臓癌《すいぞうがん》で他界したのはそれから数日後の十二月三十日であった。

日本国の憲法草案作成に関わったＧＨＱ司令部の民政局員、彼らの誰も自分が起草者であったなどと公言したことはない。そして、そのことを、回想録にも残していない。ところが、この二つを行ったのが、ベアテ・シロタ・ゴードンという女性である。

ベアテ・シロタ・ゴードンは一九九〇年頃までは無名な女性として暮らしていた。自らを日本国憲法の起草者などと公言することもなく、生活のために一心不乱に生きてきた。とりわけユダヤ人特有の教育への関心の高さで、一男一女を育てることに夫と共に専念した。

そんな彼女の転機は、大阪に住むテレビ・プロデューサーによってもたらされた。彼は、日本国憲法起草に関わった米国人生存者へのドキュメンタリーを企画しており、その一人としてベアテを知ったのである。ところが、取材を申し込むと彼女は、

「私はマッカーサーから許可をとらなければならないから」

と、あのGHQ総司令官ダグラス・マッカーサーの名を口にし、断りの返答をしたという。しかし、テレビ・プロデューサーは再度、

「あなたのことを知らなければ日本国憲法の性格は描けません」

そう懇願した。すると、これを聞いたベアテは何か思い詰めたような表情をして、申し出を受けたのである。


テレビ放映は成功を収め、その中でベアテは日本国憲法に男女平等を書いた女性として紹介され、その名前が知られることになった。すると今度は、日本語を話せるベアテに着目した女性プロデューサーがベアテに回想録出版の企画を持ち込んだ。それが『1945年のクリスマス 日本国憲法に「男女平等」を書いた女性の自伝』(以下『1945年のクリスマス』と略)という題名で出版されると、ベストセラーになり、ベアテには日本での講演の依頼が殺到し、それ以降彼女は二〇〇回以上も来日し、日本国憲法に男女平等を書いた話をし続けたのであった。

二〇一三年一月九日、信濃毎日新聞一面の「斜面」欄で、ベアテ・シロタ・ゴードンが「憲法の男女平等の起草に携わり先日亡くなった米国人女性」として紹介され、記事には彼女がかつて暮らしていたことのある軽井沢について書かれていた。

ベアテは、戦時中にしばらく住んでいた軽井沢の別荘のことを気にしていて、来日の度に探していたという。九〇年代に彼女のテレビドキュメンタリーが作られた際にも、大阪からテレビ制

作者と当地を訪れたのであるが、軽井沢の変貌を眼前にし、その別荘は見つけられずに帰国の途に就いたのだった。ところが、一九九九年五月、地元の案内人に連れられて「浄月庵」という名のついている作家有島武郎のかつての別荘の二階に入ったとき、その部屋こそ、一九四五年に彼女が再来日した際にベッドで横たわっていた母親と再会したところだと記憶がよみがえり、目に涙を浮かべ「ここにベッドがあり、母が寝ていました」と語ったという。

ベアテの父レオ・シロタは、戦前日本で活躍したピアニストであった。ロシアのキエフでユダヤ人として生を享《う》けたため、幼少のころから差別に直面しながら生きてきた。ユダヤ人であることは一寸先が闇だった。隣人の密告などによって逮捕されるとそのまま強制収容所に送られ、この世から消えていってしまう人も多かったのである。そんな運命にあったベアテの父親レオ・シロタが出会った国が日本であった。

レオ・シロタは旅するピアニストであり、一九二三年にベアテが生まれたときもロンドンに演奏旅行中だった。彼はヨーロッパやソビエトで演奏活動を行った後、さらにアジアに向かった。ウラジオストック、北京などで演奏会を行うと、旧満州のハルビンにも足を延ばした。ハルビンはロシアが極東進出の拠点として建設した西洋風の街で、白系ロシア人の人口は数万を数え、ユダヤ人も一万人ほどいた。

そして、ここでの滞在後、シロタはさらに日本への演奏旅行をする。一九二八年十一月十五日のことだった。彼の演奏会は朝日新聞社講堂で行われ、当日は大勢の西洋音楽ファンが詰めかけ、音楽批評家はシロタを激賞し、聴衆も熱狂的歓迎を示した。

私はニューヨークでレオ・シロタの子孫に会ったが、その日本公演で、レオが「ヤマハのピアノを使って演奏したため製造元である日本楽器製造を喜ばせた」というエピソードを知った。ヨーロッパで活躍中のピアニストが、自社製ピアノを演奏してくれたことをことのほか名誉に感じた日本楽器は、レオ・シロタの宣伝に努めた。

ヨーロッパから遠く離れた日本は、ユダヤ人の問題には政治的に無関心であること、しかもレオのようなそれなりに有能なピアニストであれば、無条件で王侯貴族のような待遇が得られることをレオは日本公演で確信できたのである。

ベアテは回想録『1945年のクリスマス』の中で、父親のレオが日本公演から戻った時の状況を次のように説明している。

「第一次大戦後、多額の賠償金をかかえたドイツは慢性の不況に悩まされていた」

そして、その不況は、ドイツ一国にとどまらず、ヨーロッパ経済そのものを不安定なものにしていたために、レオ・シロタの生活も満足のいくものではなく、

「ヨーロッパ各地で予定されていたコンサートは次々とキャンセルされた」

という。

シロタ一家は、前年、東京音楽学校の教授を委嘱されたことを機に一九二九年、ユダヤ人家族の安全と生活を守ってくれる理想郷日本へ移住することを決断した。五歳のベアテを連れ、一家は夏にウィーン駅を出発した。夏なので荷物も軽く動くのも楽だ。モスクワに到着するとシベリ

ア鉄道に乗り換え、終点のウラジオストックに着いて列車の旅は終わった。そして、翌日、日本海を渡り、一家は横浜港に到着した。シロタ一家がヨーロッパを脱出した二か月後にアメリカで株の大暴落が起き、後にレオの兄弟はアウシュヴィッツに送られ命を絶たれたという。

日本でのベアテの家は、東京市赤坂区檜町十番地、古い西洋館であった。そこでは彼女の父親レオだけでなく母親アウグスティーネも、弟子たちにピアノのレッスンを行って生計を立てることになった。ベアテは回想録に次のように記している。

「乃木坂から横丁に入ると、モーツアルトが聞こえてきた。ピアノの音色で、それは母がお弟子さんに教えているのだとわかった。父の弟子になるにはまだ未熟だという生徒には、母が手ほどきをしていた」

「私は母の弾くモーツアルトを聴くと急に嬉しくなった。母に報告することが、今日は飛びきり多かった。両手の中でおはじきをマラカスのように鳴らしながら帰った」

（『1945年のクリスマス』）

乃木坂での生活は夢のような日々に変わった。オーストリアでは反ユダヤ主義が蔓延し、ユダヤ人は迫害に直面していた。生まれ故郷ウクライナのキエフでは、両親はポグロム（十九世紀後半から二十世紀初頭にかけロシア国内で行われたユダヤ人に対する迫害）も体験していた。ところが、日本人はユダヤ人を差別をしなかったばかりか、ドイツ語を話すオーストリア人として認めてくれたため、ヨーロッパでも経験したことのない身分昇華が起きたのである。ユダヤ人であったベアテは、ウィーンでは通りで遊んだことはなかった。しかし、日本では、東京の空の下で自由に走り回ることができた。

近所の同年代の子供と遊んでいると、日本語もどんどん吸収できた。驚くべきことに、五歳のベアテは日本語を三か月で話せるようになったと回想録で語っている。

ベアテの言に基づいて作成された「ベアテ・シロタ・ゴードン関連年譜」には、

一九二八年　父レオ・シロタ、ハルビンで山田耕筰に請われ、日本で演奏会を開く。その際、東京音楽学校の教授を委嘱される。
一九二九年　夏ウィーンよりシベリア経由で来日。（略）父は東京音楽学校のピアノ教授に就任。

というように記されている。しかし、実際にレオ・シロタが東京音楽学校教師に就任したのは一九三一年であった。

東京音楽学校はヨーロッパ出身の外国人教師を多く擁していたが、その中にはユダヤ系教師もいたのである。彼らは一様にユダヤ人迫害のために日本に逃れてきていたが、そんな彼らに日本政府は年俸五四〇〇円を支払っていた。ちなみに総理大臣の月収は八〇〇円、年俸九六〇〇円ほどであった。シロタは一九三一年六月十四日、奏楽堂での東京音楽学校演奏会に出演したが、音楽学校ピアノ科教師の職を得たことにより、シロタ一家は確たる安定と周囲からの尊敬を得ることになったのである。

レオは自宅でのレッスンも行った。レッスンは通常一回三十分、週四回、月謝は三十円と、小学校教員の給与の半分に当たるほど高かったが、「父の噂を聞いて弟子入りを希望する生徒は後を絶たなかった」とベアテは回想録で述べている。

ベアテ一家総掛かりで編集したという『１９４５年のクリスマス』の英語版、*THE ONLY WOMAN IN THE ROOM* には、一九三一年までの家族写真は少ない。しかし、父親レオが東京音楽学校のピアノ教授に就任して三年目、一九三三年になると乃木坂の家に知人を集めての誕生会の写真が載せられている。その一枚には、日本人のお手伝いが三名、ベアテの女性家庭教師、母親が正面に立ち、招待された客八名がテーブルで寛《くつろ》ぎ、父親レオはベアテを脇に立たせて満足そうな笑顔で収まっている。

ベアテはこの時、十歳。六歳から大森のドイツ人学校に通っていて、三か国語（独露日）が話せるようになっていた。ところが、両親は日本語が話せないため、大人の会話だけでなく役所とのやり取りまでベアテは通訳代わりに駆り出された。

一九三四年頃からレオの隆盛が始まった。

「父は演奏会も精力的に開いた。土・日曜は関西での公演と大阪、神戸のお弟子さんたちのレッスンにあてられるようになった」（『１９４５年のクリスマス』）

戦前の交通事情を考えてみれば、彼の行動範囲の広さは驚くべきことであった。神戸にはユダヤ人が居住していたため、関西に行くと大阪から足を延ばした。彼らは国際的なネットワークを持っていたので、話は音楽上のことだけでなく、日本人が持っていたものとは異なる次元での情報交換がなされたに違いない。そして、東京に戻ってくれば第一級のピアニストであったため、レオ・シロタは外交官や政治家などとも簡単に知遇を得られる立場にいた。このことはベアテ自身が、「元総理大臣で外務大臣を務めた広田弘毅が（近くに）住んでいて、父とは顔なじみだった」「我が家には、一家の保証人のような山田耕筰をはじめ、（略）近衛秀麿や徳川家、三井家、朝吹家といった名家の人々が、頻繁に訪れた」と記し、「外国の大使館員たちもよく訪れ、英国大使の娘は私の友だちになった。母は、父の後援者を作るためにパーティーをよく開いた」（前掲書）と書いていることからもわかる。

しかし、そのパーティーは単なるおしゃべりクラブではなかった。

「このサロンのおかげで、ヨーロッパの新情報がもたらされた」とベアテが述べているように、レオの私邸は東京でも最高水準の情報がもたらされる館でもあったのである。時は第二次世界大戦に向かっており、前述のような人たちは誰もが国際情勢に関する情報を探っていたのである。

## 転変したユダヤ人の運命

やがてベアテも、自分たちが置かれた現実に直面する。大森のドイツ人学校では、ヒトラーが首相に就任してから、ナチスの青少年団「ヒトラー・ユーゲント」が結成され、生徒は毎朝「ハイル・ヒトラー」と言ってから「ホルスト・ヴェッセル・リート」を歌わされるようになった。このような学校生活にユダヤ人のベアテは反発したためか、「道徳」の成績がAからCに下がってしまった。彼女の両親は異変を感じ、学校に問い合わせた。結果はすぐにわかった。

ベアテは生徒の父母がいる誕生会の場で、「ザール地方はドイツに返還されるよりも国際連盟のものになった方がよい」と発言したのだ。

ザール地方はドイツの一部であるものの、第一次世界大戦後は国際連盟により統治されていた。そこがドイツに返還されない方がよい、ベアテはそう発言したというのだ。母親が学校に行くと、ドイツ学校の教師はベアテの母親を叱りつけた。学校で叱責されて帰ってきた母親は、ベアテに向かってこう言ったという。

「公の場では、政治について触れてはなりません。私たちは、この国ではいつも〝ゲスト〟であることを忘れてはいけません」

（前掲書）

ベアテはヨーロッパでユダヤ人が迫害を受けていることは、生徒たちの会話から知ってはいた。しかし、大森のドイツ学校でそれが自分に降りかかってきたのである。

ドイツでは、一九三三年にナチスが政権を取ると、ドイツ各地でユダヤ人が迫害されるようになった。各地の音楽大学や劇場からも、多くのユダヤ人が追い出され、排除された。そんなユダヤ人音楽家の希望の地になっていたのが日本であった。

しかし、ナチス文化政策を推進していたドイツ政府は、日本で活躍するユダヤ人音楽家にも目を向け、シロタを含めたユダヤ人音楽家のリストを作成し、彼らを日本から排除するよう日本政府に向けて働きかけていた。例えば、「シロタのレコードを発表したレコード会社の日本コロムビアには、ナチス・ドイツからユダヤ人のレコードを発表しないように圧力がかかった」（『日本を愛したユダヤ人ピアニスト——レオ・シロタ』山本尚志）という。

このような状況の中で、ドイツ人が気にする領土問題についての発言をベアテが行ったのである。密告者が出てくるかもしれない。その時にはシロタ一家に身の危険が及ぶことになる。少なくとも、そのままドイツ人学校に在学させるわけにはいかないと判断したのだろう。一九三六年九月、ベアテは中目黒のアメリカンスクールに転校させられた。十三歳の頃で、来日してから七年が経過していた。ベアテがアメリカンスクールに転校するきっかけは、このドイツ人学校での事件にあった。しかし、英語版の回想録を見ると、一九三六年二月二十六日に起きた二・二六事件も、「私たちの生活に混乱の要素をもたらした」と述べている。二・二六事件が起きた日、ベアテの家の近くの道路は封鎖され、彼女の家の前には憲兵が配置された。これはシロタ家を守るためではなく、実は、父親レオが同事件の関与者の一人と疑われていて、シロタ家が監視状態に置かれていたからだった。

当時、東京に住んでいた西洋人たちは、生活上やむを得ずに日本人と付き合う場合以外は、自分たちのみの社交を持ち、有色人種に対する優越感を持って暮らしていた。彼らは、軽井沢や箱根、日光中禅寺湖を訪れては、西洋人同士の交流を好んだのである。ところが、そんな西洋人もユダヤ人とは距離を置き、特にドイツ人はユダヤ人とは交わろうとしなかった。

「ユダヤ人は一切大使館の出入りを禁じられていたばかりか、館員たちは途でユダヤ系独逸人に會っても會釈することも許されていなかった」

（『日本の幻想』加藤子明）

一九三八年ヒトラーがオーストリアを併合すると、ユダヤ人たちは市民権を失い「無国籍」となった。そして、一九三九年以降は日本に住むドイツ人たちの間でも反ユダヤ運動が起こり、日本に在住しているユダヤ人が日本の安全にいかに危険かを宣伝する活動も始まった。

レオのユダヤ人仲間は覚悟を決め、日本を去ることにし、米国大使館に行き査証を申請した。このようなユダヤ人仲間の情勢を見て、レオは娘ベアテを米国の大学に留学させることにした。

十三歳でアメリカンスクールに転校した彼女は、二年半の在学中に自分の中に語学の才能を探り当てることになる。彼女は回想録に、

「私は、さしも努力しないでドイツ語、フランス語、英語、ロシア語、ラテン語、そして日本語をマスターし、母が言ったように語学は抜群の成績をとることができた。一五歳でアメリカンスクールを卒業するとき、私は日本の『義理』について英語で演説し、良い点をもらった」

（『1945年のクリスマス』）

と記している。このように、彼女の語学力はなかなかのものだったが、日本語については正式に学んだものでなく、ベアテの日本語の読解力や書く能力はそれほど高いものではなかった。

## 広田弘毅に頼み米国留学へ

アメリカンスクールを十五歳半で卒業すると、ベアテは米国カリフォルニア州オークランドにあるミルズ・カレッジという女子大に入ることになった。

ではベアテはどのようにしてミルズ・カレッジを見つけたのか。一九九九年に受けたインタヴューの中で、当時十六歳の彼女は、アメリカンスクールでラテン語を担当したジョーゲンソンという伝道師がミルズを紹介してくれ、カリフォルニアは日本から近いために両親がそこを選んだと答えている。しかし、質問者から、

「カリフォルニアに親族、知人はいたのですか?」

とさらに聞かれると、ベアテは、いったん、

「No（いません）」

と応じたものの、その後に、

「Well, yeah（ええ、おりました）」

と言い換えて、アン・ベアワルドという女性の名を挙げている。アンもドイツ人学校とアメリカンスクールに学んだ日本在住経験のあるユダヤ人であった。ベアワルド家はドイツのみならずヨーロッパ全域からユダヤ人を米国に移住させる救援組織「ジョイント」の仕事をしており、彼らの親族もミルズ・カレッジに入っていたのである。


ミルズ・カレッジはサンフランシスコ郊外にあった。日本から近く、サンフランシスコなら船に乗れば容易に到着できた。ところが、ミルズ・カレッジ留学が決まったものの、米国入国ビザ取得で壁にぶつかった。

米国大使館に行くと、「ビザ取得には十年間犯罪とは無関係であるという証明書が必要」といわれ、さらに、来日前に住んでいたオーストリア政府発行の無犯罪証明書も要求された。

ヨーロッパでは身分を隠すために通名を使うものが多くおり、ビザ取得には出生届を要求される可能性もあった。実は、レオの本名もレオ－レイブ・シロタ（Leo-Leib Sirota）で、レオ・シロタとは通名であった。だから、ベアテには出生証明書での照合が必要になってくる。

しかし、ユダヤ人はそうした出生届や証明書の入手が難しく、公式にはこの世に存在していな

い人間として生きていた。

そもそも東京在住のユダヤ人は、ドイツ大使館への出入りすら禁じられていた。その事情を話すと、米国大使館は、日本の警察が発行する証明書でも可能だといったという。しかし、日本の警察がそのような証明書を発行するはずはない。そこで、最後の手段としてベアテの両親は、「広田元首相に頼みにいった」と、ベアテは書いている。

広田元首相とは、一九三六年から三七年まで内閣総理大臣を務めた広田弘毅のことである。広田の家はベアテの家と同じ町内会で、互いに顔なじみだったという。

レオの依頼に対して、広田は米国駐日大使J・グルーに電話を入れてくれ、ようやく米国入国ビザが出された。このような広田弘毅元総理がしてくれた特別な計らいに対して、ベアテは後に一切の礼の言葉も残していない。

「一九三九年八月初旬、私は両親とともに日本の貨物船でサンフランシスコに向けて出航した。ひとり娘の留学先を見届けるため、父と母は心配でついて来たのだった」

（以下傍線はすべて筆者による）

ベアテは日本語版回想録『１９４５年のクリスマス』の中で、このように記している。しかし、英語版の回想録では、この部分が次のようになっていた。

In early August 1939, my parents and I set sail for San Francisco on a Japanese freighter. My parents came...because it seemed an opportune time for them to get immigration visas and begin procedures for acquiring U.S. citizenship.

（*THE ONLY WOMAN IN THE ROOM*）

つまり、英語版回想録では、以下の傍線部訳にあるように、両親同行の理由は異なっている。

「一九三九年八月、両親と私は日本の貨物船でサンフランシスコに向け出航した。私の両親が来た（略）その理由は、両親にとっても米国入国ビザを取得し、米国市民権獲得の手続きを始める好機になると思っていたからでした」（筆者訳）

両親は自分たちの米国市民権獲得の準備のためについて来たのだった。

この時期、東京にいたベアテの父親のユダヤ人の友人はどうしていたか。

例えば、東京音楽学校でレオ・シロタの同僚であったクラウス・プリングスハイム一世は、タイに職を求めて渡っていた。しかし、一九三九年になると、タイ政府がユダヤ人を国外追放したため、日本に戻ってきた。

このような中、レオ・シロタは、ベアテの米国留学を機に、自らの米国移住の可能性を探るために米国に出発したが、米国市民権は簡単には手に入らないことがわかっていた。それでも、一度入国しておけば、米国入国書類は将来に米国市民権を取る際の有益な証拠になると思って保管することにした。

ベアテはサンフランシスコ郊外にある女子大ミルズ・カレッジに入学したとき、まだ十六歳であった。現在の日本なら高校一年にあたる年齢である。ミルズ・カレッジは四年制の教養学部からなる女子大で、学生は興味のある科目を選択できるようになっていた。このため、ベアテは自分が得意とする日本語、フランス語などを選択した。しかし、女子大のミルズ・カレッジは、裁縫が全員に課せられており、ミシンの置かれた教室で、誰もがその操作を覚えないといけないという説明を聞かされると、ベアテは大声で泣き出したという。

一九四〇年、大学生活最初の夏休みに入るとベアテは日本に帰り、二か月間の休みを過ごして、大学寮に戻った。そして、大学二年生に進級した一九四一年七月、今度も両親が米国にやってくることになった。

一九四一年七月といえば、日米開戦の気運が高まっている頃で、二度目の訪米についてはベアテの母アウグスティーネが生前に書き残し、まだ日本語に訳されていない十頁ほどの回想録がある。そして、それを読むと、レオたちの訪米の目的が米国移住だったことがはっきりとわかる。

彼らが米国に着いて三か月目となる一九四一年九月、アウグスティーネは、サンフランシスコのホテルに一人残されて夫が帰ってくるのを待っていた。

レオは、ヨーロッパから米国に移住した旧知の音楽家に会いにロスアンゼルスに行っていたのである。そして、その会見次第で、夫妻は東京音楽学校との契約を破棄して米国に残るか、東京音学学校との契約を遂行するべく日本に戻るかを決めることになっていたのだった。アウグスティーネは彼女自身が書いた稀少な回想録の中に、夫レオが帰ってきたときの様子を次のように記している。

Leo comes back from Los Angeles depressed, can't see a future for himself in U.S., insists on returning to Japan, saying that in spite of everything, he doesn't think war will break out.

「レオは意気消沈してロスアンゼルスから戻ってきた。彼は米国では自分自身の将来が見つけられないと言い、あらゆることを考えても戦争は起こると思えないので、日本に帰ると主張した」（筆者訳）

レオの主張に対し、アウグスティーネは米国に残ることを強く望んだ。そのためレオとアウグスティーネは米国に残るか残らないかで激論になったが、結局はレオの考えが通り、アウグスティーネは夫に従うことにして、一九四一年十一月十二日に横浜に向けて出航したのだった。

## 日米開戦とシロタ家

一九四一年十一月十八日、ベアテの両親は日本に帰ってきた。ところが、彼らはスパイ容疑者になっていた。実は、レオ夫妻は横浜港から竜田丸で出港する際に、彼らを見送りにきたチェコ共和国のF・ハヴリーチェク駐日公使から、米国到着後ある封書を投函してほしいと依頼され預っていた。

封書はエドヴァルド・ベネシュとヤン・マサリク宛てのものだった。

エドヴァルド・ベネシュは一九三八年十月以降、チェコから英国ロンドン郊外のグウェンドレン通り二十六番地に住み、彼自身を大統領、ヤン・マサリクを外務大臣とするチェコ亡命政府を設立して活動を行っていた。E・ベネシュは元チェコ共和国大統領で、ソビエトと同盟を結ぶことがチェコの国益になるとの考えから、スターリンとも親密な関係にあり、ソビエトのスパイとも言われていた。

一方、ヤン・マサリクは一九二五年に駐英大使になったが、一九三九年三月にドイツがチェコを保護国化し、チェコスロバキアが事実上消滅すると、E・ベネシュ元大統領とロンドンに逃れていた。そして、東京の駐日チェコ公使館もドイツの権力下に置かれ、ドイツ側に接収され、日本政府とも国交断絶に入っていたのである。そのような中で、駐日チェコ公使F・ハヴリーチェクはチェコ亡命政府への参加を表明し、ロンドンにいたE・ベネシュとJ・マサリクに日本および極東の情報を送っており、ベアテの両親は、彼らの使者としての仕事を引き受けていたのである。しかし、駐日公使F・ハヴリーチェクの身柄が確保されていたため、レオ夫妻は日本に帰ってくると弁護士からくれぐれも行動には注意するよう申し渡され、乃木坂の洋館にたどり着くことができた。

このようなことがあった後、レオが東京音楽学校に行き学校長と面会すると、彼は予期もしていなかったような歓迎を受け、学校長はドイツ政府が実施しているユダヤ人政策は東京音楽学校の人事には影響しないことを確約してくれた。この言葉にレオは日本に帰ってきた決断が正しかったと納得し、十二月六日に大阪まで個人レッスンに行き、翌十二月七日に東京に戻ってきた。

ところが、シロタ夫妻が日本に到着してから二十日後の一九四一年十二月八日、日本軍によるハワイ真珠湾攻撃で日米戦争が勃発した。

すると、翌十二月九日に、ロンドンのチェコ亡命政府が日本に宣戦を布告してきたのだ。このため、ベアテ夫妻に運び屋をさせたF・ハヴリーチェク駐日公使は逮捕され、一年間投獄されることになった。

日米戦争が勃発した日、ベアテは友達と映画に出かけ、大学寮に戻ったときに寮生から開戦を知らされたのだ。これを知ってベアテは、

「日本はなんてバカなことをしたんだ。こんな巨大な国を相手に戦争するなんて」（『１９４５年のクリスマス』）と思い、腹が立ったという。

真珠湾攻撃から二週間後に、ベアテが銀行に行くと、送金振り込みがなく、両親からの手紙も途絶え、

「ナチのユダヤ人強制連行のニュースが浮かんだ」（前掲書）

日本からの送金が止まり、預金残高が残り少なくなったことがきっかけだった。一九四二年の夏休みになると、ベアテはアルバイト先を探すことにした。

一九四二年の夏といえば、ルーズベルト大統領が大統領令9066号を発令してから間もなかった。一九四二年二月十九日に同令が発せられると、米西海岸のカリフォルニア、オレゴン、ワシントン各州に住んでいた日系人約十二万人に運命の大転換が起きた。全財産を没収された上、彼らは強制的な立退きを命じられ、着の身着のまま、監視塔から銃を手にした看守が目を光らせる鉄条網に覆われた収容所に送られたのだ。彼らにあてがわれた住居は、隙間風が吹き込むバラックで、隣室を隔てる壁も天井に届かず隣人の囁き声まで聞こえる所だった。テーブルや机などは自らが廃材で作って暮らした。このような所に強制収容された日系人たちは、終戦の年までそこに留め置かれることになったのである。

そんな頃であった。米国政府機関は皮肉にも日本語のわかる人材を必死になって探していた。しかし、日本人や二世は一人残らず強制収容所に送られていて探すのは難しかったため、リクルーターはベアテが在籍する小さな女子大にまでやってきた。

ＦＢＩ（米国連邦捜査局）もリクルートにやってきたため、ベアテはＦＢＩに応募した。しかし、

彼女は米国市民権を持っていなかったため、採用されなかった。ところがCBSリスニング・ポストがベアテに興味を示し、採用してくれた。仕事の内容は、東京から流されてくる日本語短波放送を傍受することだった。

こうしてベアテがアルバイトを始めたCBSリスニング・ポストであるが、一九四二年九月にFCC（Federal Communications Commission）外国放送宣伝部と名称変更された。この運営体は特殊情報機関であったため、給与は週給三十ドルと、一般的な日系人の所得の六倍もの額が支払われた。職場は町で一番高いエンパイア・ホテルの最上階十七階と十六階にあり、東京からの短波放送に合わせて、ベアテはそこで午後三時から夜十一時まで働いた。

しかし、彼女は学生であった。アルバイトのために学業がおろそかになって中退などしてはならなかった。中退になってしまえば、米国移住が困難になる。そこで、授業と勤務時間の事情を上司に伝えると、担当者が特殊な仕事内容だからと大学側に説明してくれ、ベアテは授業出席が免除された上、レポート提出などに振り替えてもらえ、FCC外国放送宣伝部の仕事ができることになった。その際に、女子大学長は、「あなたは大きな任務を持っています。この国のために役立てて下さい」と言ったという（『1945年のクリスマス』）。これに対し、情報員となったベアテは、

「自分が育った日本を敵にまわすことになるという意識もなかった」と前掲日本語版に記している。ちなみにこの部分は英語版では、

「I did want to help defeat their military」つまり、日本軍を打ち負かすべく支援をしたかった、

となっている。

ベアテは回想録『1945年のクリスマス』の中で「私は十八歳になるのを待って、すでにアメリカ国籍をとっていた」と記している。これをそのまま受けとれば、彼女は一九四一年に米国籍を取得したということになる。しかし、それは偽りであり、彼女が米国の国籍を正式に取得できたのは、一九四五年になってからのことだ。米国籍取得には審査が必要となり、雇用証明に加え銀行預金証明も必要とされるので、米ドル預金額を増やし、保証人も探さなければならなかった。だから、ベアテが十八歳でアメリカ国籍を取得したということはありえないことだったのである。

では、ベアテはなぜ日本語版回想録の中にだけそのような嘘を記したのか？

それは、GHQ民政局員の身元調査を行ったC・A・ウィロビー参謀二部長が指摘するように、実は一九四五年に米国籍を取得したばかりの新米米国人が、日本国憲法の起草作業に参加するなど厚かましすぎると思われてしまうからであろう。

一九四二年当時といえば、彼女は念願の米国籍取得のため、ドル預金額を増やし米国政府への貢献の実績作りをしなければならない時期だった。しかし、日本からの短波傍受というトップ・シークレットを扱う仕事柄待遇も改善され、給料は週給五十ドル、日系人の十倍にもなった。本来なら大学寮に無一文で暮らしていたはずの彼女は、日系人が強制収容所送りにされて日本語を使える者がいなくなったために、一般米国人の二倍もの破格の給与で遇される身分になれたのである。

日米の戦争下で、ベアテほどその恩恵を味わっていた者はいなかった。しかも、ＦＣＣ外国放送宣伝部は日本からの情報受信の最先端基地だったので、彼女は父親に関係する情報も入手できるのではと期待していた。すると、想像していたように、父親レオの情報が上司によってもたらされた。その日、上司がベアテのところにやってきて、

「ミス・シロタ、あなたと同じ名字の人のことが出てるよ。親戚じゃないの」

ワシントンから届いたテレックスを読みながら、そう伝えたという。以下、彼女の回想録『１９４５年のクリスマス』から引用してみる。


「シロタの名前を聞いただけで、私は反射的に立ち上がっていた。父のことに違いないと思ったからだ。

〈今日、ピアニストのレオ・シロタが東京音楽学校を罷免された……〉

テレックスには、父の名前に続いて罷免された外国人教授の名前が載っていたが、私はもう見ていなかった。

あれほど日本を愛し、上野の音楽学校の生徒たちを可愛がっていた父を、日本は拒絶し、追放したのだ。私は電気にかかったように全身がしびれた。その後から恐怖が湧いてきた。

私は机の上に顔を伏せた。その泣き声に上司はびっくりして飛んできた。彼は私を慰めてくれ、日本にいる両親と交信できる方法を教えてくれた。

私はすぐにF・C・Cから一二、三分の国際赤十字の事務所に飛び込んで、日本に電信を打ち、返事がもらえるように手配した。その費用は二五ドルもかかった。

しかし返事はなかった。

戦争は日ごとに激しさを増していった。この年の秋、南太平洋では日米のつばぜり合いが伝えられ、年があけた四三年一月、（略）」

この文面からすれば、父親レオ・シロタは一九四二年に東京音楽学校から罷免されたことになる。そして、この「一九四二年」は重要な年となる。というのも、ベアテは生涯を通してずっと、「一九四二年」に東京音楽学校を罷免された父レオは母アウグスティーネと共に同年に軽井沢に強制的に移動させられ、そこで一九四五年の終戦まで三回もの厳冬体験をさせられた——、と頭から信じ込んだ上で、両親の軽井沢体験を、ユダヤ人が体験したアウシュヴィッツ強制収容所体験に置き換えるがごとくに語っていたからである。

レオ・シロタが一九四二年に軽井沢に強制移動させられたというのは、母アウグスティーネから聞かされたのだろう。というのも、日本ではほとんど知られていないアウグスティーネの小さな回想録には、彼らが一九四二年に軽井沢に避暑に行き、そこから帰った一九四二年の年末に、レオは音楽学校長に呼ばれ、解雇を宣告されたと述べられている。そして、その年、つまり一九四二年、東京から軽井沢に「自らの選択でなく、強制的に」疎開させられ、「怖れ、空腹、絶望で悲惨な冬を三回も」送らされたと記されているのだ。
このような母親アウグスティーネの言葉を受け、ベアテも自身の回想録に次のように書いている。

「夏の軽井沢しか知らない二人は、この地が冬には零下一五度にまで下がることを知らなかった。若い頃から演奏活動を続け、旅慣れている父は、一時的な軽井沢生活と軽く考え、旅気分でいた」

「一九四二年は、肉類は不足していたがなんとか生活がしのげた。四三年になると、同盟国、中立国の大公使館が軽井沢に疎開を始めた」（『１９４５年のクリスマス』）

このようにベアテも、両親が「一九四二年」の冬を軽井沢で越し、翌四三年、次の四四年そして四五年のクリスマス以降もそこで強制疎開生活を送っていた、と頭から信じて記していたのである。彼女は、そんな両親の別荘には、「毎日、憲兵が様子を見にやってきた」と述べ、次のように続けている。

「独り娘を敵国アメリカに留学させていることが大きな原因だった」
「父は、日本人にも外国人にもピアノのレッスンをすることを禁止された。画家が絵具を取り上げられたのと同じだった。（略）父が働けないことで、生活は底をついた」（前掲書）

父親のレオ・シロタは、日本人にも外国人にもピアノのレッスンをすることを禁じられ、そのために生活費は底をついた、とベアテは記す。しかし、レオの音楽活動を調べると、事実はこれとは逆で、一九四二年に彼は東京交響楽団（現、東京フィルハーモニー交響楽団）とだけでも次のような共演を行っていた。

チャイコフスキー　ピアノ協奏曲第一番　変ロ短調作品23　（一月十六日）
リスト　ピアノ協奏曲第二番　イ長調S．125
リスト　スペイン狂詩曲　（ブゾーニ編）（四月二日）
ベートーベン　ピアノ協奏曲第五番『皇帝』（七月十一日）
ウェーバー　コンツェルトシュテュック（ピアノ小協奏曲）へ短調作品79
ラフマニノフ　パガニーニの主題による狂詩曲作品43　（十一月十八日）

レオは、一九四二年に三回もの定期演奏会と二回の特別公演に登場しており、他に室内楽の演奏会を含め戦前以上の勢いでピアノを弾いており、ベアテの記述は虚偽であることがわかる。レオは、一九四三年七月三日、四日には東京音楽学校の演奏会にも出演しており、このことから彼女の両親の主たる生活場所は東京であったこともわかる。

一方、アウグスティーネは、
「ドイツ新聞にはレオやその他、特にレオを告発する記事がのせられた」

と、回想録で述べている。

ナチスは、ドイツおよび彼らの征服した国からユダヤ人を一人残らず駆逐する決定をし、在日ドイツ大使館は日本の機関からユダヤ人を追放する運動をしていた。レオのような在外ユダヤ人に対しても国籍の剝奪を行っていた。しかし、日本政府は無国籍となったユダヤ人に対しては白系ロシア人に準ずる扱いとすることにし、差別なく安全保護を行っていたため、一九四三年になってもユダヤ系音楽家は舞台に立っていられたのである。

だから、ベアテの両親は一九四二年から軽井沢に疎開したのではない。では、いつ疎開したか――。それは、一九四四年になってからである。一九四四年には東京音楽学校からも契約更新がなされず、その直後に、彼らは軽井沢に疎開したのである。理由は、一九四四年夏、サイパンの日本軍が玉砕し、そこが米軍の手に落ちたことにより、日本が甚大な影響を受けることになるからだった。マリアナ諸島のテニアン島の飛行場が米軍の手に落ち日本本土が爆撃射程圏に入ってしまい、日本はB29爆撃機が落とす焼夷弾空襲の標的となってしまったからである。こうした米軍による空襲の激化から外国人を守るため、一九四四年に日本政府は「避難処理要綱」を策定し、軽井沢町、箱根町、河口湖周辺の三地域を「指定避難地」にし、東京にいた外国人外交団とその家族に任意疎開を勧告し、ベアテの両親も同年夏に軽井沢へ疎開したのである。

これに対して、ベアテの母アウグスティーネは、軽井沢疎開は彼らの「自由意思でなく、強制によって行かされ、そこで恐怖、空腹、そして絶望という悲惨な冬を三度も送ることを余儀なくされた」（*Last Boat to Yokohama* Nassrine Azimi, Michel Wasserman）と記しているのである。

しかし、彼らの軽井沢疎開は強制ではなく、任意であった。例えば、ユダヤ人であり東京音楽学校で父レオの同僚だったプリングスハイム一世は、自らの意思と選択で東京に残って配給生活を送っていたことが、それを示している。

## 育まれた日本人への憎しみ

米軍B29爆撃機による空襲はますます激しさを増し、一九四五年三月十日には、東京上空に到達した三〇〇機もの爆撃機が約十九万発の焼夷弾を雨霰《あめあられ》のように落とした。このため、東京の市民は火柱の上がる火の海の中を逃げまどい、一夜にして約十万人が亡くなった。そして、都市部が無差別大空襲に見舞われると、生活物資もなくなってしまった。一方、軽井沢に公使館を疎開させていたスイス公使カミーユ・ゴルジェらは「軽井沢を爆撃するな」という電報を利益代表国に送って、同地の安全が保たれるよう努力していた。さらに、軽井沢は安全面だけでなく、物質面でも恵まれていた。前出プリングスハイム一世の息子クラウスは、東京に残ってスイス大使館でアルバイト生活をしていたが、その彼が軽井沢を訪れた時の様子を書き残している。

東京が米軍B29爆撃機によって大空襲に見舞われる頃になると、スイス大使館の公使は東京での仕事をクラウスなどの職員に任せ、日本政府の「避難処理要綱」策定により一九四四年夏から軽井沢の別荘に疎開し、そこをスイス公使館にしていた。このため東京の大使館にいたクラウスは、外交電報を公使のいる軽井沢の別荘「深山荘」まで届けに行かされたが、帰りには軽井沢で食料の買い出しをしてから東京に戻る生活を送っていた。そのクラウスは、当時の東京の食料事情について、

「開戦と共に東京の食料不足が始まった。（略）肉や魚、野菜が手に入らなくなった」

と述べている。ところが、軽井沢では事情がまるで違っていたとして、次のように記している。

「軽井沢にお使いに行く度に農家を訪ねると、バター、ミルク、チーズ、砂糖、豚肉、牛肉、鶏肉、と金さえ払えば何でも手に入る」

（『ヒトラー、ゾルゲ、トーマス・マン　クラウス・プリングスハイム二世回想録』）

東京は大空襲を受け、多くの人は家が焼かれ悲惨な住居事情下で暮らしていた。ベアテの両親が住んでいた乃木坂の洋館も灰燼《かいじん》に帰してしまった。このため、もし乃木坂の家に残っていたら彼らも焼死していたかもしれなかった。しかし、軽井沢では、彼らには有島武郎の別荘だった浄月庵が提供され、他の日本人疎開者と比べて恵まれていた。浄月庵は二階建ての木造建築で、一階にはゆったりとした広いリビングがあり、ピアノが置かれ、二階は板張り床六畳ほどの二部屋からなっていた。元の別荘所有者が米国で暮らしていたため、トイレは水洗式にしてあり、冬は寒かったが暖房機も二台あった。私は現存する同物件を見てみたが、特に劣悪な住環境ではなか

ったはずである。

浄月庵のすぐ北側には三笠ホテルがあったが、そこは外務省軽井沢事務所になっていて、五名の職員とその家族がホテル内に部屋を割り当てられて暮らしていた。しかし、ホテル内のトイレは使えず、使用可能なトイレは建物の外に一つあるのみで、朝は二十名からなる職員の家族の長いトイレ待ちの行列が始まったという。風呂は世帯ごとに週一回、周囲から拾い集めてきた薪で沸かして入浴した。外務省事務所にもかかわらず、車はなく、自転車が一台あっただけで、食料は配給だったため、人々は闇で米を買って食いつないでいた。しかも、政府は役人の購入が発覚すると厳罰に処したため、三笠ホテル内の職員家族は誰もがひもじい思いでいたのである。

当時は戦時下であり、その厳しい生活状況は日本だけでなくヨーロッパ中の人々も強いられていた。例えば英国では、一般の人々のみならず王室関係者も食料配給を受けながら空腹の日々を送っていたのである。

ところが、ベアテは状況をそのように捉えることができず、「両親は強制的に軽井沢に送られ、食事も与えられず、憲兵に監視されながら厳冬を三度も体験させられた強制収容の被害者だ」と生涯訴え続けた。

たしかに彼女の両親も空腹に悩んだことだろう。しかし、その原因は、ドイツ政府のユダヤ人政策に源があった。疎開先の軽井沢に住むドイツ人たちは、ドイツ国籍を持っていれば、配給切符をもらってドイツや諸外国から供給された輸入品の割り当ても受けられた。ところが、ベアテの両親のようにドイツ国パスポートに「J」スタンプが押されたユダヤ人は、ドイツ人から爪はじきにされて、配給切符を割り当ててもらえなかったのである。

「一般のドイツ人たちも（軽井沢に：筆者注）かなりいたが、連中は安楽に、比較的贅沢な暮らしをしていた。ドイツ大使館が（略）戦利品を彼らに運んでくれたのである。私は東京からやって来たドイツのパン屋のトラックが、ドイツ居住者たちに新鮮な日用の食料を配達している所を目にした。でも、われわれには何も売ってくれようとしなかった」

（『ローゼンストック回想録』）

レオ・シロタと親しく付き合い、軽井沢疎開も同時に経験していたユダヤ人指揮者ジョセフ・ローゼンストックは、彼らをのけ者にし軽井沢生活を難儀にさせたのはドイツ人だとはっきり述べている。軽井沢にはレオ・シロタを含めて約四、五十名のユダヤ人が疎開していたが、彼らはドイツ大使館を通じて手に入れたいものが買えなかったのである。

ところが、ベアテは自らをオーストリア国籍と称するものの、両親がドイツ人からのけ者にされていたことには言及せず、

「ドイツ人は非常に教育の高い民族で、ヨーロッパ等でその文化水準は高く評価されています」

（J. Zobel Interview　一九九九年四月十四日）

とドイツ民族と文化を称賛する一方で、次のような倒錯した日本人観をもっていた。

「日本人は誰も読み書きができ、学があるようにいわれますが、そんなことはありません。(略)新聞は漢字がわからなければ読めないので、大部分の日本人は読むのが困難なのです。日本人とドイツ人を比較してみると大きな違いがあり、無知な国民は簡単に上の命令に従ってしまいますが、文化水準の高い国民はその命令を考えてから受け入れるのです」(前掲書)

教育・文化水準の低い日本政府が外国人に特別に保護を提供することなどあり得ないし、あったとしても受けるに値しないものだという固定観念があってのことなのであろうか。ベアテは、両親を保護するために提供された任意の軽井沢疎開を、強引にも「強制収容」と置き換え、その結果、両親は軽井沢に強制収容され、その被害者なのだと機会あるごとに表明したのである。

しかし、一九四五年に軽井沢に疎開していた別のユダヤ人女性は、次のように綴っている。

「輕井澤に移った當初《とうしょ》、わたし達は、まことに快適な愉しい気持になったのでした。ドイツ人らこそ少し目ざわりでしたけれども、折からの新緑に包まれていた風光は中部ロシアの初夏を想い出させてもくれましたし、東京の騒音、空襲警報のサイレン、それに警察や憲兵の壓迫《あっぱく》がないことが何よりわたし達に蘇生の思いをさせてくれ、間もなく四月十二日に東京の留守宅が空襲で焼失したという知らせさえアッサリ聞き流す心境だったのでした」(『戦時下

（「日本での私達」ヴェ・ブブノーワ『世界』一九五五年八月号）

このようにブブノーワというユダヤ人女性は軽井沢の自然の快適さを讃え、かつ、警察や憲兵の監視もなかったとも明記している。彼女が軽井沢にやってきて世話になった先は、実はベアテの両親が生活していた別荘だったのだ。ベアテの母は、浄月庵の他に、生徒の授業用家屋を使っていて、ブブノーワはその授業用家屋の一隅に落ち着いていたのである。

軽井沢で疎開生活を送った両親を、厳冬地に三年間も強制収容させられた被害者であるとするベアテの主張は、彼女らしい特性と相俟って行くところまで行くことになる。つまり、彼女の両親の軽井沢疎開を「アウシュヴィッツ」体験のように位置付けて日本への怒りと不信に結びつけようとしたのである。そして、任意であった一年間の軽井沢疎開を三年間の強制収容体験に拡大したベアテは、「軽井沢＝アウシュヴィッツ」への怒りと復讐心に燃え上がっている中、奇しくもGHQ民政局に配属され、私的憎悪をぶちまける千載一遇の機会に恵まれる。

GHQ参謀部に所属し、ベアテの身元調査を行った参謀二部長C・A・ウィロビーは、ベアテのGHQ採用は「不適切な文官採用の際立った一例」であったとし、次のように述べている。

「戦時中シロタ夫妻が日本人への強い憎しみ（略）を育てていったことは明らかである。そして、日本の警察と官僚組織に対する圧倒的な嫌悪を、いまや娘のベアテ嬢が受け継いでいる」

（『知られざる日本占領　ウィロビー回顧録』）

そして彼が指摘するように、「このように若く、未熟で、曖昧な過去を持ち、個人的な強い憎しみを抱いて、米国市民権をあわてて取得したような人物」（前掲書）が、ＧＨＱ民政局に配属され、担当官として日本国憲法作成や公職追放に直接関わることになったのである。

## ＯＷＩ──ホワイト・プロパガンダの本拠地へ

一九四三年五月、ベアテはミルズ・カレッジを十九歳で卒業した。ベアテが大学在学中にアルバイトをしていたＦＣＣ内の「外国放送宣伝部」は、新しく編成し直されＯＷＩという機関になった。

ＯＷＩとはOffice of War Informationの略称で、戦時情報局と日本語訳され、ＯＳＳ（Office of Strategic Services 戦略諜報局）と並ぶ米国の二大情報機関の一つであった。

ＯＳＳは統合参謀本部の下にあって、戦時プロパガンダ工作を行っていた。「ブラック・プロパガンダ」を主とし、デマを書いたビラ、パンフレットや怪文書の拡散を図り、さらに反政府運動を起こさせるための地下放送局を使うなどハードな役割が与えられていた同機関は、ＣＩＡ（中央情報局）の前身になった。

これに対しＯＷＩは、「真実の情報発表が勝利を生む」を表向きの謳い文句に、世界中の聴衆に向け「ホワイト・プロパガンダ」を発信するＯＳＳの姉妹機関であった。

ＯＷＩ海外部は、欧州を担当するニューヨーク事務所と太平洋地域を担当するサンフランシスコ事務所からなり、ベアテが所属していたＦＣＣ外国放送宣伝部は放送従事者、調査員、ライター、編集者その他後方支援者を含めて五〇〇名ほどで構成されていた。同事務所は、日本、中国、フィリピン、韓国、インドネシア、東南アジアの六局からなり、各局には各国・地域出身の所員が所属し、日本局が最重要部局であったことはいうまでもない。

日本局は、所員に米国政府に忠誠を誓い、教育上も問題のない日本語がわかる人物を求めていた。しかし、一九四三年二月、カリフォルニア州に在住していた日本人全員が強制収容所に連行されており、サンフランシスコは米軍司令官の命令により日本人の居住は一人たりとも許されていなかった。

このため、大学を終えた十九歳のベアテに幸運が転がり込み、ＯＷＩサンフランシスコ事務所に所属し、対日宣伝員として放送原稿の作成などに従事することになったのである。

ＯＷＩサンフランシスコ事務所長は、オーエン・ラティモアという中国・モンゴルの専門家で、国務省とも関係の深い人物だった。

ＯＷＩはワシントンＤＣの国務省や陸海軍省と連携しており、政策は首都ワシントンＤＣで決められ、サンフランシスコ事務所に送られてきた。そして、これを受けて所長のラティモアは日本、中国局の主任たちを集めてスタッフ会合を開き、その場で指示を振り分け、その任に当たらせたのである。同事務所は日本軍だけでなく、日本人全体にも向けて、戦争への士気を弱めさせる宣伝工作を巡らしていた。例えば、一九四三年三月十六日に作られた「対日心理戦争計画書」は、日本人に向けて「現存の政治体制への不信感」「強力な政府反対の芽」を日本人の個々人あるいは秘密集団によって作ると明記している。

そして、その際に「皇族に関連するものには絶対に攻撃を避けねばならない」と注意が付け加えられていた。

しかし、これは戦略上のことだけで、サンフランシスコ事務所長オーエン・ラティモア自身は、天皇および天皇家族の抹殺を公然と主張する人物だった。ラティモア本人からこの天皇抹殺案を聞かされた人物は、日本研究者のケネス・コールグローヴ教授であった（*Owen Lattimore and the "Loss" of China* Robert P. Newman）。

コールグローヴ教授は著名な日本研究者であったことから、OWIサンフランシスコ事務所の日本局長候補にされたが、反天皇主義のラティモアを嫌って、これを断っていたのである（『東京旋風』H・E・ワイルズ）。

オーエン・ラティモアはもともと正規の教育を受けたことはなく、専門のモンゴル研究も含め、在野のたたき上げの人物だった。彼は、ルーズベルト大統領から依頼を受け、中国国民党蔣介石の政治顧問になるものの、本心は毛沢東支持者であった。そんな彼は、OWIサンフランシスコ事務所長としてベアテの上司であったが、天皇の抹殺を唱えていた証拠は、彼の著書*Solution in Asia*の中にはっきりと記されている。

If the Japanese themselves decide to do without an emperor, well and good. If not, we should show...that we, the victors, do not need to use the Emperor.
He and all males eligible for the throne by Japanese rules of succession and adoption should be interned, preferably in China...

「もし日本人が天皇なしでやっていこうと決定すればまことに結構である。もしそうしないなら、（略）われわれ勝者が天皇を必要としないことを見せてやらなければいけない。
彼および皇位の資格を有する継承者全員を、できれば中国に連れて行き、強制収容するのだ」

（筆者訳）

このように、ラティモアは天皇を強制収容所に入れるべしと提案し、言外では管理中に殺害も視野に入れた「人間改造」を提唱していたのである。

「Ｏ・Ｗ・Ｉは、朝九時から五時までの普通の勤務時間帯なのに給料はＦ・Ｃ・Ｃと変わらないのが魅力だった」

（『１９４５年のクリスマス』）

このようにベアテは回想録に記している。週給五十ドル、月給にして二〇〇ドルは一般米国人の二倍の給与だった。仕事の内容についてベアテは次のように言う。

「戦争を早く終結させるための日本人向けの番組制作。いわば東京ローズ（前線の米国兵の戦意を失わせるための謀略放送）の反対版だった。日本語のメッセージに音楽をつけた七分ぐらいのミニ番組で、私の書いた台本をオレゴン州ポートランドのO・W・Iの事務所に送ると、そこにいる日系二世の女性が読んでくれるのだった」

ベアテは、日本語のメッセージの合間に音楽をはさんだミニ番組作りに夢中になったと記している。理由は、「もしかして父と母が聞いてくれるかもしれない」と思ったからだという。ただし、彼女の文を引用してみると、明らかに眉唾もの、と思わざるを得ない。

先ずベアテは東京ローズの反対版、すなわち、「東京ローズの米国版」だったと日本の大手新聞社系の雑誌でも自称している（「アメリカ版「東京ローズ」が明かす〝マッカーサー憲法〟制定の内幕」『週刊朝日』一九九一年八月十六日号）が、実態はどうだろうか？

日本側は一九四三年三月一日から太平洋地域の米軍兵士に向けて「ゼロ・アワー」という謀略放送を開始した。この番組の目的は、放送を通して米軍兵の戦意を喪失させたり、厭戦《えんせん》気分や望郷気分を作りだしたりすることにあった。そのためには、番組が米軍兵たちに気に入られる必要があり、彼らに受け入れられるようジャズなどを流し、合間に放送原稿を女性アナウンサーに話させ、気の利いたおしゃべりをさせる放送を行った。そして、この放送番組に採用され、参加した女性アナウンサーが「東京ローズ」と呼ばれ、米軍兵の間で人気を博したのである。そして、ベアテは、自分こそがその人気を博した「東京ローズ」の米国版だと日本語版回想録で自称している。しかし、彼女の英語版回想録の方を見ると、この話も違ってくる。英語版回想録では次のように書かれている。

My job was to produce broadcasts targeted at the Japanese and designed...to the broadcasts of Tokyo Rose, the voice of Japanese propaganda for front-line U.S. troops.

（*THE ONLY WOMAN IN THE ROOM*）

つまり、ベアテの仕事は、「日本人を標的にした放送を制作すると共に、前線の米軍兵に向けられた日本からの宣伝の声、東京ローズの放送に対応するため」（筆者訳）、その方針に沿って放送原稿の下書きをしたのであり、東京ローズのように「やさしく語りかける」ようなことはしていなかったのである。彼女が東京ローズのように放送で語りかけなかった理由についても、英語版回想録の中で次のように説明している。

The reason I did not read them myself was fear of what might happen to my parents if my voice were recognized in Japan informing "This is the Voice of America. You have been deceived by your military...".

（前掲書）

「私自身が読み上げなかった理由は、『こちらはボイス・オブ・アメリカ（アメリカの声）です。あなた方はあなたの陸軍の……に騙されています』などと放送して、この声が私のものだと日本側にわかってしまえば、私の両親に何が起こるか、それを恐れていたからです」

（筆者訳）

ＯＷＩは、ボイス・オブ・アメリカ（アメリカの声）というプロパガンダ放送を、米西海岸から短波放送で日本本土に向けて発信していた。当時、日本の家庭には六〇〇万台ほどのラジオが普及していた。しかし、これらのほとんどは中波であった。短波受信機については、日本政府が所有を禁止しており、その所有者は特定の権力者、政府高官、高級官僚およびその関係機関に限られていて、数百ほどの台数であった。

これら特定の日本人および関係機関は、情報をよく摑んでいて、米国からの発信内容は詳細な分析対象になっていた。例えば、ベアテは女子大を十九歳で終えると、一九四三年五月から一九四四年十二月まで一年半ＯＷＩに在籍し、放送番組制作に従事したが、その頃には彼女の両親も軽井沢の浄月庵で疎開生活に入っていた。その浄月庵の隣にあった三笠ホテルには外務省関係者が駐在し、サンフランシスコからの短波放送を直接受信する装置を備え、専門家が泊り込みで解読にあたっていた。

このような中、三笠ホテルの隣の別荘に住んでいたユダヤ人夫妻の娘ベアテが、敵国アメリカの宣伝放送機関に所属し、そこから対日プロパガンダ放送を発信していると判明してしまったら、両親の立場は暗転してしまうことになる。

一九四四年七月二十六日から二十八日に、ホノルルでルーズベルト大統領、ニミッツ提督、マッカーサーの三者会談が行われた。ここでマッカーサーはニミッツ軍とレイテ上陸を敢行後、ルソン島、ニミッツは硫黄島・沖縄に進撃する作戦が決定される。一方、日本の大本営はフィリピン防衛作戦を発令したが、十月二十日、米軍はレイテ攻略作戦を開始し、比大統領らを率いてレイテに上陸、フィリピン奪還を宣言した。十二月十六日、マッカーサーは元帥に昇進し、米国務・陸軍・海軍三省調整委員会（ＳＷＮＣＣ）が設置され、日本占領政策の具体的な検討が始まった。

前述のように、日本では戦時中に一般国民が米国からの短波放送を聴くことは禁じられていた。ＮＨＫでもいちいち鍵を渡されて短波放送受信機のある部屋に入る仕組みになっていて、簡単に外国放送が聞けなかった。しかし、東京ローズと称された女性アナウンサーは、連合軍側放送を聴くことを仕事としていたので、正確な戦況をキャッチすることができた。これはベアテも同様で、正確に戦況を読み解く部署にいたのである。そして、それを読んだ上で判断したためか、ベアテはまだ戦争が終わってもいない一九四四年十二月にＯＷＩを退職した。理由は、米国籍を取得するためである。彼女は自ら東京ローズ米国版と称しているように、十八歳からずっと対日宣伝工作に従事してきたが、彼女の関心は両親にあった。

その胸の内については、当時から六十年も経ってから行われたオーラル・ヒストリーの中で、「両親に米国籍を取得させることで頭がいっぱいだった」と初めて告白している。

どうしても両親に米国籍を取らせたかった。そして、このことを彼女はＯＷＩサンフランシスコ事務所長のオーエン・ラティモアに頼み込んでさえいた。オーエン・ラティモアは、国務省やルーズベルト大統領に太いチャンネルを持つ人物だった。ベアテの米国査証取得の際は、父レオが広田弘毅元首相に頼んで取得できたが、今度は娘のベアテが両親の米国籍取得のため米政府のパイプに頼ったのであった。

「ラティモア氏に私の両親のこと（米国籍取得のこと：筆者注）で仲に入ってくれるよう頼みました。両親はオーストリア人というかドイツ人で、私に同行して訪米してきた際に米国の書類を申請していたことから、最初の書類は所持していましたから」

「だから、両親の意向は米国市民になりたいということなので仲に入ってくれませんか、と頼んだのです。これを受け、ラティモア氏は動いてくれはしましたが、（両親の米国籍取得は：筆者注）受け付けられませんでした」

（*Reminiscences of Beate Gordon* Columbia Center for Oral History）

こうして、国務省や米大統領にまで縁故のあったオーエン・ラティモアが動いてくれても両親の米国籍取得は無理なことがわかった。残された手段は、ベアテ自身が両親よりも先に米国籍の取得申請をし、国籍を取得することだった。そして、自分が彼らを米国に移住させるのだ。そのために彼女はＯＷＩを退職し、西海岸から東海岸に向かったのである。

きっかけは、サンフランシスコで共同生活をしていたＯＷＩの同僚がニューヨークに行ったからである。同僚はＯＷＩニューヨーク事務所に職を得られたので、ベアテも同事務所に職を求めた。しかし、新規募集はなかったため別の仕事口を探し、タイム誌にパート社員として勤めることになったのである。

初めて民間企業で働くことになり、ＯＷＩとの違いに戸惑ったが、「日本にいる両親の消息を知るための手段」（『１９４５年のクリスマス』）と割り切り、仕事上での「怒りを抑えた」（前掲書）という。

ベアテは一九四五年一月十五日に米国籍（番号５９２８０５８）を取得でき、二十一歳で米国人になった。次の目標は、日本に行って両親と再会することだった。

# 第二章 GHQ VS. POLAD

# 風にそよぐ近衛

その頃、日本国内では戦争は終わったものの、誰もが食料難、住宅難、経済難という難題の山に直面していた。そうした中で、眼を現行日本国憲法の関連事項に向けると、一九四五年十月五日に東久邇宮《ひがしくにのみや》内閣が総辞職し、その大役は幣原喜重郎《しではらきじゅうろう》にまわってくる。とは言え、幣原は東久邇宮の事情は全く知らされていなかった。なぜなら、幣原も戦災に遭った一人で、千駄ヶ谷の家は焼けてしまったため、多摩湖畔に疎開し寂しい日々を送っていたからだ。もう歳も歳であったので、どこかに隠棲し、本でも読んで一生を終えたい。幸い鎌倉に家が残っており、そこへ引っ越そうと決心し、東久邇宮内閣総辞職の翌日の十月六日にトラックを手配し、引越しの荷物も積み終わり、身支度をして門を出ようとしていた。すると、その出しなに一台の乗用車がやってきた。宮内省からの使者が、「早速御案内相成度《あいなりたく》」という手紙を運んできて、何の御用かはわからないが、すぐに参内をと言うのだ。そこで、引越しは延期にして鞄の中にしまったモーニングを取り出し、それに着替え、幣原は迎えの車で宮内省に向かうことになったのである。

「宮内省に着くと天皇が待っていて、拝謁すると、幣原は内閣組閣の大命を下されることになったのだ。彼としては青天の霹靂《へきれき》で、このようになるとは夢にも予想しなかったことであり、引き受ける自信もなかったので、御勘弁を、と伝えたものの、「御心痛のご様子が拝察された。事ここに至ってはこの上御心配をかけては相済まない」、自分に出来ることなら命を投げ出してでもやらねばならぬと気持ちを入れ替え、「『幣原にこの大役が勤まるという自信はございませんけれども、全力を盡《つく》して御意を奉じましょう』と申し上げて、御前を下がった」

（『外交五十年』幣原喜重郎）

そして、急いで組閣をして十月九日、幣原喜重郎内閣が成立したが、戦後の混沌とした日本社会の中で幣原の仕事は山ほどあった。しかし、そんな仕事の中で一番大切だったものについて、彼は次のように明記している。

「中でも一番重要なものは新しい憲法を起草することであった。そして、（略）日本を再建するにはどうしてもこれで行かなければならんという堅い決心であった」

（前掲書）

憲法制定、これが幣原の仕事であった。そして、内閣が成立して一か月後、十一月十一日に幣原は初めてマッカーサーと会見した。両者の会見には言語上の問題は存在しなかった。幣原は英語の能力が高く、日常の文章を書くにも英文を先に書き、あとで部下がそれを日本語訳して文書に起こしたくらいである。その典型例が天皇の「人間宣言」で、それも幣原が英語で書いたものだった。

就任の挨拶に訪れた幣原総理に対し、マッカーサーは憲法改正ならびに人権確保のため次のような五項目の諸改革を指示した。

（一）婦人参選権の賦与および婦人の解放
（二）労働組合の助長
（三）学校教育の自由主義化
（四）秘密警察制度の廃止
（五）日本経済の民主化

マッカーサーに正式に「JCS1380－15」指令が送られるのは十一月三日であり、日本統治の改革のために設置された国務・陸軍・海軍三省調整委員会が作成した「SWNCC228」（日本統治制度の改革文書）が最終的に完了するのは十一月二十七日であった。

このような状況下にあって、マッカーサーとしても幣原を前に文書で具体的な指令を示せるはずもなかった。彼は、憲法改正に触れた際、幣原に対し口頭での訓令を与えてはいた。しかし、幣原内閣に対し、「憲法を改正せよ」、という正式な指令＝スキャピン（SCAPIN：Supreme Commander for the Allied Powers Instructions 連合軍総司令官訓令）は一度も発していない。マッカーサーは次のように記している。

「憲法改正は日本人自身が他から強制されずに行うべきもの（略）、私は偶然の環境で絶対的な権力をにぎった征服者が完全に受身でなんの抗弁もしない政府にその意志を押しつけるというような形で、アメリカ製の憲法を無理押しに日本人にのみ込ませることだけはやるまいと心にきめていた」

（『マッカーサー回想記』）

マッカーサーと会見した幣原も、それを読み取り、マッカーサー元帥に、婦人参政権について、選挙法の改正をすれば憲法を改正しなくても、実行可能だと告げた、という（『読売新聞』一九四五年十月十三日）。

当初、幣原は憲法改正の必要性を強く感じてはいなかった。これについては幣原内閣の厚生大臣芦田均も、日記の中で次のように記している。

「憲法改正問題は、十月十日午前の閣議に於いて松本国務大臣から発言があったが、幣原総理は憲法を改正しなくとも、解釈に依って如何《いか》ようにも運用が出来るとの主張である」

（『芦田均日記』第一巻）

ところが、幣原には宿敵がいた、近衛文麿である。

近衛は、東久邇宮が一九四五年八月十七日に組閣した際に、「私は政治はまったくしろうとだから、その時は近衛公を相談相手」（『一皇族の戦争日記』東久邇稔彦）にと指名された人物で、国務大臣として東久邇宮前総理と行動を共にしていた。マッカーサーとの面会は、外交大権の考えから重光葵《まもる》外相を通すことになっていたが、近衛はそれを無視して、単独でマッカーサーを訪問してしまおうという勝手な性格の持ち主であった。

しかし、訪問はしたものの、通訳の能力不足で互いに意思疎通ができず退出してしまったため、近衛はさらなる面会の機会を探っていて、九月十五日、東久邇宮がマッカーサーとの面会に横浜に向かうと、近衛は神奈川県庁まで同行し、そこで待機をして東久邇宮からマッカーサーとの面会報告を受けることにしたのである。すると、それから十日後の九月二十五日、東久邇宮は近衛から次のような報告を受けた。

「先日、マッカーサー元帥によばれたので司令部に行ったところ、元帥から次のような話があった。『日本の現憲法を改正して、もっと民主的、平和的な憲法にする必要がある。そこで、あなたが憲法改正のことをおやりなさい』といった。近衛はよく考えた後、憲法改正の大事業を引き受けることにした」（前掲書）

近衛がマッカーサーと二回目に会ったのは、十月四日で、場所は日比谷のGHQ本部だった。通訳には奥村勝蔵を同伴した。奥村は、マッカーサーと天皇の会見通訳だったので、今度は間違えることはなかった。会談は午後五時二十分に始まった。応接室にはマッカーサー、R・サザーランド参謀長に加え、ジョージ・アチソンが控えていた。アチソンは重慶の米国大使館駐在の経験がある国務省官で、九月二十二日に来日し、ジョン・サーヴィス、ジョン・エマーソン等重慶で部下だった国務省員らと着任していた。彼らは東京麻布の米国大使館が使えたものの、マッカーサーがすでにそこに住んでいた。このため、中国専門官のジョン・サーヴィスが日本橋の三井銀行本店に出向いて有無をいわせず同本店ビルを接収し、十月一日に米国務省日本代表部政治顧問部（POLAD）として開設した。住居は帝国ホテルを使った。

アチソンと彼の部下らは中国駐在以来の仲間で、国務省が作った占領日本の計画書「SWNCC228」がちゃんと実行されるかマッカーサーを監視するために東京に着任しており、代表のアチソンには連合国最高司令官政治顧問という肩書がつけられていた。しかし、アチソンの部下、ジョン・サーヴィスはFBIに逮捕されたことのある人物であり、エマーソンも親毛沢東であったため、マッカーサーとしてはアチソンを信頼して近衛との会談に同席させていたのではなかった。

近衛は前回の会談では意を伝えられなかったため、第二回会談では準備をしていき、彼の方から話をしたという（『敗戦日本の内側　近衛公の思い出』富田健治）。

マッカーサーは、日本の共産主義運動とソ連大使館との関係や歴史を訊いたので、近衛はそれぞれに丁寧な説明をした。マッカーサーは近衛の話に、有益で参考になったと述べ、会談も終りに近づいた。そこで、近衛がマッカーサーに、

「議会の構成に何か御意見なり御指示があれば承りたい」

と質問をした。すると、マッカーサーは次のように答えたと、近衛内閣当時の書記官長でその

後も近衛の側近を務めた人物は記している。

「第一に憲法は改正する。改正して自由主義的要素を充分取り入れねばならぬ。第二に議会は反動的である。これを解散しても、現行選挙法の下では、顔ぶれは変わっても同じタイプの人間が出て来るだろう。それを避けるためには選挙権を拡張し、婦人参政権と労働者の権利を認めることが必要だ」（前掲書）

これに対し、近衛が、

「『私としては、種々の事情で思ったことを充分為し遂げ得なかったが、今後元帥の激励と助言により、国家のため、でき得る限り御奉公したい』と述べたのに対し、元帥は『洵《まこと》に結構である。公はいわゆる封建的勢力の出身ではあるが、コスモポリタン（国際人）で世界の事情にも通じておられる。又公はまだお若い。敢然として指導の陣頭に立たれよ。もし公がその周囲に自由主義分子を糾合して憲法改正に関する提案を天下に公表せらるるならば議会もこれについて来ることと思う』と言った」（前掲書）という。

そして、近衛がマッカーサーに、今後これらの問題について誰と連絡を取ったらよいかときくと、マッカーサーは同席していたジョージ・アチソンを指したという。一方、その日にマッカーサーから近衛を紹介されたアチソンは、ＰＯＬＡＤのオフィスに戻ると、米国務長官に宛て、日本国憲法改正がマッカーサーの話題に上ったので指示を仰ぎたいとワシントンに打電した。

数日後の十月八日、近衛はマッカーサーの忠告通りにアチソンを訪れた。同行したのは高木八《や》尺《さか》東大（東京帝国大学）教授、松本重治同盟通信幹部、オックスフォード大出の秘書役牛場友彦であった。全員がＩＰＲ（太平洋問題調査会）日本代表の親米派であり、アチソンにとって国務省の線に沿った日本国憲法改正をさせる流れがやってきたのだ。

近衛は十月四日のマッカーサー会談の際には、日本国憲法改正について詳しく話す時間もなかった。しかし、その日の訪問では、天皇も木戸幸一侯爵に対して憲法改正の要望を伝えたと言い、近衛は憲法改正に意欲的に取り組む姿勢を積極的にアピールし、アチソンからの助言を要望した。

アチソンも近衛に全面的な協力を約束し、ポツダム宣言の十項二文目と十二項、

「日本国政府ハ、日本国国民ノ間ニ於ケル民主主義的傾向ノ復活強化ニ対スル一切ノ障礙《しょうがい》ヲ除去スベシ」

「前記諸目的ガ達成セラレ、且日本国国民ノ自由ニ表明セル意思ニ従ヒ、平和的傾向ヲ有シ、且責任アル政府ガ樹立セラルルニ於テハ、連合国ノ占領軍ハ、直《ただち》ニ日本国ヨリ撤収セラルベシ」

を示した後、近衛の要請に応えるように、「天皇も憲法改正に前向きなので、改正を可能にするような委員会を設置すれば良い、明治憲法は天皇から国民への贈り物だったので、今度も天皇が日本人に贈り物をすれば良い」と忠告した。さらに、アチソンは、「日本国憲法の改正はできるだけすみやかに実行されるべきで、結果に満足できなくても国民の意思で後からいつでも改められるので、とにかく憲法改正をせよ」と説き、こう付け加えた。

「近衛公には表に立ち、必要とされている改革に向けて働いてもらいたい」

## GHQ vs. POLAD

米国務省の日本代表部G・アチソンからの忠告を受けた近衛は、その日のうちに木戸内大臣を訪れ、自分が憲法改正作業を行うことになったと報告した。

一方、アチソンはこの十月八日、近衛の訪問を受けた後、国務省に次のような電信を打っていた。

「憲法改正で助言を求めている日本側に対し、私にできる提案意見などお知らせ下さい。本件につき、政府指令に記された資料を要望致します」

東久邇宮内閣は十月五日には総辞職が決定し、天皇に全大臣の辞表を奉呈していた。十月九日には、東久邇宮内閣総理大臣は依願免官となり、幣原喜重郎内閣が成立する。すると、同九日のこと、米国務省日本代表部アチソンの忠告通り、近衛は天皇に拝謁し、内大臣府御用掛《ごようがかり》の任命を受けた。

アチソンが国務省に電信を打った三日後の十月十一日、彼は近衛の秘書役の牛場友彦の訪問を受け、近衛らが内大臣府御用掛の任を与えられ憲法改正作業に入ることになったと伝えられた。

アチソンはこの報告を国務省に電信するが、そこで次のように付け加えた。

「近衛公とその委員会はさっそく作業に取りかかるようです。近衛はＰＯＬＡＤ事務所とは連携を密に維持することを望んでおり、憲法の条項が起草される毎にそれらをこちら側に非公式に提出することになっております。その場合、御判断を仰ぎたく、どのような条項でもそちらに提出することにします。ジョージ・アチソンＪｒ．」

幣原内閣は十月九日に成立し、外務大臣には吉田茂が留任していた。総理大臣就任の挨拶に訪れた幣原に、マッカーサーは憲法改正を指示した。

ところで、幣原内閣で憲法改正の主導者として、近衛の後に登場してくる松本烝治《じょうじ》が国務大臣になった背景には、外務大臣に留任した吉田茂がいた。幣原内閣が成立する二、三日前に吉田が松本宅を訪れ、彼に農林大臣と商工大臣の兼任を要請したのである。

松本は一八七七年の生まれで吉田茂の一年先輩で、一九〇九年東大教授に就任、専門は商法だった。一九一三年から法制局参事官を兼任、一九年東大を辞職し満鉄理事となり、二三年法制局長官、三四年商工大臣に就任する傍ら、商法の弁護士であるため多くの会社監査役、相談役を務め、財界の法律代弁者と評されていた。

名前の烝治は、父親の留学先だった米国の初代大統領ジョージ・ワシントンに因《ちな》んで付けられたが、松本自身は英語が話せなかった。

吉田の訪問を受けた際、松本は高血圧症だったため、二つの省の大臣を兼任するなど無理と思え、断ったという。

ところが吉田は、やってもらわぬと困ると懇望した。あまりにも懇望するので、それではさほど用のない無任所の国務大臣ぐらいならと告げたところ、承諾したのである。

こうして松本が国務大臣になって数日後、十月十二日の閣議中のことであった。松本は次のように述べている。

「幣原総理大臣のところへたしか宮内大臣から電話が来たのでちょっと中座されて、そうして電話を聞いて帰って来られて、どうも憲法改正について、（略）近衛公爵に依嘱させるということにすでにきまったという（略）電話だというお話でした」

（『松本烝治氏に聞く』東京大学占領体制研究会）

そして、これを聞いた松本は、

「それはどうもおかしい話だ」

とすぐに反応し、

「これは最も重要な国務であるから、当然内閣でやるべきことで、内大臣府でそういう国務をやられるということはとんでもないことで、筋違いのように私は思う」

（前掲書）

と続けた。そして、松本は、このことが発表されないように止めていただきたい、と伝えると、幣原はこれを受け、近衛に電話をかけた。ところが、翌日の朝刊には、近衛が憲法改正草案を担当すると報じられてしまった。これを見て松本は、

「ほんとうの改正の事務は内閣でやらなければなるまい。さっそく近衛公爵にでもこちらへ訪ねてもらって、そういうことについて話し合う必要があろう、ということを言いました」（前掲書）

すると、その結果、松本が担当になってしまったのである。しかし、松本は幣原と同様に、憲法改正を差し迫ったものとは捉えていなかった。当時の人心が不安定な世相をみて、憲法改正などできるわけがなく、もし自分が憲法改正に本格的に取り組めば、内乱が起こり、彼自身としては暗殺されることを恐れていた。

松本は、憲法を改正するのは、ポツダム宣言の中に日本国民の意思によって決めると明記されていたために、講和後がふさわしいと考えていた。しかし、そのための準備はしなければならないと憲法問題調査委員会（以下、松本委員会）を提案し、設置が決まった。当初の委員は次のごとくである。

委員長　松本烝治（国務大臣、元東大教授）

顧　問　清水澄（枢密院副議長、学士院会員）、美濃部達吉（学士院会員、元東大教授）、野村淳治（元東

大教授）

委　員　宮沢俊義（東大教授）、清宮四郎（東北大教授）、河村又介（九大教授）、石黒武重（枢密院書記官長）、楢橋渡（法制局長官）、入江俊郎（法制局第一部長）、佐藤達夫（法制局第二部長）

補助員　刑部荘（東大教授）、佐藤功（東大講師）

こうして幣原内閣による憲法問題調査委員会が活動を開始した。

一方、近衛は京都大学時代の恩師、佐々木惣一教授を招いて憲法委員会を立ち上げて準備をしていたが、アチソンの助言を受けて、教授と共に憲法改正草案作成作業を箱根宮ノ下の奈良屋別館の三階を借り切り、助手らと開始する。そして、近衛も小田原入生田《いりうだ》の別荘から毎日のように通って佐々木と討議を重ねた。

このように近衛らの作業が箱根で続いていた頃、近衛の秘書牛場の方は日本橋の米国務省日本代表部（ＰＯＬＡＤ）参りをしていた。牛場は次のように記している。

「高木博士と私はしばしばアチソンのオフィスを訪ねて、憲法改正に對《たい》する司令部側の意向を聞くことになった」

（『風にそよぐ近衛』牛場友彦）

ところが、三井銀行本店に設置されていたＰＯＬＡＤには、国務省と直接結ばれる電信通信回線がなく、米国本部との連絡はマッカーサー指揮下にあった総司令部を経由するよう仕組まれていて、ＰＯＬＡＤの電信内容は全てマッカーサーに傍受されていた。

つまり、マッカーサーの狙いは近衛などではなく、米国務省の日本代表部の方にあった。そして、ＰＯＬＡＤの意図が判明してしまうと、十一月七日、アチソンは米国務省に、自身を含め代表部スタッフが新憲法の件でその関係者と接触することだけでなくＧＨＱ本部入館さえも禁じられてしまったと報告せざるを得ない状況になってしまったのである。このため、アチソンの部下エマーソンは出国命令まで受けてしまったが、彼はこう明かしている。


「われわれには国務省連絡専用の通信手段がなく、連絡はマッカーサーの総司令部を通るよう仕組まれていました。そのため国務省日本代表部ＰＯＬＡＤが近衛や高木氏と会談していたことは、内容も含めＧＨＱ側に傍受されていたのです」

このためジョージ・アチソンが米国務省とどうしても機密の連絡を取る時には、文書にし、外交小袋に入れて送らなければならなかった。このような結果、

「国務省日本代表部ＰＯＬＡＤとしてはマッカーサーの裏側にかくれて何かをやれる状態ではなくなりました。彼は全てを知ってしまったのです」

それではマッカーサーが米国務省日本代表部の通信を盗聴した具体的な目的は何だったのか
――。

「マッカーサーは国務省が日本国憲法の起草に介入することを望んでいなかったのです。

（略）彼はそれを民政局がすることを望み、彼自身の総司令部で独占したかったのです。日本国憲法起草といえば、日本占領の中で最も重要な改革になることから、彼は国務省には手を触れさせたくはなかったのです」（「J・K・エマーソン氏談話速記録」竹前栄治、天川晃『東京経大学会誌』第九十九号）

マッカーサーは、アチソン、エマーソン、サーヴィスという国務省の中でも代表的な毛沢東主義者に注意を払っていた。その証拠に、アチソン・グループが東京にやってくる直前に、マッカーサーと面会した東久邇宮稔彦は『一皇族の戦争日記』にこう書いている。

「九月二十九日　土曜

マッカーサー元帥が東京に移ったので、私は本日二回目の会見を行なった。（略）元帥は『中国から近く日本人の共産党員が帰ってくるはずだが、政府はどうするか』と私に質問したので、私は『この内閣は言論、結社、集会、出版の自由を認めているのだから、共産党員に対して、なんらの特別な処置はとらない。また差別待遇もしない』と答えたところ、元帥はソ連のこと、共産党員のことについて、いろいろ詳しく尋ねたが、私はよく知らないので、そのように答えた。元帥はこれらのことについて、非常に関心を持っているように見えた」

東久邇宮が日記で述べているように、マッカーサーが「中国から近く帰ってくる日本人の共産党員」について非常に気にしていたことは、彼が同じ質問を近衛にもしていたことでわかろう。ところが、両者ともマッカーサーが満足する回答ができなかった。とくにマッカーサーが警戒していた日本人共産党員とは野坂参三のことで、中国延安に滞在中は、毛沢東、周恩来から提供された日本人捕虜兵を実験材料にして、人間改造という名の洗脳を行って成果を上げた人物だった。実は、アチソンの部下で国務省日本代表部員としてブラック・プロパガンダを担当するOSS課報員だったエマーソンが、延安に野坂を訪ね東京での再会を約していたのだった。

米国務省の中国派は大戦中から毛沢東、周恩来と直結し、中国共産党をサポートしていた。特に彼らの人間改造に注目していて、元OSS諜報員エマーソンは、一九四四年十一月に延安にいた野坂に接触し、野坂が日本捕虜兵に行っていた人間改造（洗脳工作）の成果は対日政策に役立つと確信し、「（延安での収穫を基に）日本に降伏を勧告する宣伝と戦後に対する心理作戦（洗脳工作のこと：筆者注）を考えた」（『戦後秘史4　赤旗とGHQ』大森実）と自身が明かしている。

エマーソンが言及する「心理作戦」とは、日本人に侵略者としての罪悪感を植え付け、一部の軍国主義者と大部分の国民とを区別する毛沢東の二分法プロパガンダを採用したもので、彼は三井銀行本店ビルに移ると、できるだけ早く野坂に内閣を組織させ、米国務省中国派が目指す日本に造り変えるよう活動していた。しかし、そのような矢先に、彼らの行動はマッカーサーに見破られ、エマーソンは日本から退去命令を受けPOLAD職員はGHQ入館を禁止され、代表だったアチソンも事故で世を去るのである。

マッカーサーからすれば、彼の行動を監督しようとしていたPOLADという国務省の手先の動向が問題だったのであり、その活動を探る道具として近衛を使ったのである。POLADの解体が済むと、GHQ司令部は十一月一日、

「近衛が憲法改正をやっているが、これは當司令部としては関知せぬ」

「元帥が近衛に憲法改正をやれといったのは通譯《つうやく》の誤りである」

（『風にそよぐ近衛』）


と発表し、近衛の道は閉ざされることになったのである。

近衛はその後、戦犯容疑者となり、十二月十六日、杉並の自宅で自殺をした。近衛の死は、そのまま、米国務省が直接関与しようとしていた日本国憲法改正への断絶を意味することになった。

## 松本委員会とGHQ民政局

松本烝治を委員長とする憲法問題調査委員会は、日本を代表する伝統的な憲法学者たちによって構成されていた。そのため、彼らの対極に立ち米国務省日本代表部G・アチソンから指導を受けていた高木八尺のような人物は、松本委員会には加わることはできなかった。

その高木は、松本委員会をどのように分析していたのか——。高木は英文で書いた論文の中で、

次のように述べている。

The government committee carried on its work of revision for three months without any contact whatever with the American side, and also without any attempt to inform the public on what it was doing.

*(Memorandum on Prince Konoe's contribution in 1945 to Constitutional Revision in Japan)*

「政府委員会は、憲法改正作業を米国側とは全く接触しないで三か月間行い、そして国民にもこの状況を知らせようとしなかった」（筆者訳）

このように外国勢力を排して作業をすすめることとなった松本委員会には、全員参加の総会と委員だけが参加する調査会があった。総会では大きな方針と研究課題を決め、調査会の方でその作業を行う形がとられた。そして、総会は一九四六年二月二日まで七回、調査会は同じく一月二十六日まで十五回もたれ、一九四五年十二月の終わりに東大教授宮沢俊義委員が一つの案を書き、これを乙案と呼んだ。一方、甲案は松本が十二月三十一日の夜に鎌倉山の別荘に行き、そこで元日から四日にかけて書き上げ、これを幣原総理に見せ、七日に参内し天皇に説明したものであった。

ところが、一月七日に、松本のところに外国人新聞記者が何度もやってきて、しきりに案を早く示せとせっついてきた。これに対して松本は、

「あなた方に言えるものではない」
と伝えた。しかし、外国人記者は簡単に帰るどころか、何か委員会があるらしいがそれにお前は関係がないか、と言いだした。そこで、松本は、

「そんなことがあって、向こうでは当時もう相当準備をしておった」

（『松本烝治氏に聞く』）

と断言している。彼が言及している「向こう」とはもちろんGHQ民政局のことである。

民政局は、一九四五年十月初旬に設立された。最初はG5と呼ばれ占領行政を担当する局で、局長はウィリアム・E・クリストが任命されていた。このG5には経済・科学局、労働局などの局が開設されていたが、これらの局も分離独立していき、民政局（GS）と名称が変わったのである。

GHQに局が設立され、例えば、経済・科学局が日本政府に指令を出す場合、まず他局の署名が必要とされた。そして、署名が得られると、これをR・マーシャル参謀長代理およびR・サザーランド参謀長に承認を求め、それが重要事項の場合は、さらにマッカーサーに送られ、彼の承認を得てから日本政府に発令されるシステムになっていた。

民政局次長チャールズ・ケーディスは、後に述べている。

「日本占領政府との接触ですが、民政局という局のみならず、局内部署でもほとんどありませんでした。日本側に確認事項が生じた場合は、外務省連絡官（CL）がGHQに出向いてきて、日本側への指令に関わった局員が対応するようになっていましたが、そこでも日本側とGHQ側が会議ができる状態ではなかったです。日本側に発せられる指令はGHQ総司令部から日本占領政府にのみ出され、地方政府向けはなく、すべて上層部が実行させたものでした」

このような状況を見れば、松本が民政局と連絡をとりあって憲法改正についての話し合いを持つことは不可能であった。

民政局も他局と同様な状況にあったが、十二月中旬、民政局では初代局長クリストがコートニー・ホイットニーに代わると変化が起きた。日本政府との連絡は、参謀長事務局でなく民政局を通すことになったのである。

十二月二十四日、民政局長に就任したばかりのホイットニーは、局員全員を初めて招集すると、厳粛な面持ちで次のように語ったという。

「マッカーサー元帥は、日本占領をアメリカ外交史上における最大の出来事のひとつとみており、民政局を占領行政の大黒柱と考えている」

「民政局が行う仕事が成功するか失敗するかは、アメリカにとっても、また日本にとっても、数世代にわたって重大な意味を持つことになろう」

そして、一週間後の一九四五年十二月三十一日、ホイットニーは再び局員全員を集めると、この全体会議を定例にすると伝え、民政局で作成される日本政府への指令案について、発言するよう求めた。さらに、二日後の一九四六年一月二日、二十一人の民政局の幹部将校たちは、日本の選挙法についてマイロ・ラウエル、ピーター・ルースト両中佐が交わす討論会に参加した。

討論会でラウエルは、次の日本の衆議院選挙は米国式の選挙慣行に準じて行われるべきという立場から説明した。一方、神智学信徒ルーストは日本の選挙法を擁護する立場を取ったため、両者の意見は対立した。討論を終えると、出席者の投票が行われ、結果は四対一でラウエルが支持した米国式選挙法に賛成者が多かった。

この結果を見て、民政局次長ケーディス、後に日本国憲法起草にラウエルと共に参加するアルフレッド・ハッシーらも、ホイットニー局長は多数派を支持するものと予測した。

ジャスティン・ウィリアムズは、討論会の採決が判明した後にGHQの保養ホテルになっていた箱根宮ノ下の富士屋ホテルに休暇で出かけた。

ところが、富士屋ホテルから帰京すると、ウィリアムズは三年半にわたる軍服生活で最も大きな驚きに遭遇したという。

ホイットニーは、民政局内の多数決を却下したのである。そして、覚え書まで用意し、それをスタッフらに読んで聞かせ、廊下を歩いてゆきマッカーサーの前で読み上げると、元帥も口を挟むことなく承認したという。

通常ならば、多数決の結果を選ぶところであるが、ホイットニーはあえてそれを却下し、マッカーサーに承認させるパフォーマンスまで行ったのだ。そこまでして自分の威力を民政局員たちに示したかったのである。

## GHQ本部に飛び込んだ若い娘

ベアテは日本に戻ることが確定すると、両親に電報を打った。わずか十一か月前に米国籍を取得したばかりの即席米国人ベアテが、他の民間米国人をさしおいて一番に厚木空港に降りたったのは、何より両親と再会するためだった。そして、彼らにも米国籍を取得させ、日本から脱出させたかったのである。

彼女のGHQ勤務も、両親に会うことが飽くまで第一の目的であった。だから、二日間もかかった飛行機の旅にもめげずに、厚木空港から宿舎となっていたWAC（陸軍婦人部隊）に荷物を置くと、待たせてあったジープに急いで乗り、新橋第一ホテルのロビーに向かったのである。新橋第一ホテルは、当時、GHQの高級将校宿舎として接収されていて、宿泊者は全員が男性であった。そんなところに飛び込んでいって、何もわからずに取り乱して挙句の果ては半泣き顔になっている女の子に、ホテルのフロント係が近寄ってきて、レオさんなら昨夜のラジオで演奏をしていたと教えてくれたのだった。ベアテはさっそくＪＯＡＫ（東京放送局）に電話をした。すると、ＪＯＡＫは、父親が軽井沢に帰ったこと、また軽井沢の別荘の住所も教えてくれた。そこでその住所に電報を打つと、それを受け取った父レオは、軽井沢から東京にやって来て、ベアテは新橋第一ホテルのロビーで父親と再会することができたのである。

「『パパとママが生きている』そのことを確認できただけでも充分だった」

このようにベアテは回想録に記しているが、来日の二か月前に彼女は米国のタイム誌記者から情報を得て、「両親が生きていることは、ほぼ間違いない」と確認していた。それでもまだ、ベアテは両親の安否を心配していたのであるが、現実は彼女の予期に反して、父親は演奏活動を続けていたのである。

ベアテの新しい職場は、東京日比谷にあるＧＨＱ民政局であることは知らされていた。民政局は、皇居に面する第一生命ビル六階にあり、同フロアには最高司令官ダグラス・マッカーサーの執務室もあり、局員が四十名ほど働いていた。

出勤した初日に、民政局次長のチャールズ・ケーディスとの面接が行われ、政党課に配属された。政党課はピーター・ルーストを課長に、ハリー・ワイルズそれにベアテを加えた三名からなる課で、戦後次々にできていた日本の政党の調査を行っていた。同課は公職追放の調査も分担していた。

そこでベアテは、「軍国主義時代に要職についていた人物を追放する」ため、「該当する人を探し出して欲しい」――このように課長のルーストから「最初の仕事」を与えられたと、回想録に記している。つまり彼女は、「公職追放」のリスト作りの担当者であったことをここで是非記憶しておいて欲しい。

その後、父親と再会を果たしたベアテは、政党課長ルーストの許可を得て軽井沢に向かい、冬の別荘で母親とも再会できた。

ヨーロッパにいたシロタ家の血縁、親族は、ヒトラーのユダヤ人迫害にあって強制収容所に送られ、命を失った者もいた。一方、シロタ夫妻は軽井沢で別荘を提供され、食料事情は良くはなかったものの、安全が保たれた中で過ごしていたのである。ところが、「GHQの一員として、勝利者の側にいる私」と回想録で自らの位置を記しているベアテは、両親の戦中体験については絶対的な被害者と捉え、それを生涯変えることはなかった。

ベアテは、民政局から三日間の休暇をもらっていた。この間に、彼らは軽井沢を去ることになった。そして東京にやってくると、彼女は両親を自分が住んでいる宿舎に住まわせようと「病気の両親のために一室もらえないかと頼んだ」(『1945年のクリスマス』)。しかし、そこは婦人宿舎であったために許可されず、それでは母親だけでもと頼んだが、それも拒否されたため、両親は日本人宅に世話になった。病弱だった母親は、米軍クリニックで診てもらい、ビタミン剤を処方されると、「ママはみるみる良くなって、すぐにベッドを離れることができた」(前掲書)という。

三日間の休暇を慌ただしく終え、ベアテは宿舎である神田会館(現、東京YWCA会館)からGHQ民政局に通うことになった。給料は月二五〇ドルほどであった。終戦直後、一ドルは十五円で換算されたため、約三七五〇円である。当時、東京・中野付近の住宅地一坪が四〇〇円だったので、彼女の月給で十坪ほどの土地が買えた計算になる。

当時、高級軍属には、都内の最高級住宅があてがわれていた。「どの住宅にも五人の召使――ハウスキーパー、料理人、女中、下男（ハウスボーイ）、それに窯焚き人――がいたし、最新式のアメリカ製電気冷蔵庫から、オイスターカクテルに使う小さなフォークにいたるまで全部揃っていた。いうまでもなく、定期的に庭師がやって来て庭園の手入れをしていった。これだけの住宅に、月七十五弗《ドル》払うだけで住めた」（「日本に君臨したマッカーサー」カイズ・ビーチ『文藝春秋』一九五五年三月三十日臨時増刊号）というので、ベアテの給料二五〇ドルは日本人にとって莫大な金額であったばかりか、米国を基準にしても年俸三〇〇〇ドルは普通のサラリーマンが二年間は楽に暮らせるほどの大金だった。

ハリー・ワイルズは当時五十五歳で、日本専門員として戦時中、ワシントンのＯＷＩに所属していた。ワシントンのＯＷＩ所属中は、「ハロルド・Ｅ・ヤーネル海軍大将」「ジョージ・フィールディング・エリオット」「エルマー・トーマス上院議員」といったゴーストライター名を使って、対日情報操作番組を作っていた。

ベアテも、前述のようにサンフランシスコのＯＷＩ員であった。ベアテは一九四四年暮れにはＯＷＩを自らの考えで去ったが、ワイルズは一九四五年八月十五日の終戦まで番組を続けた。

彼は報道に興味を持ち、戦前は慶應義塾大学で政治学を講じたこともある知日派で、戦後にはフルブライト財団から派遣された学者として来日し、再び日本の大学で教鞭を執ったこともある。そんな彼は、上司のルーストのことをアナキスト（無政府主義者）と断定していた。ルーストが、人種、国、性別、階級などを超越する人類の同胞愛を唱える神智学協会という、一八七五年にニューヨークで設立された新興宗教の信奉者だったからであろう。

ルーストは、一八九八年オランダのフラールディンゲンという港町に生まれ、そこで暮らしていた一九一八年に同協会員になっている。オランダのライデン大学で医学を専攻し、一九二〇年MC称号を受けると、同協会学生代表として米国に招待され、全米八十大学を訪れている。そして米国に移住し、同協会シカゴ本部からシカゴ大学に通い、「白い魔術とその理論」という論文で一九二五年人類学博士号を授与された。医学からオカルト研究に専門を変えた彼は、米国から神智学協会インド本部に渡り、そこで二年間ほど教師をし、その間にもジャワで土着民、オーストラリアでアボリジニーの研究を行っている。この滞在を終えると米国に戻り、年俸二〇〇〇ドルで大学教官を務め、一九三三年に再び米国神智学協会に戻っている。そして、それからはずっと、米国に点在する同協会のロッジ一一九か所を、講師として巡回講演した。

このようにルーストは、オカルト研究者、医学者、人類学者、国際関係論研究者と多才な能力を持つマン・オブ・ザ・ワールド（世界人）であると同時に、神智学協会の幹部兼信奉者でもあった。

そんな彼は、一九四〇年農務省専門官として米国政府と関係を持ったことから、一九四五年十一月GHQ民政局員に任命されて来日し、政党課長として日本の政治家たちと接触したのである。

彼は日本語がわからなかったため、ハワイ出身の日系二世の女性が通訳についた。しかし、一九四五年から一九四六年に年が変わってから、通訳も日系女性からベアテにその役が替わった。

## 天皇がいなくなれば、東京の路上で暴動が起こる

「ベアテ、我々の仕事は、(略)軍国主義時代に要職についていた人物を追放することなんだ。あなたは女性だから、女性の小さな団体を調べて該当する人を探し出して欲しい」
(『1945年のクリスマス』)

このようにルーストはベアテに言ったという。

第一回の公職追放は一九四五年十二月末に終了していた。この経験を生かし、一九四六年一月四日には、さらに総括的な公職追放令が出されようとしていた。このようなときにベアテはチームに加わったのである。公職追放を行う際に、ポツダム宣言はバイブルそのものだった。同宣言十条には、戦争犯罪人の処罰などの他に、

「言論、宗教、及思想ノ自由並《ならび》ニ基本的人権ノ尊重ハ確立セラルベシ」

Freedom of speech, of religion, and of thought, as well as respect for the fundamental human rights, shall be established.

と刻まれ、言論、宗教、思想の自由、基本的人権の尊重が謳われ、男性同様女性の人権も含まれていた。女性の人権を含む基本的人権はポツダム宣言に起因するものであり、それはＧＨＱの特定個人の功績に帰せられるものではないことを、とりあえず留意しておいてほしい。

このときベアテはまだ選挙投票もしたことのない二十二歳の女性だった。日本占領というものに特別な興味があったから東京に来たのでもなく、目的は両親に会うことであった。しかし、ＧＨＱ民政局員になってしまったことで、この若い女性はエレベーターに乗せられ、思いもよらない所にたどり着いてしまったのである。

一月十六日、ホイットニーの宿敵とされるチャールズ・ウィロビーが、米国での休暇のために日本を発つことになった。すると、その一週間前にこれと入れ替わるように極東委員会（ＦＥＣ）が来日していた。

極東委員会は本部をワシントンＤＣに置き、カナダ、オーストラリアなど連合国十一か国から構成され、日本に降伏条項を完遂させるための政策作りをするところで、参加国の要請があれば、マッカーサーが発令する指令に検討を加えることもできた。

このようなことから、マッカーサーは同委員会をうるさい存在だと認めていて、回想録の中で

も、その役割について、

「私が日本占領を監督するのを、さらに監督することだった」

と述べている。

極東委員会を構成する国の中には、天皇を戦犯だと主張する国があり、委員会には日本国憲法を変える役割さえ与えられていた。このような影響力を考え、

「マッカーサーはこの極東委員会だけは打ち負かさなければならないと決心していた」

ホイットニー付き調査員だったルース・エラーマンがこのように証言したのは、一九七二年三月二十九日のことである。その頃、彼女の名はルース・エラーマン・ハッシーと変わっていた。

彼女は一九三八年にシンシナティ大学を卒《お》えてからシカゴ大学で大学院修士号を取得、同大学出版部を経て一九四二年にワシントンDCに転職し、CIAの前身となるOSS員になった。OSS員になると、彼女は英国ロンドンに派遣されてドイツ空爆研究に従事し、米国に帰国してからは民政局設立準備に関わり、日本国憲法草案が書かれる直前の一九四六年二月に来日した。

来日するとすぐにホイットニー民政局長付調査員として仕えることになったエラーマンの目に映った日本占領政策とは、

「ワシントンの国務省とマッカーサー司令官との考えの完全な乖離《かいり》でした」

(*Ruth Ellerman Hussey Interview* Harry S. Truman Library)

共産主義に染まり、毛沢東を支持していたワシントンの国務省は、日本の天皇制存続に否定的であった。ところが、左派系のシカゴ大学で学び、ＯＳＳ員としてドイツ研究をしていたエラーマンでさえ、実際に来日してみると、天皇制の文化的、精神的な意義に納得したという。そして、この女性ＯＳＳ員は、

「もし天皇制が無くなってしまえば、日本人は精神的ショックを受け、国内には秩序がなくなり、歩道がなくても歩けた東京の路上は暴動や反乱が起こるところに、社会全体が変質しメチャクチャになって崩壊してしまう」

という結論を下したのである。

このような彼女の分析は、そのままホイットニー、マッカーサーの立場を反映したものであったともいえよう。

ワシントンの国務省では、天皇を戦犯として裁判にかけるべきだと主張するグループがいて、極東委員会にもそうした路線で構成されるメンバーがいた。エラーマンは、

「極東委員会にはソ連が入っていたため、マッカーサーはソ連との衝突についても注意を払っていました」

と証言する。

このため、マッカーサーとホイットニーはこれに対応するために、占領政策を迅速に実行に移さなければならない局面にいたのである。エラーマンはさらにこう付け加えている。

「私たちがボールを握って、既成の事実を作り上げ、それを国務省と極東委員会に提示しようとしたのです」

日本の占領政策を現場で行う最高司令官はマッカーサーであった。ところが、マッカーサーは精神的な力を持つ天皇がいなくなれば、指揮官として実務そのものができなくなり、結果的に占領そのものが達成できなくなる、これを恐れていたという。しかも、それはエラーマンの分析だけでない。

「天皇の日本国民に対する神性の力を借りなければ、日本の将来に絶対必要な政治体制の改革はできない」

(『裸のマッカーサー　側近軍医50年後の証言』ロジャー・O・エグバーグ)

このようにマッカーサーは彼の主治医にも断言していた。

近衛の憲法作成が頓挫したとの情報を得ていたケーディスとラウエルは、民間の憲法試案を収集していた。しかし、それらも彼らの情報収集の枠内ということであった。

ところが、一月九日に極東委員会が来日し、十七日にケーディス、ラウエルらが民政局を代表して来日メンバーに会ったところ、

「彼ら極東委員会に、われわれ民政局こそが日本国憲法を扱うにふさわしい権限を有してい

ると、告げられ全てが変わった」
とラウエルは回想録の中で述べる。
(*Milo E. Rowell Interview* Harry S. Truman Library)

「その時までは、われわれは、資料収集という考えでいました」
(前掲書)

ところが、極東委員会の一人が、

「憲法改正があなた方の業務の一部でないという理由が理解できない」
(前掲書)

と言い、民政局はなぜ日本国憲法改正に取り組んでいないのか、と続けたというのだ。民政局員ラウエルは、民間で行われていた憲法情報を調査分析してはいた。このため、ルーストが極東委員との会議中に、

「ラウエル中佐がやっている……」

と囁いているのを耳にはさみ、民政局がやっていることがばれてしまうと思い、ラウエルはルーストの向こう脛を蹴り上げた。ルーストを黙らせたラウエルが、

「憲法改正に関わる件については、極東委員会に属し、民政局の権限と職務を越えたものだと考えますが」

と質《ただ》したところ、その極東委員会代表は、

「民政局がその権限を有している」

と再度返答した。そして、この代表の発言自体が、

「極東委員会との会談で得られた最大の成果となり、我々の行動の引き金になった」

ラウエルはこのように述べ、回想録で次のように続けている。

「そこでケーディス氏が、われわれ民政局員にそのような権限があるかどうか必要な書類にあたるよう要請したのです」

ケーディスが参照した書類とは、「ＳＷＮＣＣ２２８」であったという。米国務省は日本国憲法が起草される際には、同文書がガイドラインにされるよう、東京の国務省日本代表部ＰＯＬＡＤに写しを送っており、アチソン代表は部下のエマーソンを通して近衛の顧問高木八尺にも「ＳＷＮＣＣ２２８」文書を渡していた。しかし、ＧＨＱ総司令部内では、

「同文書は、民政局に一つしかありませんでした」

（「チャールズ・Ｌ・ケーディス氏インタヴュー」『日本国憲法の誕生を検証する』西修）


このように、同文書はケーディスの下に極秘書類として保管されていたため、ラウエル自身が「ＳＷＮＣＣ２２８」文書を最初に読んだのは一月二十日と二十五日になってからのことであったという。

ラウエルらは、国務省日本代表部ＰＯＬＡＤが近衛らと連携し合っていたことを知らされてい

た。近衛らの動向については、エリオット・ソープＣＩＣ部長の部下で日本生まれのカナダ人外交官ハーバート・ノーマンが情報提供者になっていた。ＣＩＣ部長Ｅ・ソープは、ホイットニーへの情報源であり、ラウエルはノーマン情報をさらに裏を取った上で利用していた。ただし、民政局の初代局長ウィリアム・クリストは国務省日本代表部側とも通じていることがわかっていたため、ラウエルは日本国憲法を表だって取り上げなかったのである。

ところが、ホイットニーが民政局長になるとそれが変わり、極東委員会での発言も受けて新しい展開になってきたのである。

## マッカーサーに「戦争放棄」を提案した幣原の本心

しかし、この極東委員会に、密かに期待していた人物もいた、幣原首相である。

幣原にはＧＨＱ占領下にあっても憲法を改正するような意図はなく、ポツダム宣言の要請も、明治憲法内の解釈により対応できると考えていた。さらに、十一か国から成る極東委員会が憲法問題の議論に入れば最終的には何も決定できない、とも読んでいた。後日、日本国憲法の起草に関わったＨ・Ｅ・ワイルズ元民政局員も次のように述べている。

「統合参謀本部を通じて極東委員会が送ってくる政策指令はマッカーサーにたいする命令だ

ったが、連合国対日理事会は単なる諮問・勧告機関だったので、それほど地位が重くなかった。(略)そのような諮問はごく稀だったばかりでなく、マッカーサーは決定権を持っていたので、他の代表の決定をくつがえすことができた」

(『東京旋風』)

極東委員会の訪日にあわせ、幣原首相の方も動き始めていた。ヴァージニア州ノーフォークのマッカーサー記念資料館に収められたマッカーサー訪問者日誌資料「R6−5，B−65，F1」を見ると、一九四六年一月二十三日の訪問記録には次のように記入されていた。

「面会　バロン幣原首相　正午　明日一月二十四日」

GHQ在任期間のマッカーサー訪問者日誌を全て見たところ、訪問の前日に、翌日の訪問者が書き入れられている例は、幣原首相以外は見当たらなかった。それほどまで幣原の訪問は大切だったということであろう。そして、一九四六年一月二十四日正午にいよいよ「バロン幣原」がマッカーサーを訪れることになった。

幣原のマッカーサー訪問は、新薬ペニシリンをもらって彼の病気が快復したお礼を述べるためだとされている。しかし、それは表向きの理由だった。マッカーサーは次のように述べている。

「幣原男爵は一月二十四日(昭和二十一年)の正午に、私の事務所をおとずれ、私にペニシリンの礼を述べたが、そのあと私は男爵がなんとなく当惑顔で、何かをためらっているらしいのに気がついた」

(『マッカーサー回想記』)

マッカーサーは幣原に、何を気にしているのかと尋ね、

「遠慮する必要はないから話してくれ」

といった。すると、幣原は、マッカーサーは軍人なので気安くは話しづらいと前置きするので、
マッカーサーはさらに、

「軍人だって時折いわれるほどカンがにぶくて頑固なのではなく、たいていは心底はやはり人間なのだ」と応じた。

すると、幣原はマッカーサーに、

「新憲法を書き上げる際にいわゆる『戦争放棄』条項を含め、その条項では同時に日本は軍事機構は一切もたないことをきめたい」

「そうすれば、旧軍部がいつの日かふたたび権力をにぎるような手段を未然に打ち消すことになり、また日本にはふたたび戦争を起す意志は絶対にないことを世界に納得させるという、二重の目的が達せられる」

（前掲書）


このように提案したという。

幣原の戦争放棄の提案を耳にしてマッカーサーはどうしたか――。

「私は腰が抜けるほどおどろいた。長い年月の経験で、私は人を驚かせたり、異常に興奮させたりする事柄にはほとんど不感症になっていたが、この時ばかりは息もとまらんばかりだった」（前掲書）

このように述べると、マッカーサーは自らの体験を例に出しつつ、

「二十の局地戦、六つの大規模な戦争に加わり、何百という戦場で生残った老兵として、私は世界中のほとんどあらゆる国の兵士と、時にはいっしょに、時には向かい合って戦った経験をもち、原子爆弾の完成で私の戦争を嫌悪する気持は当然のことながら最高度に高まっていた」（前掲書）

「だから戦争放棄は自分の夢だった」と語ると、こんどは幣原がびっくりしたという。

「氏はよほどおどろいたらしく、私の事務所を出る時には感きわまるといった風情で、顔を涙でくしゃくしゃにしながら、私の方を向いて、『世界は私たちを非現実的な夢想家と笑いあざけるかも知れない。しかし、百年後には私たちは予言者と呼ばれますよ』といった」（前掲書）

幣原は後に彼の遺著となる『外交五十年』の中でも、

「憲法に永久的戦争放棄、軍備全廃を書き入れることを決意したのは飽くまで自分の信念から出たことで、日本人の意志に反し、総司令部側から強いられたのではない」

と述べている。しかし、それは本心ではなかった。というのも、彼の長男、幣原道太郎元獨協大学教授が後日、

「言いたいことも言えず、書きたいことも書けないまま、八十歳の生涯を閉じた父の無念さを知る私にとって、第九条を金科玉条のごとく考える風潮と〝第九条幣原提案説〟だけは、どうしても我慢できない」

（「憲法第九条を強要された父・喜重郎の悲劇」『週刊文春』一九八一年二月二十六日号）

として、幣原首相が憲法第九条を強要されたことを明かしているからである。

さらに長男道太郎は同記事の中で、幣原首相の知人紫垣隆による著書『大凡荘夜話』を引用し、その中で幣原自身が執筆中であった『外交五十年』について次のように述べていたことも明かしている。

「日本国民の恭順を米国に示し、米国民の心をやわらげるために心にもないことを書いた原稿で、近く刊行する筈である。この本は日本人としての幣原の精神を現したのではなく、国家大計の為不得意ではあるが書いて見た」

つまり、日本国憲法に後に起草されることとなる第九条は、本心から言ったことではなく「国家大計の為」の発言だったのである。

幣原からすれば、マッカーサーが連合国の意を反映して、日本に戦争を放棄させようとしていたことは動かしようもなかった。占領日本は戦時統制が敷かれて、日本当局そのものが自らの占領政府を検閲する取締り下にあったため、幣原には選択の余地がなく、悔し涙を流しつつ右の方法を取らざるを得なかったというのである。

幣原がマッカーサーを訪問した二十四日の当日、ホイットニーは民政局次長ケーディスを呼び、さらにラウエル、ハッシーらも集められた。彼らは全員が弁護士だった。ケーディスがホイットニーの所に行くと、

「ホイットニーは私に、覚え書を準備するよう命令した。その覚え書は、日本の憲法機構の根本的変革を取り扱う最高司令官としてのマッカーサーの権限の範囲に関するものであった」

（「日本国憲法制定におけるアメリカの役割（下）」チャールズ・L・ケーディス『法律時報』六十五巻七号）

ケーディスら全員で覚え書を作成し、一月三十一日にホイットニーに提示した。そして、翌二月一日の朝、ホイットニーはその覚え書に自分の結論を挿入してから、一九四六年二月一日の日付をタイプ印刷して、マッカーサーに手渡した。その覚え書は、次のように締め括られていた。

「マッカーサー元帥は、日本の憲法機構の効果的な変革に適当と思ういかなる措置をも採ることができる無制限の権限を有する。ただし唯一の制限は、天皇制の除去につながるような措置を講ずることである」（前掲書）

## 「毎日」がスクープした松本草案

ところが、たまたま毎日新聞が二月一日付で日本国憲法草案と称するものをスクープ報道した。スクープしたのは毎日新聞の西山柳造記者で、彼は松本烝治国務大臣が委員長となって政府案の起草準備に当っていた草案を憲法問題調査委員会事務局で見つけ、勝手にもらって新聞記事にしてしまったのである。

松本による憲法改正案は国務省日本代表部ＰＯＬＡＤの方が注目するところとなり、直ちに英語訳が作られた。そして、二月一日の夕方には、民政局員サイラス・ピークの手に渡り、彼は翌二月二日に英訳の松本案をホイットニーに届けるのである。

サイラス・ピークは一九〇〇年、ミネソタ州の医師家庭で生まれた。ノース・ダコタ州の高校を卒えると二つの大学に在籍してからノースウェスタン大学に編入し、卒業年次にキリスト教団

ＹＭＣＡから日本に行って英語を教える誘いを受けたのである。一九二二年の頃で、日本政府が給与を負担して英米諸国から英語教師を招く一方で、ＹＭＣＡは米国内で日本に送り出す人材派遣を行っていたのである。

ピークとしてはヨーロッパ史の教師になることが希望で、日本のことは全く頭の片隅にもなかったが、ＹＭＣＡの勧めを受け入れて日本に向かい、横須賀、藤沢、平塚の中・高生に英語を教えたのだった。そして二年後の一九二四年に帰国し、コロンビア大学大学院に進学することになったのである。ところが、コロンビア大にはまだ日本学科は開設されていなかったため、中国学科に入ったが、学生はわずか三名のみだった。そこで、一九二五年十月、学部長が三名を昼食に招待して、中国学科の十年計画を伝え、研究者として将来も約束されていると伝えたが、一人は去っていった。ピークは同学科で研究を続け一九三二年に博士号を取得し、以降はコロンビア大学に所属して教えていた。

ＧＨＱに派遣されるに当たって、ピークは国務省に編入され、一九四六年一月三日に来日した。配属先は、国務省の中国派が結集していた同省日本代表部ＰＯＬＡＤの方が中国研究者ピークからすれば自然なはずであった。実際は、ＧＨＱに配属され民政局員になった。

しかし、ピークはＧＨＱ民政局員になったことで、ＧＨＱとＰＯＬＡＤの両方に知人をつくれることになったのである。

ＧＨＱ民政局でピークは計画課に配属された。そこで日本占領の長期計画を実行に移すための作業にあたっていたが、その過程で、彼は日本国憲法の方に興味が向かっていったという。つまり、日本占領計画を考えていくと、その先には必ず憲法が対象になると考えたのである。そこで、彼は民政局の上司にもそれとなく質問してみた。すると、その上司は、

「日本国憲法は極東委員会の扱う事項なので、民政局はそれにはタッチしないのだよ」

といい、さらに、

「マッカーサー元帥も日本国憲法改正に民政局は関与しないと公言している」

と付け加えたのだった。

そうした説明を受けたピークは、さらに事実確認をした。すると、マッカーサーからの指令が国務省日本代表部にも出されていて、POLAD関係者の関与は禁ずと命じられていたのだった。

このマッカーサー指令は前年十二月に出されていたが、ピークがこれを確認したのは一月中旬のことであった。そこで、彼はさらに日本国憲法を掘り下げようと、三井銀行本店の国務省の知人を訪ねてみた。すると、マッカーサー元帥が日本占領政府側に出した憲法改正の命令は、広く民間にまで知れ渡っており、日本人の間で大きな関心の的になっているということであった。

日本国内ではさまざまな草案が作られていたが、作っていたのは政党だけではなかった。大阪や神戸では経済界、商人までもが独自の憲法案を作っていた。それに比べて日本政府は全く行動していないようであった。このような情勢を見た結果、ピークは近いうちに、日本の構造に改革がもたらされるような憲法改正が必ず行われるという結論に達した。

GHQ民政局は総司令部六階にあった。そこは占領前は舞踏室であったため豪華なシャンデリアが天井から何本も下がっていた。ホイットニーの局長室も六階にあり、隣接して六一〇号室が

あった。六一二号室はケーディスの執務室で、サイラス・ピークは六一一号室をトーマス・ビッソンと共用していた。ビッソンもキリスト教宣教団の英語教師として中国で暮らしていたことがあり、日本には批判的な人物だった。中国から米国に帰ると「中国人友の会」会員になり、日本の侵略に反対する運動に参加していた。一九三七年三月には日本、朝鮮、満州を旅行し、北京に到着すると、蔣介石の顧問をしていたオーエン・ラティモアの延安・中国共産党本部訪問に同行した。延安では毛沢東、朱徳と会い、米国に帰った彼はＩＰＲ（太平洋問題調査会）に勤務しつつ、ラティモアが発行していた『アメラシア』誌で日本の軍国主義、財閥の戦争責任について編集をしていた。そんな彼は、後に、ＧＨＱ民政局に駐在して、財閥解体に取り組むことになったのである。

ピークは、中国毛沢東派のビッソンを通してアンドリュー・グラジャンツェフとも知り合った。中国研究者だったことが幸いし、彼は親中国派だけでなくＧＨＱ民政局内の親ソ派とも知り合いになった。ピークはこのような交遊を持ちつつ、なぜマッカーサーは国務省日本代表部ＰＯＬＡＤに日本国憲法問題への関与を禁じたのか、疑問を持ち続け、その背景にある謎について彼は虜になったという（*Reminiscences of Cyrus H. Peake* Columbia Center for Oral History）。

ピークは何かがきっと起こるはずだと思って毎日ＧＨＱとＰＯＬＡＤの動きに目を光らせて待っていた。そのような時、二月一日に毎日新聞が松本案と呼ばれる日本政府案を報道したのである。しかし、ピークはその記事を見ていなかった。ところが、その晩、親しくしていたＰＯＬＡＤの知人が、ピークを宿泊先の第一ホテルの入り口でわざわざ呼び止め、

「新聞発表の草案を読んだか」

と訊いたのだ。

「いや」

ピークは心の中では大興奮していたものの、表面上は興味などまったく示さないそぶりをしてそう応じた。すると、この知人は、

「じゃあ、部屋に来てみる？　われわれが今日やった英訳文をみせてあげよう」

と言ってくれたのである。


三井銀行本店の国務省日本代表部ＰＯＬＡＤでは、朝刊を見て、すぐに英語翻訳にかかっていたのだ。ピークは彼の部屋に入ると、日本政府案の英訳文を読み始めた。そして、それを読みつつ、英訳文を見せてくれた知人に要点を書きとめても良いかと許可を取り、それを書くと自室に戻って内容の要約作りに取りかかった。

日付が変わった二月二日の朝、彼は一番にホイットニー局長室に突進していき、毎日新聞報道とその内容が明治憲法と変わらないことを次のようなメモを付けて伝えた。

「この憲法改正案は、極めて保守的なものであり、天皇の地位に対しても実質的変更を加えていません。天皇は、統治権をすべて保持しています」

ピークの報告を受けメモを読むと、

「これを直ちにマッカーサー元帥に届けよう」

ホイットニーはそう言い、ピークに必要な人材を集め日本案の英訳とその解説を作るように指

示した。

マッカーサーは午前十時に執務室に入ると、連絡事項の説明を受けてから、ワシントンからの電話や文書業務を片付け、午後一時まで仕事をこなすと、住居にしていた米大使館に戻って昼食を摂った。食後は昼寝をし、その後で再びGHQ司令部に戻り、夜八時まで仕事に従事する生活を規則正しく続けていた。二月二日は、午後六時に司令部に戻ってくることになっていた。

ホイットニー、ケーディス、ラウエル、ハッシー、それにピークらは、日本案の英語訳を基にして、その解説作りをしていた。そして、マッカーサーが執務室に入っていくと同時に、ホイットニーが追いかけるように入室していった。

## 「マッカーサーの首相」ホイットニーの人間像

「わが同胞諸君、今日大砲は沈黙している。一大悲劇は終わった。（略）空はもはや死を降らさない。海洋はただ通商のみに使用され、人々は太陽の下をいずこに於ても闊歩《かつぽ》できる。全世界は全く穏やかな平和に包まれた。神聖なる使命は完成された。この事実を国民諸君に報告するにあたって、予は密林に、海浜に、進路をつけた太平洋の深海中に、永遠に眠る多数の無言の昏のために、また災厄の淵からわれらを救うために雄々しくも闘い、今や将来の挑戦に応えるために故国へ帰還せんとする幾百万の無名の勇士たちのために、代って説く」

マッカーサー執務室に消えていったホイットニー民政局長は、つい数か月前、降伏調印式の際に東京湾内の戦艦ミズーリ号で行われたマッカーサーの名演説を書いた人物だった。彼は、マッカーサーの偉業を夫人の故郷ノーフォークから出航したペリー提督と重ね合わせると、ポツダム宣言を引用して日本占領の目的と使命をマッカーサーになり代わって自らの筆で書いていたのである。

民政局時代、ホイットニーの部下であったJ・ウィリアムズによれば、ホイットニーはワシントンDCで、一八九七年に生まれている。一九一七年に兵役を志願、通信隊航空学校に入り、一九二〇年に陸軍航空隊中尉となった。その間、コロンビア・ナショナル・ロー・スクール夜間部で学び、弁護士になる学位を取得した。そして、同隊員としてフィリピン勤務を終えると、一九二七年にマニラで法律事務所を開設し、弁護士業のかたわら、鉱山の試掘、株式投資とさまざまな事業を行って財を築いたのである。ところが、日米開戦の一年前、極東で戦雲を敏感にかぎ取ったホイットニーは、家族を連れてワシントンDCに戻ることにした。

「一九四一年に彼は休暇でアメリカに帰っていたが、やがて空軍の将校としてふたたび軍隊生活に入った」

(『マッカーサーの政治改革』)

再び軍隊生活に入ったホイットニーは、陸軍航空隊司令部の法務課長補佐として一九四三年三月にオーストラリア南西太平洋軍総司令部勤務を命じられ、直後にマッカーサーと知り合うことになったという。

「ホイットニーがマッカーサーに出会ったのは、一九四三年五月二四日、オーストラリアであった。この日まで双方は互いに見知らぬ関係だった」（前掲書）

しかし、ホイットニーがどのようにしてマッカーサーと知り合ったかについては、ウィリアムズは記述していない。そこで、私がノーフォークにあるマッカーサー記念資料館で発掘した資料により、ホイットニーがマッカーサーと知り合うきっかけとなったエピソードについて開陳してみたい。

資料名は、*Oral Reminiscences of Dr. Roger O. Egeberg*、一九七一年六月三十日にインタビューが行われた『医師ロジャー・エグバーグ回想録』である。

ロジャー・エグバーグは、一九四二年に第四総合病院の医師としてオハイオ州クリーブランドからオーストラリアのメルボルンに派遣されていた。そして、一年ほど経過し、ブリスベンの病院在勤中にマッカーサーの主治医になるよう命令を受けたのだ。エグバーグは米国に四人の子供と妻を残したまま二年半も帰国していなかったため、命令を拒否した。しかし、面接に連れて行かれてしまい、マッカーサーだけでなく夫人や長男アーサーの主治医にされたのだ。当然のことながら、その結果、彼はマッカーサーと一番近い関係になったのである。

そして、一九四三年のその頃に、ホイットニーもマッカーサーの一番の部下になったと言われている。

ところが、エグバーグ医師は質問者からホイットニーと知り合いになった経緯を問われるやいなや、

「奴はメス犬野郎だ」

とホイットニーを一言の下にののしって、次のような背景を語っている。

ある日のこと、エグバーグ医師がマッカーサー司令官室の外で座っていると、人の気配を感じたので目を向けると、他でもないホイットニーであった。ホイットニーはエグバーグ医師が自分に気付くと、

「博士、実は問題がありまして」

と困った顔をして彼に訴えたのだという。事情を聴いてみると、ホイットニーの妻が子供のことで問題に直面していると手紙で知らせてきたので、一週間でもいいから米国に戻りたい、マッカーサー将軍から許可がもらえるよう、是非とも協力してほしい、と目に涙をためながら言うのだった。そこで、エグバーグ医師は、

「よろしい、よく頼んでみよう」

と約束したのである。そして、その意向を伝えると、マッカーサーは一か月間の帰国を許可してくれたため、それをホイットニーに伝えると、彼は今度も目に涙を浮かべてエグバーグ医師に

感謝をしたのだった。

ところが、その二日後であった。エグバーグ医師はマニラでパーティーに招かれ、そこに行くことになった。将校や看護師も出席した、和気あいあいとしたパーティーで、ドラムが鳴ると、エグバーグ医師の名が呼ばれステージに上がるよう要請された。すると、そこにホイットニーがやってきて、「ロジャー」と呼びかけ、

「ブルネイに上陸した際に手に入れた貝で作った灰皿をあげるよ」

と六インチ（約十五センチ）ほどの貝製の灰皿を差し出したので、エグバーグ医師はこの間のお礼か、とそれを受け取ったのである。ところが、彼が話したことは、エグバーグ医師が予測したものとは全く異なるものだった。彼は帰国する予定などなく、マッカーサーから帰国の件を訊かれると、

「いいえ、将軍。私はあなたと常に行動を共にすることを望みますので、たとえ家族のことであろうとも、米国に帰国するようなことはいたしません」

と答えたのだという。

つまり、エグバーグ医師はホイットニーがマッカーサーに近づくための道具として利用されたのである。これを聞くや否や、エグバーグ医師はステージから下りると手に持っていた貝の灰皿を床に叩きつけ、

「メス犬野郎め、お前って奴は誰を利用して、マッカーサー将軍に自分を売り込むつもりだ」

とホイットニーの胸ぐらを摑んだという。

しかし、マッカーサーの主治医エグバーグを利用したホイットニーの目論見はものの見事に成功した。マニラで危険な案件を数多く取り扱い「救急車弁護士」といわれていたホイットニーは、エグバーグ医師を踏み台にしてマッカーサーの顧問弁護士になり、両者の関係は緊密になっていった。

GHQ参謀長E・アーモンドも、ホイットニーが初期段階からマッカーサーの側近になることによって実利が得られると踏んでいたといい、次のように述べている。

「私がある案件でマッカーサーに会いに行くと、必ずそこにはホイットニーがおったものだ。彼は厚顔な奴で、普通であれば席を外さなければならないような案件で訪ねた時でも、同席をしたのだから」
(*Oral Reminiscences of Lieutenant General Joseph M. Swing*)

ホイットニーはフィリピン憲法に通じていたので、日本に行けば自由自在に活躍できると思ったのである。特にその文章力は優れており、マッカーサーの考えていることをまるで本人が書いたような文にすることができたという。私がマッカーサー記念資料館で見つけた『J・スウィング回想録』(一九七一年八月二十六日)の中で、J・スウィングはこう述べている。

「ホイットニーはまるでマッカーサーのように書くことができたのだよ」

マッカーサーはスウィングにこう言ったという。

「私は周りの者がどう思っているか知っている。しかし、彼ら(ホイットニーとサザーランド:筆者

注）のみ私が書いて欲しい書き方ができるのだよ」
「わかるかね、彼らは私が考えていることをまるでわかっているかのように言葉にできるのだ。そんな能力のある者は、ここで見つけようと思ってもなかなか見つからない」

二月二日午後六時、ＧＨＱ司令部の執務室に戻ったマッカーサーは、ホイットニーから報告を受けると、

「（日本案を拒否する）理由を詳細に説明するメモを準備するよう命令した」
（『日本国憲法制定におけるアメリカの役割（下）』）

ホイットニーは、日本国憲法の策定役を務めることになったのである。

民政局とは英語でGovernment Sectionと書くが、彼らの決めた政策を日本政府に指令を出して実施させる部署であるため、日本政府そのものを運用する部門といえた。ホイットニーは「マッカーサーの首相」として、ほとんどマッカーサーと同等の権力を握ったのである。

## 十六名の憲法「起草者」たち

マッカーサーというかホイットニーの命令を受け、ハッシー、ケーディス、ラウエルたちは一九四六年二月三日、ホイットニーの執務室に集まることになった。

二月三日は日曜日であった。当日はたまたまアルフレッド・ハッシーが当直になっていて民政局に詰めていた。すると、午前十一時、マッカーサーが普段と変わらずにやってきて、ホイットニー民政局長もマッカーサーの執務室に駆け込んでいった（*Alfred Rodman Hussey Papers* University of Michigan Library）。

そして、ドアが閉ざされて一時間ほどしてからだった。ホイットニーが一枚の紙をひらひらさせながら戻ってくると、ハッシーにこう言ったのだ。

Rod, the General has decided to write a constitution for the Japanese that will serve as an example to them.

（前掲書）

「ロッド、司令官は日本人が模範とするような憲法を書くことを決めたぞ」

（筆者訳）

ハッシーがホイットニーから渡されたその一枚の書面には、

The paper contained the several points which MacArthur considered essential to constitutional revision.

（前掲書）

「マッカーサーが憲法改正に必須と考えるいくつかの要点が含まれていた」

（筆者訳）

マッカーサーが挙げていた要点とは、天皇を憲法の管理下に置くこと、戦争を放棄すること、封建制と貴族制度を廃止し、国家予算は英国の制度に倣うようにすることなどだった。つまり、それらは、マッカーサーが二月二日から三日にかけて自宅で考えてきたものだったのである。

ハッシーが紙面から目を離すと、横にいたホイットニーは、「ロッド、どうしたらいいかな」と言ったという。そこで、しばらく二人で話し合った後、ハッシーはケーディスとラウエルを呼んで行動計画を立てることを提案した。ホイットニーはすぐこれに同意してくれたため、ハッシーは二人に電話を入れ、同日の夜に第一ホテルのハッシーの部屋に集まるよう伝えた。ハッシーは回想録で次のように述べている。

In my room at the Dai Ichi Hotel that evening, after some discussion, we decided that what we should do was to devide up Government Section into a group of subcommittees, each of which would have responsibility for a particular chapter or section of the proposed drafts constitution.

We also decided that Kades, Rowell, and I should form a steering committee to which all the subcommitees would report and which would have the final say as to what went into the draft constitution.

「その晩、第一ホテルの私の部屋で打ち合わせを行い、われわれがしなければいけないのは、民政局を小委員会にグループ分けし、それぞれが特定の章、憲法起草案の区分の責任を持つようにすることだと決定した。
ケーディス、ラウエルそして私は、憲法起草をする際に、それらの小委員会に報告をし、最終的な判断を伝える運営委員会を作ることも決めた」
（筆者訳）

それから、運営委員会の秘書にはルース・エラーマン嬢を当てることにし、ハッシーら三人は小委員会作りの作業に入った。運営委員会の秘書にされることになったエラーマン嬢も二月三日は民政局に出勤していたので、その一部始終を見ていた。さらに、ハッシーとエラーマン嬢は婚約中でもあった。このような関係にあったルース・エラーマンは後に回想録を残しており、その中で次のように述べている。

「これは極秘でしたが、（略）マッカーサーからの命令がホイットニーに下されたのです、そして、これを受けたホイットニー将軍が民政局員を選んで、憲法改正会議を組織し、憲法を書き上げるということでした」
*(Ruth Ellerman Hussey Interview)*

この命令を受け、エラーマン嬢は当然としても他の三人の男たちも、まるで狂乱したかのように取り乱したという。しかし、この時にはすでに前に進み出すと決めていたホイットニーは、鉛筆書きされた黄色い用紙を示したのである。マッカーサーがホイットニーに口述筆記させたものだった。そのメモには次のようにあった。

一　天皇は国の元首の地位にある。
皇位は世襲される。

天皇の職務および権能は憲法に基づき行使され、憲法に示された国民の基本的意思に応えるものとする。

二　国権の発動たる戦争は廃止される。
日本は紛争解決のための手段としての戦争、さらに自己の安全を維持するための手段としての戦争をも放棄する。

日本はその防衛と保護を今や世界を動かしつつある崇高な理念に委ねる。

日本が陸海空軍をもつ権能は、将来も与えられることはなく、交戦権が日本に与えられることもない。

三　日本の封建制度は廃止される。
貴族の権利は皇族を除き、現在生存する者一代以上には及ばない。

華族の地位は今後どのような国民的または公民的な政治権力も伴うものではない。

予算の型は、イギリスの制度にならうこと。


二月三日、日曜日の夕方、ケーディス、ハッシー、ラウエルの三人は、翌日から日本国憲法起草作業をどのような手順で進めていくかを話し合い、次のようにすることを決定した。

1　ケーディス、ハッシー、ラウエルが運営委員となる。

2　民政局の局員を立法権、人権、司法権、行政権、地方行政、財政、天皇・条約その他を担当する班に割り振る。

3　担当者は、割り当てられた部分の日本国憲法起草に参加し、その作業を行う。

4　起草作業中に、「委員会」と称されるそれぞれの班は諸事項および諸問題について運営委員と討議ができる。

5　それぞれの委員会は、草案完成後はそれらをタイプ印刷し運営委員会に提出すること。

運営委員会　Steering Committee
チャールズ・ケーディス大佐　弁護士
アルフレッド・ハッシー中佐　弁護士
マイロ・ラウエル中佐　弁護士
ルース・エラーマン嬢　ＯＳＳ員

運営委員会を立ち上げて運営委員となったケーディス、ハッシー、ラウエルの三人は、民政局員たちの担当をどのように仕分けるかに取り掛かり、彼らの意向を確認することなく次のように配分した。

立法権委員会　Legislative Committee
フランク・ヘイズ中佐　弁護士
ガイ・スウォープ中佐　会計・税理士
オズボン・ハウギ中尉　編集者
ガートルード・ノーマン嬢

行政権委員会　Executive Committee
サイラス・ピーク　大学教員
ミルトン・エスマン中尉　大学教員
ジェイコブ・ミラー

人権委員会　Civil Rights Committee
ピーター・ルースト中佐　大学教員
ハリー・ワイルズ　ＯＷＩ員
ベアテ・シロタ嬢　ＯＷＩ員

司法権委員会　Judiciary Committee
マイロ・ラウエル中佐　弁護士
アルフレッド・ハッシー中佐　弁護士
マーガレット・ストーン嬢

地方行政委員会　Local Government Committee
セシル・ティルトン少佐　大学教員
ロイ・マルコム少佐
フィリップ・キーニー　ＯＳＳ員

財政委員会　Finance Committee
フランク・リゾー大尉　投資会社役員

天皇・条約その他諸事項委員会　Emperor, Treaties and Enabling Committee
ジョージ・ネルソン中尉　財団研究員
リチャード・プール少尉　国務省

前文担当

アルフレッド・ハッシー中佐　弁護士

タイプ担当
S・ヘイズ嬢
E・ファーガスン嬢

運営委員会はケーディス、ハッシー、ラウエルの三名の弁護士で運営されることになったが、彼らは局長のホイットニーと緊密な連絡を取り、その都度、助言を仰ぐことになっていた。さらに運営委員の傍らでつかず離れず詳細なメモを取ることになった女性秘書、ルース・エラーマン嬢も憲法作成に参加したことから、日本国憲法作成に関与した人間は以上で五名となる。その他に各「委員会」に仕分けられた関係者は男女十九名である。ただし、十九名のうち、S・ヘイズ、E・ファーガスンの二人の女性はタイピストで、草案作成をしたとはいえないので、実質十七名となる。さらに、立法権委員会のガートルード・ノーマン嬢と司法権委員会のマーガレット・ストーン嬢もタイピスト役であったため除外され、十五名になる。こうして、最終的に女性委員はルース・エラーマンとベアテ・シロタだけが残ることになる。エラーマンは運営委員の秘書的役割を演じ、各委員会との打ち合わせ時にも、詳細なメモを残している。彼女は運営委員の一人であるアルフレッド・ハッシーと婚約中であったことから、二人は憲法について話し合う機会があったものの、エラーマンは草案作成そのものをしたわけではないので、作成者としては除外の対象となり、結局、十四名が残り、ここに運営委員三名およびホイットニー局長が加わり計十八名が草案作成業務参加者となる。しかし、草案作成中に、ミルトン・エスマン（行政権担当）と共産党員と判明したフィリップ・キーニー（地方行政担当）の二名が解任されたため、日本国憲法起草参加者は、結局は十六名になるのである。

そして、一九四六年二月四日、午前十時にホイットニー局長から民政局の朝鮮部を除く二十五名の局員に、会議室に集まるよう命令がかかった。

「会議室といっても、あまり広くない部屋だ」

ベアテ・シロタは回想録で述べている。

「椅子が足りないので、半分ほどは立っていたように記憶している。女性は、私の他に五人いた。年長のルース・エラーマンさんは、準備よく、メモ・ノートを手にしていた」

（『1945年のクリスマス』）

ホイットニーはすぐに現われ、全員がそろっているのを確認すると、おもむろに、

「紳士淑女諸君、今日諸君たちには憲法起草のために集合してもらった。マッカーサー元帥は日本国民のため新しい憲法を起草するという歴史的業務をわれわれに命じられた」

（*THE ONLY WOMAN IN THE ROOM*　筆者訳）

ベアテはホイットニーがこのように話すのを聞いたとき、

「私には、この言葉が何を意味するか、理解できなかった」（『1945年のクリスマス』）

と続けている。

当然といえよう、何しろその時彼女は二十二歳で、選挙に行ったことさえなかったのである。

ベアテは、何を言われたのか理解できなかったものの、彼女は軍属の民間職員であったため、軍の命令には従わなければならず、

「駄目です、憲法起草など私にはできません」

などと口に出せるはずもなく、本当は腰を抜かさんばかりに驚きつつ、

「とにかく、やらなくてはならない」

そう自分に言い聞かせていたという。

ところが、ホイットニーの話す「言葉が何を意味するか、理解できなかった」というベアテとは対照的だったのが、運営委員会の秘書になったルース・エラーマン嬢であった。彼女は、ベアテには理解できなかったホイットニーの説明を聞いて、次のような詳細な報告を作っていたのである。

「極秘　一九四六年二月四日、民政局会合の概要報告

ホイットニー将軍は、これからの一週間、民政局が憲法制定会議をすることになったといい、会合を開いた。

マッカーサー将軍は、日本人のために新憲法を起草するという、歴史上重大な仕事を民政局に託された。その際、マッカーサー将軍が概略した次の三点が、民政局草案の基本とされなければならない。すなわち、

一　天皇は国の頭《かしら》であり、その継承は世襲である。しかしながら、天皇の権能は、憲法および憲法に規定された国民の意思に従って行使される。

二　国家の権利としての戦争は、放棄される。手段として、戦争は紛争解決のためにも、日本の安全保障を保持するためにも行使されない。軍隊は認められず、交戦権も日本軍には与えられない。すなわち、防衛のためには日本は、世界に現存するより高い理念に依らなければならない。

三　日本の封建制度は終わる。皇族を除き、貴族の権利は現在一代限りとする。華族は、今後いかなる国家的、市民的な政治権力も伴わない。

ホイットニー将軍は、民政局の新憲法草案が完成してから、二月十二日までにマッカーサ

ー将軍の承認を受けるよう希望している。二月十二日には、ホイットニー将軍は日本の外務大臣および係官と非公開会合をすることになっている。日本側の草案は、右翼色の強いものであるとホイットニー将軍は予期している。しかし、彼は外務大臣とその一派に対し、天皇を護持し、かつ彼ら自身の権力として残されているものを維持するための唯一可能な道は、左寄りの道をとるような憲法の受け入れを認めることである、と納得させるつもりである。ホイットニー将軍は、説得によりこうした結論に達することを望んでいるが、説得が不可能な場合には、力を用いると言葉で脅すだけでなく、力そのものを用いる権限をマッカーサー将軍から与えられている」

(*Ellerman report of Government Section meeting of 4 February 1946*　筆者訳)

ルース・エラーマン嬢は、ホイットニーが二月四日に行った会合での詳細な報告を作ると、民政局員との質疑応答で採り上げられた要点もその記録にまとめている。そして、彼女は、次のような作業上の心得も記していた。

「1　本作業全面にわたり、完全なる秘密が保持されなければならない。
2　本作業には、暗号名を用いること。
3　本作業で使われる草案、ノートなどはすべて「最高機密」扱いとすること。
4　作業は小さな実行委員会たる小委員会で行われ、小委員会の作業は運営委員会により調整される。

5　仮案は、週末までに準備すること」

（前掲書）

こうして、彼ら十六名の民政局員は二月十二日締め切りを目指して日本国憲法草案に着手した。

それから半世紀の間、誰一人として自らを日本国憲法の起草者であると公言した者はいなかった。マッカーサーは当然、そのような発言はしなかった。彼から直接下命を受けたホイットニーも、ケーディス、ラウエル、ハッシーらも、自らを起草者だと述べていない。そんな中で、当時二十二歳で、ホイットニーの言葉が何を意味するか理解できなかったと自ら述べているベアテ・シロタのみが、「私は日本国憲法を書いた」と公言することになる。

第三章

# 「虎の巻」を求めて東京中を駆け巡る

## 躁病に罹《かか》ったように狂乱した局員たち

一九四六年二月四日午前十時のことである。民政局の文字通りのトップ、ホイットニーが民政局のフロアに集合した二十五人を見渡すと、彼らに向かい、

「諸君たちには、憲法起草のために集合してもらった」

と第一声を発したのである。「その時、その意味を理解することができた局員たちは躁病に罹《かか》ったように狂乱し、あらゆる憲法資料を探し求めた」と、その光景を目の当たりにしていたルース・エラーマン嬢は回想している。何部かあった米国憲法書は奪い合いになり、次に、ソ連、英国、フランス、ワイマール憲法と、彼らは手当たり次第に資料探しを始めたという。しかし、民政局は資料を所蔵していなかった。他の部局、例えばGⅡ（参謀二部）には憲法資料も含めて素晴らしい図書資料室があった。しかし、同資料室は他局の者には使用禁止になっており、部外者が使った場合、スパイ罪の対象になっていた。だから民政局員たちはどうやって資料を探したらよいかで頭がいっぱいになったのである。

ホイットニーは、要点のみを伝えるとそのまま自室に戻ってしまった。その後はケーディスが出て、二月三日深夜までかかって作成した組織表を発表し、軍隊式にそれぞれの担当者を任命、仕事の進め方について説明した。そのため、局員から途中での質問はなかったが、解散の声がか

かると、何人かがケーディスやラウエルに詰め寄り、憲法資料はどこで入手できるか等質問を浴びせた。これらに対し、ラウエルは、

「『それは諸君が自力で探すことだ、われわれは忙しい』の一言で片づけた」

(*Milo E. Rowell Interview*)

ミルトン・エスマンはその日、二月四日は、一日かけて関連資料を求めて東京中を探し回った。まず向かったのが、GHQ本部から歩いて十分ほどのところにある日比谷の市政会館にある市政調査会だった。同会館の建物は空襲から逃れ、そのままの姿で建っていた。市政調査会の図書室に行くと英語版の関連書を見付けたので、エスマンはそれらを「接収」した。接収品を持ってGHQに戻ると、今度はジープを駆けさせ、東大政治学教授だった蠟山《ろうやま》政道宅を訪れることにした。蠟山はハワイ大学でも教えたことがあり、英語に堪能で、エスマンと交流があった。教授宅は偶然にも米軍の東京大空襲を免れていて、素晴らしい資料が揃っていたため、エスマンはそれらを借りて民政局に戻ったという。ベアテは作業を割り当てられると、

「タイム誌で覚えたリサーチャーの経験がひらめいた」

と日本版回想録に記している。ところで、この回想録はベアテ自らの執筆であるかのように思われているが、一部は、ゴーストライターが書いたものであり、この日本語版をもとにベアテが英語版にしたのである。そのため、日本語版と英語版ではかなり内容が異なっている。例えば、

日本語版では、「ロウスト（ルースト：筆者注）中佐とワイルズさんに外出許可を貰って、ジープで都内の図書館や大学を巡った」となっている。ところが、英語版の回想録によれば、外出許可はルーストのみから、となっている。

その外出許可は、憲法のサンプル集めのためであった。というのも、彼女は、まだ憲法の言葉を一つも知らなかったからである。それは晩年の彼女の発言にあるように、

「つまり、どのような種類の言葉が、最初の言葉に来るのか、それさえ知らなかったのです」

このようなために、先ず憲法サンプルを見なければと、東京中を回ることにしたのである。

彼女は数時間のうちに独ワイマール、フランス、スカンジナビア、ソ連、米国の憲法など十数冊を勝手に接収し、両手に抱えて民政局に戻ってくると、局員のみんなが寄ってきて、たちまち人気者になったと記している。ベアテが一九四六年二月四日のその日から五十年後に出版した日本語版の回想録『1945年のクリスマス』のサブタイトルは、「日本国憲法に『男女平等』を書いた女性の自伝」と付けられている。そして、同書の五章の見出しは、「日本国憲法に『男女平等』を書く」とされている。ところが、一方の英語版を見ると、別の表現になっていて、五章の見出しもThe Equal Rights Clause「男女平等条項」のみとなっており、日本語版にある「男女平等条項を書いた女性はベアテである」という断定的な表記は意識的にかどうかわからないが、具体的になされていない。もちろん「男女平等条項」は前出のポツダム宣言第十項に定められたものであり、当時二十二歳だった彼女の「発明」などではない。

もし、彼女が本当に男女平等各項を自らの手で書いたのであれば、その性格からして、英語版

も同様な表記にしていたのではないだろうか。

場面を一九四六年二月四日に戻し、日本語版と英語版の乖離をさらに解明してみたいと思う。

「会議が終わると時計は十二時を回っていた。会議室を出るメンバーは、全員口を一文字に結んでいた。誰も口を開く人はいない」（『1945年のクリスマス』）

ケーディスの説明が終わり、全体集合が解散された瞬間がこのように記されている。全員口を一文字に結んでいた理由は、解散直前にケーディスから命じられた次のような作業の心得のためだった。

一　作業一切について、GHQ内といえども完全な極秘が保たれなければならない。

二　作業で作成された草案、ノート類は全て極秘対象として処理されなければならない。

ケーディスはこのような命令を伝達した。極秘作業には理由があった。

日本国憲法作成はマッカーサーの一大事業になったのである。マッカーサーは日本を統治する総督の地位になったために、自らを外交官を超える存在として捉えていた。このような中、憲法草案の作業メンバーの中に、リチャード・プールという外交官が国務省から民政局に出向していたため、マッカーサーは憲法情報がこの外交官を通して国務省に流出することを恐れていたのである。ベアテと共に日本国憲法草案の「人権班」に割り当てられたハリー・ワイルズは二十六年後に、次のように証言している。

「マッカーサーは他の集団、特にワシントンが彼の権威を奪うことは望んでいなかった」

(*Harry Emerson Wildes Interview*)

マッカーサーが常に警戒していたワシントンの集団とは、国務省のことである。これについては、ミルトン・エスマンも国務省関係者がなぜＧＨＱから締め出されていたか理由を述べている。

「マッカーサーは憲法制定を自分の遺産にしたかったのです。そのような時、もし国務省関係者がこれに関わるようなことになってしまえば、彼らの統制下にある外交官は、ワシントンの指示を仰ぐことになってしまいます。外交官は何らかの指示やガイドラインなしに憲法草案を作成するようなことはしませんから」

マッカーサーは最高司令官として、現実に植民地総督のように日本を統治しており、国務省の統治形態を無視することにしたのである。一方、国務省ができたことは、同省のリチャード・プールに海軍服を着せて民政局に出向させ、ＧＨＱの情報収集に当たらせ、三井銀行本店にある国務省の出先機関ＰＯＬＡＤに報告をさせることだった。ＰＯＬＡＤの代表アチソンは、中国駐在時には戦争犯罪委員会の構成委員を務めていた。

POLADにはジョン・サーヴィスという毛沢東崇拝者もいて、宿舎がアチソンと同じ帝国ホテルであったことから、

「ジョージ・アチソンは社交的な人物で、われわれは毎晩毎晩一緒だった」

(*John S. Service Interview* Harry S. Truman Library)

と彼は回想している。

## GHQ内に憲法起草「委員会」は存在したか

アチソンは、何らかの刺激がないと生きていくのが困難な人物で、完全なアルコール依存症であったうえ、ジョン・サーヴィスとは反日で完全に考えが一致していた。特にアチソンは、来日前は戦争犯罪委員会の構成委員として活動し、

「天皇は戦争犯罪の罰から絶対に免れることはできない」

という考えの持ち主でもあった。このような人物がプールの上司であったことから、マッカーサーの意を受けていた運営委員会はあえてプールを天皇条項担当者に割り当てた。いわゆる「天

皇授権規定に関する委員会」と称されるものである。

この「委員会」とは、ケーディス、ラウエル、ハッシーの三名からなる運営委員会によって憲法草案作成に当たる作業班に付けられた名称とされ、日本のメディア、学会では当たり前のごとくに受け入れられている。例えば、運営委員会によって「人権に関する委員会」に割り当てられたベアテも、自らの回想録の中で、

「二五人のメンバー（GHQ民政局員：筆者注）は、八つの委員会に分けられ（略）立法、司法、行政、人権、地方行政、財政、天皇・条約・授権規定の七つの小委員会が置かれ、それぞれに強者が配置されていた」

と記している。さらにベアテだけではなく、日本の憲法学者たちもこの七つの小委員会をそのまま素直に受け入れ、例えば古関彰一教授は、

「マッカーサーが三原則という基本をホイットニーに命じ、ホイットニーは全てを行政部にまかせた。行政部はケーディスを中心に運営委員会をつくり、その下に委員会を置いて分担して起草にあたった」

（『新憲法の誕生』古関彰一）


と明記している。引用文中の「行政部」とは民政局のことであるが、翻訳上の名称の違いは別にして、明確にされなければならないことは、他の日本の学者も例外なしに運営委員会によって割り当てられた作業班を「委員会」としてそのまま受け入れていることである。

彼ら学者たちは、ＧＨＱによって憲法制定のための民主的な環境が即座に作られ、あとは適切なプロセスを経て起草作業が行われたと言いたいのであろう。ところが、この「委員会」の存在が、それに全くふさわしいものでなかったとしたならどうであろうか？　これだけでも、日本国憲法作成の民主的前提が壊れてしまうことにならないだろうか。実は、私はその「委員会」説を完全に否定する人物を発見した。

その人物とは、ハリー・ワイルズである。ワイルズは「人権に関する委員会」にルースト、ベアテと共に割り当てられた委員でもあった。ワイルズは、戦時中にワシントンのＯＷＩで数種類のゴーストライター名を使って対日工作に従事した工作員で、ベアテの先輩格といってもよい。そんな彼は東京に派遣されると、偶然にもＧＨＱ民政局でベアテと机を並べて働くことになった上に、憲法の人権「委員会」に割り当てられることになったのである。ワイルズは、二十六年を経た一九七二年四月二十三日、

「委員会などは存在しなかった」

とその存在を否定し、当時の状況についても詳しく述べている。以降、彼の証言に沿って話を進めてみたい。

「起草メンバーは、さまざまな『班』すなわち英語のCommittee（委員会）ではなくSection（班）に分けられ、その『班』に立法、司法、行政、人権などそれぞれの項目があてがわれたのです」

そして、例えば人権条項を起草することになった「人権班」は、班の責任者ルーストが同班の

構成員であったワイルズとベアテに具体的な仕事を分割し担当させたのだという。

その状況については、ベアテも次のように回想録に記している。


「ロウスト中佐が『あなたは女性だから、女性の権利を書いたらどうですか？』と言ってくれた」

（『１９４５年のクリスマス』）


そして、ベアテの話に符合するように、この点についてワイルズも次のように述べている。


「私に割り当てられた内容は、市民の自由で、男女平等を仕分けられたシロタ嬢と一緒に仕事をしました」

（*Harry Emerson Wildes Interview* 筆者訳）


人権班が扱う内容の仕分けは、三名の班構成員らで相談して決めたものではなく、相談もないまま、極秘のうちに告げられたものだった。そして、班内で作業中は自分の担当条項について、他の仲間の担当条項と比較検討することもまったくなされなかった。さらに、班内における個人の接触さえも制限されていて、ワイルズとベアテの間には、会話はほとんどなかった。

作業中、班長は何か必要があるとき以外は全く会話を交えず、班の間での意見交換もなく、隣の作業者が今何をしているのかすら、誰も知らない状態だったという。

このような状況下に置かれて、ハーバード大学出身のワイルズもさすがに困ってしまった。マッカーサーの三原則は口頭で伝えられていただけで、文書化されたものは回ってこなかったし、「ＳＷＮＣＣ２２８」文書を読んだこともなかった。そこで残された手段として、彼は手元にあった米国憲法とソビエト憲法を使うことにし、特にソビエト憲法の方を参考にしながら自分に割り当てられた人権条項を書き写していったという。

こうした工程の中に身を置いた結果、ワイルズは、

「私たちはこれとこれをするように指示され、個人の作業プロジェクトを行うだけで、意見交換がなされる委員会といえるような集団ではなかった」（前掲書）

と断言するのである。

このような制約の下で書かされた人権班の条項は、ルーストが集めて、最終的に運営委員に提出される前に作成者の署名は変えずに、勝手に書き直してしまったという。このように納得のいかない工程を持つ草案であったことから、ワイルズは日本国憲法の起草者であると呼ばれることを拒否してきたのである。

日本国憲法草案は実質五日間で書き終えなければならなかった。しかし、運営委員の命令によれば、第一稿を二日間で仕上げて、それを運営委員に提出し、互いに相談をした上で最終の仕上げに入ることになっていた。ということは、二日間でほぼ仕上げるよう命じられていたことにな

る。そんな短期間で日本のような国の人権条項が書けるはずがないばかりか、そのようなことは完全に不可能である、ワイルズはそう認めると、残る手段として手元にあった資料を書き写す、つまり「コピー」することを選んだという。

こうした事情は、男女平等を書くようルーストから命じられたベアテも同様であったはずである。しかし彼女は、そのことについて、後の半生で一言さえも明かすことはなかった。

二月四日、民政局の全体集会が終わり、大部屋に戻ったところ、班長のルーストに、

「あなたは女性だから、女性の権利を書いたらどうですか？」

と言われた彼女は、逆にルースト班長に、

「大胆にも、学問研究の自由についても書かせてください」

(*THE ONLY WOMAN IN THE ROOM*)

と要望し、許可されたという。

このやりとりは私たち日本人の感覚では理解できないところではあるが、ケーキをくれる人にこれ幸いとさらにもう一皿要求してどちらも手に入れてしまうやり方は、苦しい体験を生き抜いてきた人間ならではの行動といえるかもしれない。

## ワイマール憲法とソビエト憲法を「コピペ」

ルーストは当時、GHQの民間情報教育局でラジオ放送を担当していたジーン・マリー・ロウティトという女性と結婚したばかりだった上に、信条的にフェミニストでもあったことから、ベアテの個人的な要望を承諾した。

ベアテは、ミルズ女子大で学士号を取得しただけの、学問にはそれほど縁のない女性であった。ところが、当時の日本の報道界は、美濃部達吉の天皇機関説を大きく扱っていて、その天皇制解釈のために東京大学から追放された経緯がさかんに報道されていた。このため、ベアテとしては自分自身の学問の経験の浅さなどは無視して、自らの「知的背伸び」願望をアピールする機会として学問研究の話題を憲法の中で扱ってみたかったのであろう。

こうして、ベアテは、実際に自ら提案した「学問の自由」について、民政局案17条項として次のような英文を作成した。

17. Freedom of academic teaching, study, and lawful research are guaranteed to all adults.
「大学における教育、研究および合法的調査の自由は、すべての成年者に保障される」

しかし、この17条項を、彼女はワイマール憲法142条をそのまま引用して作ったのである。ちなみに、同憲法第142条は次のようになっている。

「芸術、学問、およびその教授は、自由である。国は、これらのものに保護を与え、かつ、その育成に参与する」

（『人権宣言集』）

ベアテは17条項を作成すると、18条項に取り掛かる。ルーストに提出された第一稿は次のようになっていた。

18. The family is the basis of human society and its traditions for good or evil permeate the nation. Hence marriage and the family are protected by law, and it is hereby ordained that they shall rest upon the undisputed legal and social equality of both sexes.

「家族は、人類社会の基礎であり、その伝統は、善きにつけ悪しきにつけ国全体に浸透する。それ故、婚姻と家族とは、法の保護を受ける。（略）両性が法律的にも社会的にも平等であることは当然である」

（『1945年のクリスマス』）

ユダヤ人として家族のみが自分の頼るところだと考えていた彼女は、家族が人類社会の基本であると述べ、結婚は男女同権を基礎としてなされるとしている。

しかし、このように、ベアテが独自に考えたかのように思われる右の英文傍線部は、次のように、ワイマール憲法119条をコピーしたものであった。

ワイマール憲法119条
Marriage, as the basis of family and of the preservation and growth of the nation, is under the special protection of the constitution. It shall rest upon the equality of rights of both sexes.
「婚姻は、家庭、国の維持・成長の基礎である。それ故、婚姻は憲法の特別の保護を受ける。両性の平等を基本とする」

つまりベアテはワイマール憲法119条をそのまま「コピペ」(書き写し)していたのである。コピペ行為は違法であり、これが判明すれば学術的には履修単位は解消され、学位も没収される。ビジネスの世界では商標が取り消されることになるが、そうしたことを憲法作成作業中に普通にしていたのである。他にも彼女がワイマール憲法の別の条項を組み合わせて、それらを自分勝手にまとめて作った条項があった。それが次の19条項である。彼女は同条を以下のように書いていた。

19. Expectant and nursing mothers shall have the protection of the State, and such public

assistances as they may need, whether married or not. Illegitimate children shall not suffer legal prejudice but shall be granted the same rights and opportunities for their physical, intellectual and social development as legitimate children.

「妊婦および乳児の保育に当たっている母親は、既婚か否かを問わず、国の保護と必要とする公の扶助を受ける。

非嫡出子は、法的偏見をこうむってはならず、身体的、知的、社会的成長のために嫡出子と同一の権利と機会が与えられなければならない」

ところが、同条の第一行目は、

ワイマール憲法１１９条

Expectant and nursing mothers shall have the protection of the State

「妊婦および乳児の保育に当たっている母親は、国の保護を受ける」

と同じであり、第二行目もワイマール憲法１２１条の、

Illegitimate children shall be given by law the same opportunities for their physical, intellectual, and social development as legitimate children.

「非嫡出子は、法により、その肉体的、精神的および社会的成長につき、嫡出子と同一の機会が与えられなければならない」

と同一である。彼女は各々をそのまま書き写し、勝手に組み合わせて19条項に仕上げていたの

である。
ベアテは、ワイマール憲法内の別条項を組み合わせて民政局案を作っただけではない。数か国の憲法をコピーし、それらを組み合わせて新条項にしてしまったものもある。それが、次の21条項で、同条の一文目を、

21.Every child shall be given equal opportunity for individual development, regardless of the condition of its birth.

「すべての子は、その出生のいかんにかかわらず、個人としての成長のため平等の機会が与えられなければならない」

とソビエト憲法第10章を参照して書くと、二文目と三文目を次のように作成している。

To that and free, universal and compulsory education shall be provided through public elementary schools, lasting eight years. Secondary and higher education shall be provided free for all qualified students who desire it.

「この目的のため、公立の小学校により八年間にわたる無償の普通義務教育が実施されなければならない。中等および高等教育は、それを希望するすべての能力ある学生に無償で提供されなければならない」

ところが、この二、三文目は、ワイマール憲法145条、

「就学は、一般の義務である。その義務の履行は、原則として少なくとも八年の修学年限を有する」

と、ソビエト憲法１２１条、

The right to education is ensured by universal, compulsory elementary education; by education, including higher education, being free of charge.

「教育を受ける権利は、普通義務教育、高等教育をふくめたあらゆる種類の教育の無料制（略）によって保障される」

を組み合わせて作成されたのである。

ベアテは22条項を次のような一文でまとめている。

22. Private educational institutions may operate insofar as their standards for curricula, equipment, and the scientific training of their teachers do not fall below those of the public institutions as determined by the State.

「私立の教育機関は、教育課程、施設およびその教員の学問的修業の水準が国の定める公立機関の水準を下回らない限り、活動することができる」

しかし、これも、次のようなワイマール憲法１４７条をそのままコピーしたものであった。

Private educational institutions may operate...if the standard of the private schools in their curricula and equipment, as well as in the scientific training of their teachers, does not fall below that of the public institutions.

「私立教育機関は教科課程、施設およびその教員の学問的修業の水準が公立学校に劣らない限り、活動することができる」

このように、彼女が担当した条項はコピーが主体であり、ワイマール憲法とソビエト憲法を別々に、あるいは両方を組み合わせて作ったものであった。例えば、三文から構成されている26条項を見てみると、最初の二文は次のようになっていた。

26. Every adult has the right to earn a living by productive work. Insofar as a suitable occupation cannot be found for him, provision shall be made for his necessary maintenance.

「すべての成人は、生産的な労働により生計を立てる権利を有する。その者に適切な職業が見出せないときは、生活維持のための給付がなされなければならない」

ところが、この二文とも、次のワイマール憲法１６３条に酷似していることから、同条をコピーしたものであろう。

Every German shall be given an opportunity to earn a living by productive work. In so far as a suitable occupation cannot be found for him, provision shall be made for his necessary maintenance.

「すべてのドイツ人は、生産的な労働により生計を立てる機会を与えられるべきである。その者に適切な職業が見出せないときは、生活維持のために給付がなされなければならない」

ベアテは26条項の三文目には、次のように記していた。

Woman shall have the right of access to all professions and occupations, including the right to hold office, and shall receive the same compensation as men for equal work.

「女子は、公職につく権利を含めてあらゆる職業を選ぶ権利を有し、かつ、同等の仕事に対し男子と同一の給与を受ける」

ところが、三文目もソビエト憲法１２２条を書き写して作成したのである。

Woman in the U. S. S. R. have equal rights with men in all spheres of economic, state, cultural, social and political life. ...ensure to women by granting them an equal right with men to work, payment for work, rest and leisure, social insurance.

「ソ同盟における婦人は、経済的、国家的、文化的および社会的、政治的生活の全分野において、男子と平等の権利を与えられる。婦人に対して（略）男子と同一の給与、平等な労働、休息、社会保険（略）が保障される」

彼女は、日本の軍国主義に嫌悪と強い偏見を持っていた。これに関連して、スポーツも平和的なものに限定されるべきであるとし、例えば、剣道、弓道、空手、柔道など日本の伝統武道を平和的でないと決めつけ、憲法で禁止されなければならないと考え、大日本武徳会などを解散に追い込む源を作った。そのような彼女の思い入れから書かれた一文が次の28条項である。

28. The State shall assume the burden of extensive public health measures. Peaceful sports shall be encouraged.

「国は、広範な公の保健措置を負担しなければならない。平和的なスポーツが奨励されるべし」

ベアテは手元にソビエト、ワイマール、スカンジナビア、フランスなど十か国ばかりの憲法サンプルを持っていた。そして、これらの憲法を見ながら、彼女は可能な限り多くの要求を書き写そうと決めていた。それは、ベアテが少女期、日本の役人たちとのやり取りで学んだ私的な体験があったからだという。

シロタ家では、ベアテ以外は日本語を話せなかったために、両親に役所での用事ができた時には、彼女が通訳に駆り出されたのである。すると、彼女には、日本の担当役人が冷酷で強情である反面、彼ら自身では何も決められず、常に他の同意を求める姿が印象に残った。そこで、そのような嫌な経験をしないで済ますためには、日本国憲法の中に必要なものを、それも可能な限り多く書き入れてしまえば良い、として作ったのが次の29条項であった。

29. Adequate systems of social insurance, including old age pensions, dependency allowance, mother's assistance, accident -, health -, disability -, unemployment -, and life insurance, shall be provided by law.

「老齢年金、扶養手当、母親援護、事故・健康・障害・失業・生命保険を含む適切な社会保険制度が法律により供されなければならない」

Special protection shall be afforded to women, children, and underprivileged groups. It is the duty of the State to protect its citizens against all want and neglect not willfully incurred.

「女子、児童や恵まれない人々に対しては、特別の保護が与えられなければならない。国民を、故意に招いたものでない一切の貧困と放置から守ることは、国の義務である」

その際、ベアテは右条項でもソビエト憲法１２０条、

Adequate system of social insurance of workers and employees at state expense, free

medical service for the working people shall be provided…
「国家の負担による労働者および被雇用者の社会保障の広汎な法式、勤労者に対する医療の無料サービスが提供されるべし」

と、ワイマール憲法161条、

「健康と労働能力を維持し、母親を保護し、老齢、虚弱、生活の転変にそなえるため、被保険者の適切な協力のもと、包括的保険制度を設ける」

を組み合せて、それらをコピーしたのである。


30条項はベアテが担当した最後の条項であったが、それは次のように作成された。
30. All workers are entitled to adequate rest, leisure and recreation. Minimum standards for working conditions, wages and hours shall be prescribed by law in accordance with International Labor Organization standards.

同条項一文目（傍線部）の日本語訳の、

「すべての勤労者は、適当な休息、休暇およびレクリエーションを受ける権利を有する」

という部分は、ソビエト憲法119条の一行目、

Citizens of the U. S. S. R. have the right to rest and leisure.
「ソ同盟の市民は、休息および休暇を受ける権利を有する」
をコピーしたものである。

そして、ソビエト憲法が勤労者に与えていた労働条件や勤務時間は、ＩＬＯ（国際労働機関）の基準をそこに置き換えて作成した。

30条項の最後は次のように作成されている。

Employers shall be obliged to grant their employees such free time (without loss of earnings) as is required for the performance of the employee's civic duties and the exercise of his civil rights.
「雇用者は、その被雇用者に公民としての義務を遂行し、およびその人権を行使するのに必要な自由時間を（その所得の喪失を伴うことなしに）与える義務を負う」

同条項の傍線部分は次のようなワイマール憲法１６０条、

Any person who stands in a service or work relationship as employee or worker shall have the right to such free time as is necessary for the exercise of his civic rights.
「勤務関係または労働関係において被雇用者または労働者は、自己に委託されたその人権を行使

する に必要な自由時間を持つ権利を有する」を抜き書きしただけのものであった。ベアテは、こうして二月五日と二月六日の二日間の作業を終えた。

そもそも彼女は、「憲法の書き出しの言葉さえわからない」と明かしているように、この作業をするよう命じられた時、憲法について全く無知だった。憲法について何の知識もない二十二歳のそんな女の子が、来日一か月後の一九四六年二月四日、突如として外国の憲法を書くよう命じられたのである。そして、これを拒否できないとなれば、とにかく資料をどこかから集めてきて、その中から書き写す以外に方法はなかったのであろう。しかし、そうすることは剽窃行為であり、そのような自覚が局員たちになかったはずはあるまい。だからこそ、他の局員はそれを明かさなかったのであろう。ところが、ベアテはそうした自覚が欠落しているばかりか、「自分が書いた」と公言し、「コピー」事実は隠蔽したのである。

## シロタ家とソ連の縁

ここで再度、確認してみたい。ベアテが日本国憲法起草メンバーとして集合命令を受けたのは、二月四日午前十時だった。民政局の会議室に集合するとホイットニー局長の口から日本国憲法の作成が突如下命され、「マッカーサー・ノート」と呼ばれる必須三原則や、担当者は極秘を守ることなど注意が告げられた。その後、実務責任者ケーディス次長から担当者と仕事上の割り振り、日程等細かな説明があった。その説明の後、会議参加者から質疑が行われ、時間がどんどん過ぎていった。

こうして「会議が終わると、時間は十二時を回っていた」（『1945年のクリスマス』）ため、ベアテは民政局七階の食堂で昼食のサンドウィッチを食べ部屋に戻ったという。

ベアテが割り当てられたのは「人権条項」で、ルースト、ワイルズの二人もそこに配置された。班長はルーストで、ルースト班長がベアテに女性の権利を書くように命じたのである。しかし、ベアテは憲法には全く詳しくなかったため、班長の許可を得て、とにかく資料を探すため都内の大学図書館をジープで巡ることにした。ただ、一か所から資料を集めてしまうと、作業の意図が日本側に読み取られてしまうため、注意をしていろいろな大学図書館から少しずつ集めるようにした。午後の時間はそれらの資料集めと、接収してきた関係資料を読むことに費やされた。ノートも含め資料の局外持ち出しは厳禁にされていて、帰宅時は、それらを保管所に入れなければならなかった。

運営委員ケーディスからは二月七日に第一稿を各班の責任者である班長（ベアテの場合はルースト）に提出するよう命じられていた。つまり、二月四日を資料収集とそれらの読みとりに費やしてしまったベアテには、五日と六日の二日間しか時間が残されていなかった。彼女は、自分が都内の大学図書館から集めてきたアメリカ独立宣言、フランス憲法、ワイマール憲法、ソビエト憲

法、スカンジナビア諸国憲法、ユーゴスラビア憲法を、

「英語、フランス語、ロシア語、ドイツ語、スペイン語、日本語と、私は自分が読める六か国語を駆使して、人権に関する条文で役に立ちそうな箇所を、片端から抜き出してメモをつくった」

（『１９４５年のクリスマス』）

という。しかし、ベアテは、口頭での会話能力はあったが、日本語はよく読めなかった。晩年になっても彼女の日本語能力に進化は見られず、日本での講演原稿はローマ字書きであった。つまり、日本語の能力と、与えられた仕事を二日間で仕上げなければならなかったことを考えると、彼女にはアメリカ独立宣言から始まってスカンジナビア諸国憲法、ユーゴスラビア憲法までを充分な時間をかけて読み込む余裕など到底なかったはずである。となると、それほど多くの憲法を集めたものの、これまで見たように、彼女は最初からソビエト憲法とワイマール憲法に焦点を絞り、これらから関連条項を書き写そうと考えたのではないだろうか。

ソビエト憲法については、ベアテ自身のルーツがロシア系ユダヤ人の両親に由来していたこと、在日中はエストニア出身の家庭教師からロシア語を学んでいたこともあって、彼女の関心はそこに向いたはずである。ソ連は彼女にとっては誇らしい存在であり、ＯＷＩ工作員時代は、対日プロパガンダ放送にはチャイコフスキーなどのクラシック音楽を好んで使っていた。

また、ソ連は当時、ヒトラーのドイツと戦った米国の同盟国であったことから、マルクス・レ

ーニンの共産主義は米国内の知識層に支持され急速に浸透しており、民政局内にもその信奉者が多数いた。それに加え、ベアテの場合、父親レオが戦時中にソ連の「影響力」を巧みに利用しようとしていたため、ソビエト憲法には特に親近感を持っていたのである。

既述したように、父親レオ・シロタの軽井沢への疎開は、彼を守るために好意でなされたのだった。日本政府は彼らの安全確保のために憲兵を配し、消息をうかがいにやって来たのである。ところが、ベアテはこれを全く逆に解し、シロタ一家の軽井沢疎開を日本版「アウシュヴィッツ」と捉えていたのである。なぜそのような受け止め方をしたのだろうか？

私は、ヴァージニア州ノーフォークにあるマッカーサー記念資料館で、GHQ極東司令部、CIS、GⅡ特殊活動部門が一九四七年一月十五日に作成した、「民政局広報部調査官ベアテ・シロタ嬢」なる報告書を見つけ出し、入手することができた。

その報告書はGⅡのチャールズ・ウィロビー少将が特別に調査を命じ作成されたもので、ベアテ自身のみならず、両親、特に父親レオ・シロタも対象にされていた。以下、同報告書に基づいて話を展開してみよう。

すでに述べたように、ベアテは両親の戦時中における軽井沢疎開を「アウシュヴィッツ」日本版として置き換え、自らの家族を被害者であったとしている。

ところが、私が入手したウィロビー報告は、ベアテの両親が戦時中、日本政府に抑留されなかったことこそに注目していたのである。つまり同報告は、「ベアテの両親が軽井沢に特別な別荘を与えられ、憲兵に守られながら疎開生活を送っていたことが不自然だ」と指摘しているのである。同報告書は、次のように記している。

The parents claim that they were not interned by the Japanese, but state they were visited and interviewed by the Kempeitai daily.

「両親は日本政府に強制抑留はされなかったが、憲兵隊が毎日尋問にきたと主張している」

The Sirotas formed part of a small Russian Jewish musicians clique in Tokyo.

「シロタ家は、東京でロシア系ユダヤ人音楽家の小さな派閥を作っていた」

The fact that the Sirotas were not interned or molested by the Japanese during the war in itself remarkable.

「シロタ家が、戦時中に日本政府から嫌がらせや強制抑留をされなかったこと、そのことが注目に値する」

The Shirotas' position during war years in Japan strongly suggests that they enjoyed Soviet protection, notwithstanding the fact that they were stateless nationals.

「無国籍者であったシロタ家が、戦時中の日本であれほど配慮をされていたのは、彼らがソビエト政府保護下にいたからである」

Japanese authorities were inclined to deal leniently with persons of Russian bckground, even though stateless, in view of Japan's desire to retain good relations with the Soviets during the war.

「日本当局は、戦時中、ソビエト政府と良好な関係を維持したかったことから、ロシア人という背景があれば無国籍者でも寛大に扱ったのである」

つまり日本政府は、父親レオが無国籍のユダヤ人であったものの、「ロシア系」であったことから、ソ連と関係のある人物であると見なして、政治的な配慮をしていたのである。日本政府が戦争終結についてソ連を頼りにしていたからであり、これを考えても、ベアテが述べているような両親の強制抑留はあり得なかったのである。ところが、一九四五年八月八日、ソ連が日ソ不可侵条約を破って対日宣戦を布告するや、日本政府はこれに合わせてレオ・シロタに出頭命令を発布した。これは、ソ連が対日宣戦布告をしたことで日本の敵国になったため、それまで保護されていた両親が敵国人になってしまったということである。

父親のレオは、

「終戦がもう二週間遅ければ殺害されていたでしょう」

後にこのように語っていたというが、これも彼がソ連を後ろ楯に生きていた証明であろう。ベアテの父レオがソ連の衣をまとって生活していたことについてGⅡは報告書で次のように記している。

The Sirotas have been on friendly terms with the Russians in Japan since the end of war, and gave concert at the Russian Embassy where they were so well liked that General Derevyanko repeatedly invited them to make a concert tour in Russia.

「シロタ家は、終戦以来、日本にいたロシア人とは親密な関係になり、ソ連大使館でコンサートを披露した。その反応は良好で、デレヴヤンコ将軍は何度もロシアのコンサート旅行に招待をした」

クズマ・デレヴヤンコ将軍は米ミズーリ艦上で日本が降伏文書に調印した際、マッカーサーと共に、ソ連代表として出席していたが、レオ・シロタとは同郷となるキエフ出身であった。ベアテの父レオは、戦後間もなくソ連大使館でデレヴヤンコ将軍に歓待されたが、その関係は、娘のベアテにも引き継がれた。

彼女とデレヴヤンコ将軍との関係については、一九九九年四月十四日、マッカーサー記念資料館員J・ゾブルがベアテ家を訪れ、彼女にデレヴヤンコの名を出した際、ベアテがそれを明かしていたことからわかる。

ベアテがデレヴヤンコと知り合ったのは東京のソ連大使館で開かれたパーティーであった。それは後日、GHQ経済科学局のウィリアム・マーカット局長が開いたデレヴヤンコ将軍招待パーティーに引き継がれている。デレヴヤンコが主賓であった。しかし、マーカット局長はロシア語がわからないため、ベアテがロシア語の通訳を依頼されたのである。

ベアテはマーカット局長と初対面であったが、その日のことは五十年の月日が経っても印象深かったようである。ゾブル学芸員がベアテにマーカット局長のことを訊ねると、彼女は頭から、

「マーカット？　一言でいえば愚か者、真正のバカだわね」

と元局長に少しの敬意も払うことなく言いのけている。


夕食会のテーブルに案内されると、マーカットが着席し、その右隣にベアテが座ることになった。テーブルを挟んだ向かい側にデレヴヤンコと彼の部下が腰を下ろした。乾杯をすませ、肉料理がプラッター（大皿）にのせられて運ばれマーカット局長の前に置かれた。すると彼は肉の塊にナイフを入れ、切り終えるとデレヴヤンコ将軍に向かい、

「米国では常にレディース・ファーストですので、この肉料理はご婦人に最初に給仕いたします」

そういったという。

その日の主賓は、男女平等を標榜するソビエト憲法をいただく国のデレヴヤンコ将軍であった。そんな人物を前に、GHQ局長がレディース・ファーストという男女不平等をさらけ出してしまったから、愚か者だというのである。

デレヴヤンコとレオの関係は良好に保たれた。キエフ出身の同郷者が東京という極東の首都で出会ったのである。

この運命の出会いで、ロシア系ユダヤ人を両親に持つベアテは、ソ連を身近に感じたことであ

ろう。このような背景もあり、ベアテが担当した条項は、「その多くを共産党憲法、ソビエト憲法から拝借した」のだと、運営委員だったラウエルは回想録に記述している。ラウエルはこのことをベアテの班長ルーストに告げられて知っていた。

## ウィロビー、ベアテ調査の指令

では、ベアテは一方で何故ワイマール憲法を選んだのか。

ソビエト憲法が両親の土地とのつながりであったとすれば、ワイマール憲法は、ユダヤ人としての民族的つながりだった。ワイマール憲法とはそもそもドイツのワイマール体制下において、少数民族であったユダヤ人が初めて権力を握った時代に作られた。つまり、ドイツ・ワイマール体制下で作られたワイマール憲法は、フーゴー・プロイス内相他三名のユダヤ人が作成したもので、ドイツ国内で差別を受けていた一パーセントのユダヤ人が憲法を通して自分たちの権利を獲得することを意図していたものでもあった（これは、ワイマール体制を構成する政府要人をユダヤ人が占めて同体制を維持する基盤になっていたからである）。

ユダヤ人が被抑圧民族として宿命的な道を歩んできたことは知られるところである。しかし、このワイマール体制では、被抑圧少数民族であるユダヤ人の方がドイツを支配する政治環境下になったのだが、こうした側面についてはほとんど知られていない。いずれにせよ、ドイツで初めて国家権力の座についた少数派ユダヤ人は、彼らが受けた中世以来の被抑圧的立場を逆転させるべく、差別の撤廃と自由・平等の権利をワイマール憲法に書き込み、ドイツでその権力を使おうとしたのである。

同憲法は、中世以来、ユダヤ人が苦難の道を歩まされてきた歴史経験をもとにして彼らの最低限の要求をしたものであり、もろもろの権利は、被抑圧民族として生存するための最低限の要求だとした。しかし、ユダヤ人が作ったそうしたワイマール体制とは、非ユダヤ人であるドイツ人からすれば、抑圧的になったのである。そして、そのように立場が逆転してしまった場合、普通であれば今度はドイツ人の側から、彼らの諸権利なりを盛り込んだ新憲法を提案してユダヤ人権力者に反撃しようとする。その反撃の結果、政治秩序も乱れてドイツ国内が混乱する。そして、そのような混乱と内部分裂がさらに深まれば、結局はワイマール政府が倒れる――と考える。

しかし、ドイツ国民は単純にそう考えずに、「自由」「平等」を利用する偽善を看破したのである。そして、その偽善を見抜いた結果、ドイツ国民一人一人がワイマール憲法に対し闘争を起した。このようなドイツ国民の行動について、ベアテもワイマール憲法の体験を共有していたはずである。

ところで、GHQ民間諜報局はGHQの全雇用者を内部調査し、報告書をまとめていた。同報告書によれば、一九四七年一月二十日の時点で三八七七名の民間職員がGHQ総司令部に所属し、その内一九九名がロシア圏出身者または帰化者であること。さらに一九九名を詳しく調べてみると、十一名が左翼活動家であることが浮かび上がったとされる。これらの人物は米国の政策と安全保障上の危険要因になることから、GⅡウィロビー部長は「連合国最高司令官民間雇用者の左翼分類（779CAW/mgm）」という極秘ファイルを作成したのである。

ウィロビー部長が部下の調査担当官ブラットン、マイヤーズ両大佐に出した指示のうち書面で確認できるものに次のものがある。

「コンスタンチーノはうまくできている、大変結構だ。グラジャンツェフはさらに重要なので、徹底した報告を望む。そして、次はシロタだ（略）。シロタについてはさらなる成果を要求する」

ここで登場する「シロタ」とは、ベアテ・シロタのことである。つまり、彼女は二八七七名のGHQ民間全職員の中から左翼職員として特定名簿の中に挙げられた被疑者十一名の内の一人だったということになる。

ウィロビー部長は、一九四七年二月二十日付調査ファイル（CAW/ap/593）の中でも、部下のブラットン、マイヤーズ両大佐とノーバーグ少佐に次のような注意を与えていた。

「われわれはグラジャンツェフとシロタの案件を掘り下げなければならない。貴君はピアノ工場の報告を読んでみたかね？　同工場がパージ（追放）対象リストから免れていたというが、（略）シロタがそれを支度したのだ」

「彼女の両親も調査すべし。（略）ロシア生まれ、キエフ。そしてオーストリアに亡命し、オーストリア警視総監から日本の警察宛の推薦状を所持して来日した、となっている。しかし、ヨーロッパの警視総監はそのようなことはやらない」

ウィロビーは部下の担当官に以上のようにコメントすると、最後に次のようなベアテ調査の発令で締め括っている。

「日本の警察に異常なほど憎しみを抱いてパージ（政治追放）専門家となるこの娘――。これらに関し諸君の調査と報告を命ずる」

## 民政局内の共産主義者人脈

彼女が所属する民政局では、ベアテをふくめ、アンドリュー・グラジャンツェフ、トーマス・ビッソンの三名が対象人物となっていた。その一人、グラジャンツェフもロシア系ユダヤ人でベアテとロシア語で話ができ、ベアテの父親がかつて演奏コンサートを行ったハルビンに住んでいたこともあった。さらに、彼の推薦者がベアテのOWI時代の上司オーエン・ラティモアであった。

ところで、ベアテとこのような共通の背景を持つグラジャンツェフとはどのような人物なのか？　CIS（民間諜報局）は次のような報告書を作成していた。

「アンドリュー・グラジャンツェフ　民政局

陸軍情報部（本部ワシントンＤＣ）ファイルはアンドリュー・グラジャンツェフが一〇〇パーセント共産主義者であり、知人に共産党に入党するよう勧誘を行っていたことを記録している。また彼は激しい反日本派であり、親ソ連派である」

(Memo for Infor, CIS, OD, S/A 1947. 2. 27)

グラジャンツェフは一八九九年にユダヤ系ロシア人としてシベリアに生まれた。一九二四年に満州に移り、一九二八年ハルビン法律経済学院を卒業し、その後天津にある南開大学に移り、一九三七年まで教えていた。しかし、同年に米国カリフォルニア大に大学院生として所属するかたわら、韓国専門家として、日本批判を書く共産主義者として知られるようになった。その間、彼は海軍情報部や陸軍情報部に就職しようとしたが、ロシア出身の共産主義者であるために採用されず、一九四四年一月からオレゴン州立大などで教えていた。ところが、一九四五年八月、彼のロシア語と中国語の能力が買われて、ベアテの上司だったオーエン・ラティモアの紹介で、ワシントンＤＣのＯＳＳ員となったのである。

前述したように、ＯＳＳとは、ベアテが所属したＯＷＩと並ぶ米国情報機関で、ＯＳＳはブラック・プロパガンダによって敵国にダメージを与えることを目標にし、テロや爆弾を使ってパニック状況を作り出すことさえ許されている、ＣＩＡの前身となる機関であった。

このような過激なブラック・プロパガンダ機関ＯＳＳは、ルーズベルト大統領がドイツのナチスに対抗する情報機関として設立したのである。ドイツではヒットラーのナチスが反ユダヤのキャンペーンを行ったことから、ユダヤ人たちは最終的にドイツにいられなくなり、米国に移住してきた。ルーズベルト大統領は、一九四二年にOSSという米国最初の情報機関を作る際、移住してきた多数のユダヤ人、共産主義者、反日の日本研究者を登用したのである。

OSS情報員は反ナチス・ドイツが前提であり、さらに亡命ユダヤ人であるならワイマール憲法の復活を心から切望していた。そのような状況下に、グラジャンツェフはオーエン・ラティモアの推薦で、東京のGHQ民政局に派遣されたのである。ラティモアは反日の共産主義者であり、ベアテが所属したOWIサンフランシスコ支部の代表で、直属の上司であった。

このようにOSS員とOWI員が東京GHQ本部の民政局六階の一室で遭遇することになった。両者にとって日本国憲法が気になるのは当然であろう。OSS員から民政局員となっていたグラジャンツェフについてCISは次のような報告書を作っていた。

「この人物は遠大な計画の下に育てられたソ連のエージェントである。GHQでの主目的は、日本共産党の運動を巧みに利用して混乱やカオス状態を作り出し、日本政府の信用失墜に結びつけることである」

その目的を達成させるために、グラジャンツェフは民政局内にグループ（細胞）を作り、積極的に動いていた。

「今夜アンドリュー・グラッドが、ぼくと夕食をするために第一生命ビルにやってきた」

（『ビッソン日本占領回想記』トーマス・ビッソン）

このように一九四六年四月二十四日付の手記に書いているのは、ソ連軍諜報機関ＧＲＵから「アーサー」というカバーネーム（偽装名）を与えられていた民政局員トーマス・ビッソンであり、「アンドリュー・グラッド」とはグラジャンツェフのことである。

ビッソンは、「ウルフ＝ラジデンスキーと彼の友人もいっしょだった」（前掲書）と記しているが、ベアテはラジデンスキーとも親しく夕食を共にする間柄だった。彼女は老境になってから初めて次のように明かしている。

「将校クラブや東京郊外に夕食などでよく行きました。しかし、大体がグループで、ラジデンスキーのような人たちが一緒でした。ウルフ・ラジデンスキーとは知り合いで、私たちはよく外で会い、大体はホテルなどに夕食に行ったものです」

（J.Zobel Interview　一九九九年四月十四日）

ラジデンスキーもベアテの両親同様にウクライナ生まれのユダヤ系ロシア人であったが、そのことも両者を強く結びつけたのだろう。であれば、日本国憲法起草の真っ只中にいたベアテたちの「グループ（細胞）」の間で、ユダヤ人の理想であるワイマール憲法とその復興が、夕食の話題にならなかったはずはあるまい。そして、その復興が日本国憲法の中でこそ実践されなければならなかったのではないだろうか。

## 「過激」すぎて削除されたベアテの草稿

前述したように、日本国憲法草案作成のためには七つの委員会、正確には「班」が組織された。そして、ベアテは人権班に属していた。班長はピーター・ルーストで、OWI出身者のハリー・E・ワイルズもいた。彼ら三人は、運営委員会が設けた第一稿締切日二月七日までに、四十八条項からなる第一次草案を作り上げることになる。

人権班を担当したルースト班長は、運営委員のラウエルとは昵懇《じっこん》の仲で、普段から情報交換も密にしていたことから、突然の日本国憲法の起草話も二月二日のうちに知らされ、「人権章」の班長になるよう伝えられていた。ルーストはケーディスら幹部がホテル住まいをしていたのと違い、GHQが接収した男爵邸に新妻のジーンと暮らしていたため機密も容易に保てた。新婚旅行から帰ったばかりのルーストとジーンはその晩すぐに人権章で扱われる内容の分担作業に入ることにした。

まず条項を三分割することにする。二〇一六年現在、米国西海岸に住む彼らの長男によれば、妻ジーンは人権章にはなによりも女性の権利を条項として必ず入れられるよう夫のピーターに懇願したという。

ルーストは文化人類学者、社会学者、政治学者・医学者そして神智学者とさまざまな顔を持っていた。特に、神智学協会は、「男女性別の相違にとらわれることなく、人類同胞愛の中核となること」が目標であったため、ルースト自身も同協会の教導師としてこれを説いていた。

ところが、彼の長男マークが私に教えてくれたことによれば、ルーストは家庭にあっては「自分が主で君主だ」とか、「男の家は城である」などという、男性支配型の人物であった。しかし、そんな彼に対して妻ジーンの方は、両親が彼女の少女期に離婚し、父方からの支援もなく、母子家庭の中で貧困生活を過ごしてきたことから、女性の権利の欠如を嫌というほど体験しながら生きてきた。そうした妻ジーンの境遇を知っていたルーストは、人権の章の起草を任されたものの特に女性の権利について自信がなかったので、ジーンに相談をしたのである。すると、ジーンは、女性の権利条項がその中に必ず書き入れられるよう念押ししたという。

ジーンからの懇願にルーストは同意する。班にはちょうど女性がいたので二人はその担当に若いベアテ・シロタを充てることにし、足らないところは彼らが補足することにしたのである。ルーストが班長となって扱うことになった「人権章」は、後に日本国憲法第三章の「国民の権利及び義務」になった歴史的な条項で、ジーンとルーストはその日の夜は徹夜で話し合い、分割担当者を次のように決めた。

人権班　Ⅰ総則、Ⅱ自由（第1条項から第16条項）
ピーター・ルースト担当

Ⅱ自由、Ⅲ特殊の権利及び機会（第17条項から第30条項）

ベアテ・シロタ担当

所有権及び労働権（第31条項から第41条項）

ピーター・ルースト、ハリー・E・ワイルズ担当

司法上の権利（第42条項から第48条項）

ハリー・E・ワイルズ担当

ルーストから命じられたベアテは、第17条項から第30条項までを作成した。

二月五日の午前になると、運営委員とのミーティングの声がケーディスからかかった。しかし、ルーストはまだ作業を終えていなかったので、欠席した。人権条項の第1条から第16条までを担当したルーストも他国の憲法を引用しており、それらを列挙すると次のようになる。

第1条項　フランス憲法第4条

第2条項　アメリカ合衆国憲法修正第9条

第3条項　フランス憲法第11条

第7条項　ワイマール憲法第8条

第9条項　ポーランド憲法第１２１条
第13条項　ユーゴスラビア憲法第12条
第15条項　ポーランド憲法
第16条項　ワイマール憲法

五か国にわたる憲法を引用するとなったら、到底ミーティングに出席する時間など作れるはずもあるまい。それに、作業者たちは民政局を退室する際には資料の室外持ち出しが禁じられていたため、宿舎での作業は不可能であった。

人権第31条項から第41条項までは、ルーストはハリー・E・ワイルズと共同担当をした。ハリー・E・ワイルズは人権第42条項から第48条項も担当した。

彼は後に、『東京旋風』を出版し、憲法作成の際は研究資料が不十分だったと、次のように述べている。

「幕僚部の図書室には日本の政治事情についての権威ある最近の著作・新聞あるいは書籍は一冊もなかった」

「ホイットニーの部下たちが、日本の基本法についての仕事をしていた当時、彼らは合衆憲国法《ママ》を一部見付けようと長い間気違いのように探しまわった」

ワイルズは「司法上の権利」を担当したが、その際、アメリカ合衆国憲法を使っている。

第42条項　アメリカ合衆国憲法修正第5条
第43条項　同　修正第4条
第44条項　同　修正第7条
第45条項　同　修正第6条
第46条項　同　第1条第9節第3項
第47条項　同　修正第5条
第48条項　同

彼はほとんどを、アメリカ合衆国憲法から書き写したのである。こうして、二月五日、六日と二日間作業をすると、二月七日、彼らは第一次案を提出する。

七日は、人権班の第一次案提出日であった。しかしベアテがオフィスに出勤してみると、ルーストとワイルズは、机に吸い付けられたように作業中で、二人は手書き原稿を秘書に渡し、それを渡された秘書がタイプをしていたという。

ベアテの方はすでにタイプをしてあったので、

「各国の憲法を読みなおし、女性の権利で見落としている事柄はないかとチェックしたりした」

（『1945年のクリスマス』）

ルースト、ワイルズの作業は七日の夜になってもタイプが完了していなかった。提出日を過ぎてしまったため、結局、翌二月八日に運営委員会に届けることになった。

ベアテの回想録によると、八日の朝、彼女が出勤すると、ルーストとワイルズはまだ原稿の添削中で、その横で秘書のエドナ嬢がタイプを打っていた、という。そしてやっと八日午前中にタイプが仕上がった。

「私たちの条項は、午前中にようやくタイプアップできた。四十一条項になった」（前掲書）

英語版回想録でも「四十一条項」となっているが、実際には次のようになっていた。

第1条項—第16条項　ルースト担当
第17条項—第30条項　ベアテ担当
第31条項—第41条項　ルーストとワイルズ担当
第42条項—第48条項　ワイルズ担当

ワイルズが担当した「司法上の権利」条項のうち七条項には、番号が付けられていなかったために四十一条項と思ったのであろうが、それらも当然加えられなければならない。

「運営委員会との会合は、ケーディス、ラウエル、ハッシーの三人の他に、スウォープ海軍中佐が参加していた。エラーマン女史は、例のメモ・ノートを拡げてスタンバイしている」

（前掲書）

ベアテは二月八日の運営委員会についてこのように記述している。

人権班所属のルースト、ワイルズ、ベアテら三名が運営委員会に提出した第一次草案は、分量が多かった。まずルーストが担当した第1条項から検討が始まったが、一つ一つに時間がかかった。このためベアテが担当した条項の検討は二月九日になった。

ベアテが作成した第17条項は、学問の自由の項であった。同条項は二文からなっていた。

17. Freedom of academic teaching, study, and lawful research are guaranteed to all adults. Any teacher who misuses his academic freedom and authority shall be subject to discipline or dismissal only upon the recommendation of the national professional organization to which he belongs or in which he has a right to membership.

一文目は「大学における教育、研究および合法的調査の自由は、すべての成年者に保障される」

二文目、「教育者であってその学問の自由と権利を濫用する者は、懲戒、又は免職の処分を受けなければならず、その処分は、その者が現に所属し、又は入会する資格を有している全国的専門組織の勧告に基づいてなされるものとする」

二十二歳の女性が、「懲戒」「免職」「処分」という強い言葉を使って提示した日本教育者への懲罰的な内容に、さすがのケーディスも二文目には同意せず、すぐに全削除した。さらに、一文目の「合法的調査・研究の自由」についても、日本の潜在能力を恐れていたGHQ幹部たちは、日本が調査・研究を進めて再び大国になることを嫌っていたため、たとえ「合法的」でも調査研究の自由に制限を設けることにした。そして、その部分を、「職業の選択」に変えて、次のようにした。

「大学における教育、研究及び職業選択の自由は、すべての成年者に保障される」

第18条項は次のように三文からできていた。

18. The family is the basis of human society and its traditions for good or evil permeate the nation.

「家族は人類社会の基礎であり、その伝統は、善きにつけ悪しきにつけ国全体に浸透する」

Hence marriage and the family are protected by law, and it is hereby ordained that they shall rest upon the undisputed legal and social equality of both sexes, upon mutual consent instead of parental coercion, and upon cooperation instead of male domination.

「それゆえ、結婚と家族は、法律によって守られる。そして、それらが疑いなく法律上、社会的に両性の平等に、親の強制でなく、男性の支配でもない相互の合意に基づくべきことをここに定める」

Laws contrary to these principles shall be abolished, and replaced by others viewing choices of spouse, property rights, inheritance, choice of domicile, divorce and other matters pertaining to marriage and the family form the standpoint of individual dignity and the essential equality of the sexes.

「これらの原則に反する法律は廃止され、それに代わって、配偶者の選択、財産権、相続、住居の選定、離婚並びに婚姻及び家族に関するその他の事項を、個人の尊厳と両性の本質的平等の見地に立って定める法律が制定されるべきである」

一文目の「家族は人類社会の基礎であり、その伝統は、善きにつけ悪しきにつけ国全体に浸透する」は、ワイマール憲法119条をコピーしたものであったが、これはそのまま通過した。しかし、二番目の文、

Hence marriage and the family are protected by law, and it is hereby ordained that they shall rest upon...equality of both sexes,

「それゆえ、婚姻と家庭は法によって守られる。そして、婚姻と家庭（they）が（略）両性の平等

に基づくことを定める」
について、文中の下線「they」すなわち「婚姻と家庭」が、運営委員によって「marriage」に書き換えられ、
marriage shall rest upon…equality of both sexes,
とされた。この「婚姻」への変換はどのような意味をもたらすようになったかといえば、それによって、「両性の平等」が婚姻に限定されることになったのである。
本来、ベアテとしては「家庭」に重きをおいて用いた「they」であった。しかし、二月九日、運営委員との打ち合わせの場で、運営委員（ケーディス、ラウエル、ハッシー）がこれを「marriage」に書き換えたのである。

運営委員の訂正によって、ベアテが本来書いていた「家庭」での両性の平等は、「婚姻」での両性の平等に限定されることになった。その結果、ベアテがそれから半世紀後に彼女自身が憲法に「男女平等」を書き入れたという論理も矛盾してくるのである。しかし、これだけではない。さらなる根底的な矛盾も後に示してみたい。

第18条項は運営委員に訂正されて次のようになった。

Marriage shall rest upon the indisputable legal and social equality of the sexes, founded upon mutual consent instead of parental coercion, and maintained through cooperation instead of male domination.

「婚姻は、親の強制ではなく相互の合意に基づき、かつ、男性の支配ではなく（両性の）協力に基づくべきことを、ここに定める」

　そして、同条項は、後に三月四日の日本側の法制局官僚と民政局側との秘密会議を経て、日本国憲法第二十四条につぎのように記されることとなった。

「婚姻は、両性の合意のみに基いて成立し、夫婦が同等の権利を有することを基本として、相互の協力により、維持されなければならない」

「配偶者の選択、財産権、相続、住居の選定、離婚並びに婚姻及び家族に関するその他の事項に関しては、法律は、個人の尊厳と両性の本質的平等に立脚して、制定されなければならない」

　憲法調査会は、「憲法制定の経過に関する小委員会報告書」（一九六四年七月）をまとめている。その中で、同報告書は、

「草案の作成にあたって特に憲法専門の学者、特に日本国憲法を専功《ママ》した学者が参加していなかったかという点が問題となる」

　と記述している。二十五名の民政局員の内で弁護士資格を持つものが四名いたが、憲法の専門家はゼロだった。大半は軍人、軍属、それに秘書やタイピストという素人集団であった。

　行政権班に所属し、帰国後にコーネル大学名誉教授となったＭ・エスマン博士は、草案作成に貢献した人物は、

「ケーディス、ラウエル、ハッシーで、他はあまり重要ではなかった」

といい、

「他にも少しは貢献したものもいたが、ベアテ・ゴードン（略）のように全く役に立っていないものもいた。通訳として、周りにいただけで、深刻なほどに関係していなかった」

と『ミルトン・エスマン回想録』（一九七二年六月二十八日）の中で語っている。このように言及していたのはエスマン教授だけではない。ベアテについて特別調査をしたウィロビー参謀二部長は、彼女は局員の中でも「最もその資格に適合しない人物である」という報告書まで作っていた。ところが、そのように評された人物が、後に自ら、日本国憲法に「男女平等」を書いたと名乗り出て、それが知れわたり、定着することになる。


ベアテはワイマール憲法、ソビエト憲法などを書き写して19条項から25条項を作ったが、それらの条項は、

19条項　削除
20条項　削除
21条項　削除
22条項　削除
23条項　削除
24条項　削除

25条項　削除

というように、運営委員によって次々と落第点が付けられ削除されてしまった。彼女としては自信があっただけに失望も大きかった。ケーディスからも批判をされてしまった。彼らに反論しようにも憲法知識のない彼女としては何を言ってよいのかわからず、自分を認めてもらえないやるせなさから最後には泣き出してしまった。しかし、削除された条項は、泣けば認めてもらえるわけでもなかったのである。

第26条項は三文で構成されていた。そのうち、一文目と二文目だけが次のように残され、三文目は削除された。

Every adult has the right to earn a living by productive work. Insofar as a suitable occupation cannot be found for him, provision shall be made for his necessary maintenance.

「すべての成人は、生産的な労働により生計を立てる権利を有する。その者に適切な職業が見出せないときは、生活維持のための給付がなされなければならない」

その内で、削除されないで残った一文目（傍線部）は、ワイマール憲法163条、「すべてのドイツ人は、生産的な労働により生計を立てる機会を与えられるべきである」をそのまま書き写したものである。

第27条項は次のように書かれた。

27. In all spheres of life laws shall be designed only for the promotion and extension of social welfare, and of freedom, justice and democracy. All laws, agreements, contracts or relationships, public or private, which restrict or tend to destroy the welfare of the people shall be replaced by others which promote it.

「法律は、生活のすべての面につき、社会の福祉並びに自由、正義及び民主主義の増進と伸長のみを目指すべきである。

国民の福祉を制限し又は破壊する傾向をもつすべての法律、合意、契約又は公的若しくは私的な関係は、国民の福祉を増進するものによって代置されるべきである」

この条項はどの国の憲法から書き写されたかは不明である。しかし、全文を読んでみると、法律の役割を表すものとしてはありきたりな表現であり、特に二文目は、意味不明な作文である。運営委員ラウエルはそのように思い、同条はラウエルによって削除された。

同じような条項が次の第28条項である。

28. The State shall assume the burden of extensive public health measures. Peaceful sports shall be encouraged.

つまり、「国は、広範な公の保健措置を負担しなければならない。平和的なスポーツが奨励されるべし」ということである。

これまで見たように、ベアテは常に自分の個人的な経験に基づいてものごとを判断してきた。

「私の基準は、いつも自分にとって印象的なものである。自分の興味を惹くものなら、他の人の心も摑むだろうと思っていました」

（『ベアテと語る「女性の幸福」と憲法』）

ピアノの音色を聴いてユダヤ人家庭に育った彼女は、荒々しい側面を持つスポーツにはなじみがなかった。特に、日本の柔道、剣道、弓道については、軍隊と直結しているものとばかり捉えていた。そのようなことから、「スポーツは平和的なものが奨励される」としたのであろう。

しかし、これは運営委員に理解されなかった。運営委員の秘書として人権班の速記録を残していたエラーマンによれば、ベアテのものがあまりにも憲法からかけ離れ、その出来上がりもあいまいであったことから、書き直しを命じられてしまったという。ベアテの回想録をみると、次のように記している。

「私は九日の会合には出席しなかった」

（『１９４５年のクリスマス』）

二月八日の会合には出席していたのに、なぜ二月九日の会合には出られなかったのか？　すでに述べたように、19条項から25条項までの条項は、運営委員によって、次から次へと削除されてしまっていた。そして27条項、28条項にくると、またこれらが問題になってしまったのである。ベアテは述べている。

「この日（二月九日：筆者注）、私は手直しを命じられ、再タイプしては、会議室へ持っていった」（前掲書）

しかし、28条項も削除されてしまった。さらにソビエト憲法を書き写して作成した29条項も書き直しを命じられたため、二月九日は会合には出ないで、泣きながら条文作成を行っていた。そして、結果的に、27条項の二文目部分が削除され、そこに次の表現が加筆された。


「この目的を達成するため、国会は次のような法律を制定するものとする。

妊婦および乳児の保育に当たっている母親を保護援助し、乳児および児童の福祉を増進し、嫡出でない子および養子並びに地位の低い者のために正当な権利を確立する立法。

確立された真理に基づいた無償の普通義務教育制度を設け、維持する立法。

児童の搾取を禁ずる立法。

公衆衛生を改善するための立法。

すべての人のために社会保険を設ける立法。

勤労条件、賃金および就業時間について適正な基準を定め、勤労者の団結する権利および団体交渉をする権利並びに生活に必要欠くべからざる職業以外のすべての職業においてストライキをする権利を確立する立法。

そして、知的労働並びに内国人たると外国人たるとを問わず、著述家、芸術家、科学者および発明家の権利を保護する立法」

二月九日、書き直しを命じられていたベアテは、運営委員との会合どころではなかったのである。

## 「コピー憲法」に疑問を抱いていたワイルズ

ベアテは回想録の中で、運営委員と人権班が行った会合での論議の模様を次のように述べている。

「レポートのような部厚い人権委員会の条文は、この論議の中で見事に整理されていった」

（『1945年のクリスマス』）

そして、それら人権班が作成した条文が整理される基準に使われたのは「SWNCC228」文書であったとして、

「SWNCC228にしたがって（略）極力削られた」

と明記している。

「SWNCC228」とは、マッカーサーに送付された「日本の統治機構の変革」と題する国務・陸軍・海軍三省調整委員会で作成した文書のことである。ベアテは、「SWNCC228」文書について、「憲法草案作成の考え方の柱にするようにと指示されていた」（前掲書）といい、彼女自身は当然のこと他の人権班のメンバーも同文書を草案作業中に参照していたかのように述べている。しかし、事実は全く逆であり、草案作業中に「SWNCC228」文書が使われたことはなかった。それを証言する人物が、ベアテと同じ人権班に所属し、31条項から48条項までを担当したハリー・ワイルズである。

彼は、自らの回想録の中で、「SWNCC228」文書は、

「憲法が仕上がるまで一読もしていなかった」

(*Harry Emerson Wildes Interview*)

と、断言し、彼自身が同文書に実際に目を通したのは、草案が作成されてから数週間も後のことだったと明かしている。

ワイルズは、戦前に慶應義塾大学で政治学を講じたこともある知日派の民政局員で、任務を終

えて米国に戻ると、『東京旋風』を一九五四年に出版している。同書はGHQ民政局員として自らの日本での体験をもとに書かれたものであるが、日本国憲法の作成には全く触れていない。

ベアテは、ワイルズが『東京旋風』の中で、

「憲法制定にかかわったことに、全く触れていないのも、不思議といえば不思議だ」

（『1945年のクリスマス』）

と述べ、ワイルズがその頑固な性分から、

「私と同じように忠実に守り続けていたのだろう」

（前掲書）

と自分を引き合いに出してそう結論づけている。しかし、ワイルズがベアテと同じであったはずもなく、民政局員としての守秘義務に従って、同書の中で憲法作成にかかわったことに触れなかったのである。

日本国憲法作成作業に参加させられた民政局員たちは、完全なる守秘義務が課された密室に閉じ込められ、各人それぞれが分担作業に従事させられた。そして、作業に入った民政局員たちは、同じ班の者同士であっても分担内容についての会話を交えることは禁じられていたのである。こ

のようなことを経験したワイルズは、

「口を開けば民主主義について話し、グループ行動を常に強調していた者がすることかと納得がいかなかった」

(*Harry Emerson Wilaes Interview*)

と述べているが、そう思って当然であろう。

マッカーサーは、憲法作業について一言も発言していない。ケーディス、ラウエル、ハッシーら運営委員も各委員会の班長以外とは言葉を交わさず、各担当委員会の間でも意見交換は行われなかった。このような閉鎖状態に置かれていたため、

「担当を命じられた民政局員たちの大部分は隣の同僚が何に取り組んでいたのか全く知らなかった」

このようにワイルズは回想録に述べたのである。

二十二歳のベアテには、ワイルズと班長ルーストの仲はうまくいっているように映っていたようだ。しかし、ワイルズによれば、現実は、一方通行だった。

ルースト班長は、ワイルズが民政局に入室してくると、挨拶を交わし、彼のご機嫌をとってから命令を出したのだという。ルーストはワイルズに、階下に行き、入り口わきに立って、マッカーサーを迎えるようにいい、その儀礼を終えると、ワイルズには秘密厳守の世界が広がっていて、

下書き原稿も含め、憲法草案作成関連資料を個人的に保管することは禁じられていた。だから、ワイルズには自分が担当したオリジナル原稿そのものの所在が不明になってしまったのである。

ワイルズは、人権班長ルースト中佐が、部下の草案に勝手に書き加えたり、それを変えたり、削除するなどの編集を行っていたことも知っていた。ワイルズが担当した条項には、合衆国憲法が使われ、そこから引用した一語一語が日本国憲法に移された、と彼はいうのである。その結果、草案起草者とされることに拒否を表明しているワイルズは次のように結論付けている。

「もし、われわれが米国の人権条項を一語一語、逐語的にコピーして日本国憲法に仕上げてしまえば、それでは日本国憲法ではあり得ません」

(*Harry Emerson Wildes Interview*)

ワイルズの担当条項をルーストが勝手に変えてしまったこともあり、我慢も限界に達し、作業の後には彼とルーストの関係は最悪なものになってしまった。

## ルースト課長と神智学協会

ワイルズとルーストの関係とは対照的に、ベアテとルーストの関係は良好だったようだ。ルーストはベアテより数か月も早く来日し、民政局政党課長に着任すると、ハワイ出身の日系二世の女性を通訳にしながら、日本の政治調査を開始していた。

一方、ベアテは一九四五年十二月下旬に来日、ケーディスの面接を受けて政党課に配属された。しかし、両親が軽井沢から東京に移ったため、政党課の仕事に入る頃は、年が一九四六年に変わっていた。それにしても、二十二歳の女性にいきなり政党課の仕事はミスマッチであったが、上司のルーストも、神智学という新興宗教の信徒としてヨガと菜食主義を実践し、かつ博士号を数校から取得した無政府主義者という変わった背景の持ち主であったことから、祖国を持っていないベアテとしては親近感を持ったのであろう。

さらにルーストがジーン・マリー・ロウティットという女性と結婚したばかりだったこともベアテが彼に親近感をもった理由であったようである。

それについて、ベアテは回想録に次のように述べている。


「理由のひとつは、ロウスト中佐の奥さんが、美人で優秀な軍人だったからだ。GHQでは珍しく、夫婦で日本に駐在していた。親子ほど年齢が違う夫人は、カーキ色の制服をきれいに着こなし、いつもヒールの音をさっそうと響かせていた」（『1945年のクリスマス』）

こんな格好の良い人と結婚しているならルーストも素敵にちがいない、そう思ったと言うが、ベアテはルーストに何か「普通でないもの」を感じていた。というのも、当時から半世紀も後に行われた英語インタヴューでも、彼女はルーストのことを「カワッタカタ」とわざわざ日本語で表現している。しかし、ベアテはルーストがなぜ変わった人物だったのかを本当に知っていたわけではなかった。

GHQ民政局でルーストの同僚であったジャスティン・ウィリアムズは、同局所蔵の民政局員名簿をもとに書いた著書の中で、ピーター・ルーストの経歴を次のように紹介している。

「サンフランシスコを郷里と呼ぶ四十歳のロウストは、（オランダの）ライデン大学で医師となり、シカゴ大学で人類学と社会学で博士号を取得し、南カリフォルニア大学大学院で国際関係論、法律学、経済学を修めた。軍に入る前のロウストは、インド、マドラスの小さな大学での講師、オーストラリア民族主義の研究、ジャワ島における人種間通婚の調査、トレド（オハイオ州）、リード（オレゴン州）両大学の社会科学部長、農務省の市場調査専門官などの経歴を持つ」（『マッカーサーの政治改革』）

そして、ウィリアムズは、ルーストを「どこか夢想癖のある人物だった」として、次のように続けている。

「彼は基本的人権に関する条項を起草する任務を課せられた。だが、ケーディス、ラウエル、ハッシーの運営委員会は、基本的人権に関するロウストの原案の多くを（略）非現実的とみ

なし、結局、大半の条項を書き直した」（前掲書）

しかしながら、ウィリアムズは、ルーストが新宗教「神智学協会」傘下のシカゴのアクバール・ロッジ、トレドのハーモーニー・ロッジ、ポートランド・ロッジ、スルヤ・ロッジ、ナショナル・ロッジ、カリフォルニアのオジャイ・ロッジなど、同協会がロッジと呼ぶ一一一の支部で人気の高い講演者であったことには言及していない。

ルーストは神智学という神秘主義の信奉者で、米国では同協会の指導的立場にある人物だった。さらに、この新宗教が関係して、彼は両親を捨てて祖国オランダを去り、米国に移住したという過去を持っていた。後にインドの神智学協会内でも生活をしながら、そこを足場にオーストラリアやインドネシアの土着宗教研究を行ってきた。そのような神秘主義宗教の指導者が、GHQ民政局員として日本に着任したならば、神智学徒としての夢と計画を抱いて任にあたるはずである。ところが、ルーストだけでなく、ベアテが憧れていたというジーン夫人も、実は、熱心な神智学信者であったのである。

それでは、ルーストとジーン夫人が心酔していた神智学協会とは、どのような組織なのだろうか？

神智学協会は一八七五年に南ロシア生まれのペトローヴナ・ブラヴァツキーとヘンリー・オルコットによって、心霊現象を探究するための新しい科学を作り上げる目的で、ニューヨークで設立された。その後、南インド、アディヤールに本部は移ったものの、協会の支部は世界六十か国に置かれ、米国内だけで六〇〇〇人ほどの信者がいるとされている。

既成の宗教であるキリスト教、仏教、イスラム教、ユダヤ教などは、その信徒を救済して神の国に導くと説くが、神智学では人間そのものが男性、女性を問わず、キリストや仏陀と同じような神である、と説いている。それ故に、人間が神の国の一員となるために行うことは、そこに到達する手段を自分で見出すことであるとして、ヒンドゥ教、仏教、神秘主義などを統合した彼らの真理を呈するのである。

このように男女の別を問わないで、人間なら誰でもキリストと同様な聖なる存在であり、神そのものである、と真面目に唱える信仰集団が神智学協会であり、同協会の指導的立場にあった人物がルーストでありルースト夫人ジーンだったとすれば、彼らがその信仰に基づいて行動するのは当然といえよう。そのような信仰集団、神智学協会は次の三点を標語に明記している。

一　男女の性別、人種、宗教宗派、階級を問うことなく人類の世界同胞主義を組織すること。
二　世界の宗教、哲学、科学の研究を促進すること。
三　未だ解明されていない自然の法則と、人間に潜在する霊的能力を探究すること。

神智学によれば、人間は精神的、肉体的に、その根源は同じであり、人類の本質も同一である。したがって一人を害すれば、それは自分を害するだけでなく、人類全体を害するという同胞的公理をこの世に教化しようとする。

キリスト教や仏教、イスラム教という諸宗教はあくまで手段と捉え、人間を神とする神智学。そこから派生する人間社会では、男女間の垣根が取り払われ、女性の権利を唱えるフェミニズムが起こり、家族の中では親子という関係もなくなり、同性婚も認められ、愛国という言葉も消滅する。このような信仰を説く神智学指導者ルーストは、さらに、性別、単体の国家を否定し、国籍などを超えた人類愛を唱え、地球上に新世界宗教に基づく新世界政府を創設するという夢のような世界観を抱きながらGHQ民政局での幹部として働いていたのである。

ルーストは母国語オランダ語の他に、ドイツ語、フランス語、英語、マレー語を話すことができたが、日本語はわからなかったために、ハワイ出身のミサオ・クワイという日系一世女性を通訳にしていた。クワイ通訳は駿河台の主婦之友社に泊まっており、そこから通って通訳にあたったが、複雑な会話になると手に負えなくなってしまった。ところが、そんな彼を満足させられる通訳が現れる。ベアテ・シロタだった。ルーストの妻であり、GHQ民間情報局員であったジーンは、残存する数少ない彼女自身の手紙の中で次のように記している。

「ピーターにはとても熟達した通訳ベアテ・シロタがいました。彼女こそ夫が言いたかったあらゆることをそのまま伝えることができました」

（一九七二年三月十一日）

ジーンはベアテが日本語以外の言語も流暢だったこと、頭も良かったことを述べている。それだけでなく、彼らの交流も密接だった。ジーンはベアテの両親に会ったばかりでなく、食事に招かれてもいた。しかし、そのような時に、ベアテは彼らに対し、重要な事実を意図的に曲げて伝えていた。それは彼女の両親についてである。ベアテが伝えたことをジーンは手紙の中で次のように明かしている。

「彼女の両親はハンガリー人で、戦時中は日本で中立国人として強制収容されていました」「父親は素晴らしいピアニストで、母親は料理上手で、彼らはわたしたちのとても親しい友人になりました」

とても親しい友人になったと喜ぶ神智学信徒ルースト夫人ジーンに、ベアテは両親がロシア系ユダヤ人であったものの、それを隠してハンガリー人であると教えていたのである。父親がウィーンから逃げて日本に住みついた素晴らしいピアニストであっても、ユダヤ人といってしまえば自分に不利になる、そのようにベアテは判断していたのであろう。ベアテらしいご都合主義を表す例であり、このような態度こそ、彼女自らがそれまで生きてきた中で身につけた処世術であった。ベアテはそれを、ルースト夫妻との関係の中でも使っていたのである。

一方、ジーン夫人は、ベアテが回想録で描写していたのとは異なり、幼少の頃から街中を母親と二人で荷車を押して生活費稼ぎをしたこともある、苦労の経験の持ち主だった。母子家庭で差別に直面したため、米国では公民権集会に出席したこともあり、来日すると、日本の婦人参政権にもすぐに取り組んだのである。このようなことから、夫のルーストが女性の権利に関心を持つことになった直接のきっかけもジーン夫人の婦人参政権活動があったからだと言える。

ジーン自身も自らの手記の中で、次のように明かしている。

「ピーター（ルーストのこと：筆者注）と私はよく相談をしあいました。このようなことから、日本国憲法の中で、女性に関係するものについては、彼が私から学んだ全てをその情報にしていたのです」

（一九七二年三月十一日）

ベアテはそんな彼らに通訳として同行していたのである。しかも、通訳というものはその場で彼らが受け取る第一次情報を共有できる立場にあり、それを特権であるかのごとく誤解して、都合よく利用してしまう場合もある。そもそもルーストが人権班で取り組むことになった女性の権利とは夫人ジーンの念願だった。その思い入れは、ベアテが幼少のころに日本人家政婦から聞かされたのとは比較にもならないものだった。しかし、それには一切触れることなく、また、知ることなく、ベアテは自らが男女平等の起草者であると公言するようになる。それも、一九六八年にルーストが亡くなってからのことであった——。

第四章

# 色濃く反映された「神智学」思想

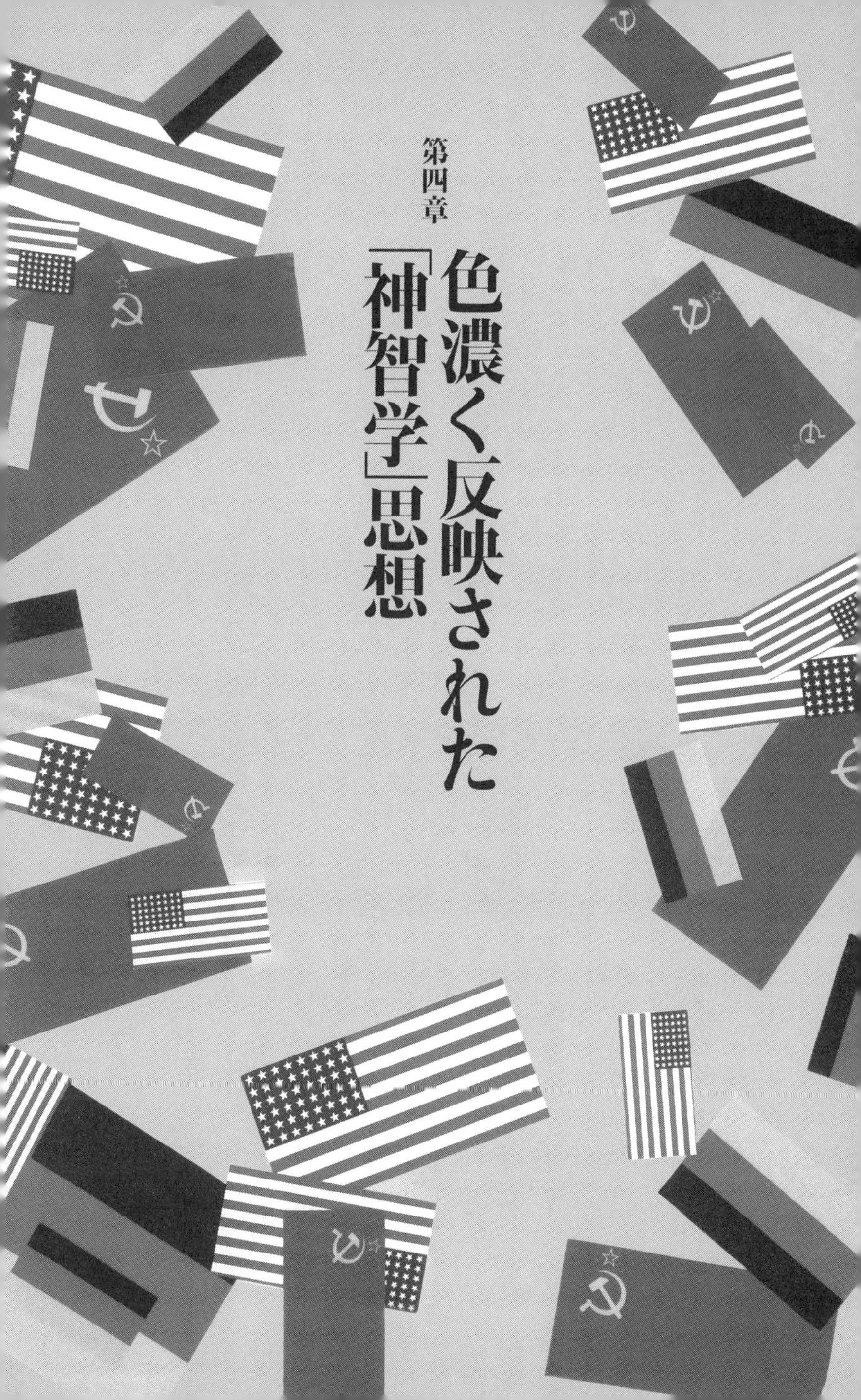

# 神智学信徒ルーストが作った人権条項

世界政府確立を目指していた神智学協会の指導者、ピーター・ルーストは、人権条項の第1条項から第16条項を担当した。

そして、その第1条項を次のように書いた。

1. The people of Japan are entitled to the enjoyment without interference of all fundamental human rights that do not conflict with the equal enjoyment of those rights by others.

「日本国民は、すべての基本的人権を、他人による基本的人権の平等な享有と矛盾のない限り、干渉を受けることなく享受する権利を有する」

ルーストは、日本国憲法起草という願ってもない機会を得て、自らの信仰が公にならないように細心の注意を払いつつ、全身全霊で神智学信徒としての信念を書き入れようと、日本人はすべての基本的人権を享受（enjoyment）する権利を有する、とした。神智学は人間を神であると教え、

「人種、男女、階級あるいは信仰の差別を問わず、人は皆同等の権利と特権とをもってい

（『霊智学解説』H・P・ブラヴァツキー）

る」

ことを教義の一つに掲げているので、ルーストは先ずこれを第1条項に書き入れたのである。
ルーストは続いて、次のように第2条項を書いた。

2. The enumeration in this Constitution of certain freedoms, rights and opportunities shall not be construed to deny or disparage others retained by the people.

同条項は、右のように作成されたが、同文中の傍線部はアメリカ合衆国憲法修正第9条、

The enumeration in the Constitution of certain rights, shall not be construed to deny or disparage others retained by the people.

「本憲法中に特定の権利を列挙した事実をもって、人民の保有する他の諸権利を否認しまたは軽視したものと解釈をすることはできない」

を、そのままそっくり書き写して作成されていた。だが、運営委員ハッシーが、「国民に権利を無制限に与えすぎるものだ」と反対し（『マイロ・ラウエル文書』）、その後に削除された。第3条項はかなりの量で、次のように書かれた。

3. The freedoms, rights and opportunities provided by this Constitution derive from the self-disciplined cooperation of the people.

They therefore involve a corresponding obligation on the part of the people to prevent their abuse and to employ them always for the common welfare. Hence every freedom entails a corresponding responsibility, every right a corresponding duty, and every opportunity a corresponding effort on the part of those who benefit by it.

「この憲法によって定められた自由、権利及び機会は、国民の自律的協力に由来する。したがって、これらの自由、権利及び機会は、国民の側にこれに対応する義務、すなわち、その濫用を防止し、常に公共の福祉のために用いる義務を生ぜしめる。かくして、すべての自由、すべての権利及びすべての機会は、それを享受する者の側に、これに対応する責任、これに対応する義務及びこれに対応する努力を要求する」

神智学は、自由、権利とは、無制限に与えられるものでないとし、これに対応する義務と責任と努力を要求している。

神智学では、

「正義を行うは正義のためにし、報酬の為に行うので無いと云うを教え」

「幸福や満足は義務を果すことによって続き来る」

と説き、「自分の身を犠牲にし、即ち自分の事を計るよりも全く利他主義」（『霊智学解説』）と論っている。そして、ルーストの霊的指導者ブラヴァツキーも、次のように述べている。

「人は各々すべての人の為に生き、又すべての人は各々の為に生きている。この事は各霊智

学者たる者が他人にただ教えるのみならず、各自の日常生活において実行すべき霊智学の根本的法則の一つであります」（前掲書）

ルーストは、第3条項でこれと同じことを書いたのである。しかも、彼はこのような神智学の真髄を書いただけでなく、日本国憲法草案に書き入れられたその条項は永久に書き換えられてはならないとする条件付けまでして、これに矛盾する法律はすべて無効とするという条項を書いた。それが次の第4条項である。

4. No subsequent amendment of this Constitution and no future constitution, law or ordinance shall in any way limit or cancel the rights to absolute equality and justice herein guaranteed to the people; nor shall any subsequent legislation subordinate public welfare, democracy, freedom or justice to any other consideration whatsoever.

Any existing legislation in conflict with the principles embodied in this constitution shall be null and void.

「この憲法のいかなる将来の改正も、またいかなる将来の法律又は命令も、ここに国民に対して保障する絶対の平等及び正義の権利を決して制約し、又は撤回してはならない。また、いかなる将来の立法も公共の福祉、民主主義、自由又は正義を他のいかなる考慮に従属させることがあってもならない。この憲法に定める原理と矛盾する現行の法律は、すべて無効とする」

この条文の前提は、憲法条項を無謬《むびゅう》性に立たせたものになるとして、運営委員は第4条項に強く反対した。原案のままでは、人権章の改正は革命を起こす以外にできる可能性はなくなってしまうからである。ところが、ルーストはそれでも、

「今日までなされた社会および道徳の進歩を永遠に保障すべきである」

と反論した。しかし、運営委員の誰も神智学信徒としてのルーストの意図などわかるはずもなく、同案はホイットニー局長に最終案として持ち込まれ、その結果、この条文は削除された。

第5条項も、神智学の人間を神とする観点から次のように書かれた。

5. All Japanese by virtue of their humanity shall be respected as individuals. Their right to life, liberty and the pursuit of happiness shall be the supreme consideration of all law, and of all governmental action.

「すべての日本人は、人間であるが故に個人として尊重される。生命、自由及び幸福追求に対する国民の権利は、すべての法律およびすべての政府の行為において、最大の尊重を受けるものとする」

ルーストは、人間は神であるために、「すべての法律およびすべての政府の行為において、最大の尊重を受ける」としたのである。しかし、これでは第4条項のようになってしまうため、

「一般の福祉の範囲内で」という文言を加え、文章も改めて、右の傍線部は次のような現行の日本国憲法第十三条になった。

「第十三条　すべて国民は、個人として尊重される。生命、自由及び幸福追求に対する国民の権利については、公共の福祉に反しない限り、立法その他の国政の上で、最大の尊重を必要とする」

運営委員に批判されても、ルーストはひるむことはなかった。そして、第6条項にも神智学の教理を次のように書き込んだ。

「すべての自然人は、法の前に平等である。人種、信条、性別、カースト又は出身国により、政治的関係、経済的関係、教育の関係及び家族関係において差別がなされることを、授権し又は容認してはならない。称号、栄誉、勲章その他の栄典の保有又は賜与は、いかなる特権をも伴ってはならない。またこのような栄典の保有又は賜与は、現に与えられているものであると将来与えられるべきものであるとを問わず、現にこれを保有し又は将来それを受ける者の一代に限り、その効力を有するものとする」

神智学の理論は、ヒンドゥ教、仏教、神霊主義、ユダヤ教、イスラム教を渾然一体化して作られている。しかし、神智学協会はインドに本部が置かれていることからわかるように、インド思想の影響を強く受けている。ルーストも神智学協会インド・アディヤール本部に二年間駐在経験があったため、ヒンドゥ教の「カースト」という「身分」にあたる術語を第6条項の中で用いたのである。神智学では、人間は、性別に関係なく神であるとするため、男女が法の前で平等であることは当然なのである。ただし、その人間も、最初は自然人とされ、自然人たる彼らは霊的な成長を目指す修行に基づき輪廻を繰り返して神になるとされている。

一方、霊の成長を目指さずに、物質的快楽に耽《ふけ》る者は、動物的存在に退化してしまう。それでも、自然人の状態では絶対的な平等が保たれる。また神智学では個々の人間、人種は霊格の高さに応じて階層化され、人類の進化は「大師」「大霊」「天使」などと呼ばれる高位霊によって統括されるとし、自然人の段階での身分制度は認めていない。このようなため、ルーストは現世での「称号、栄誉、勲章その他の栄典の保有又は賜与は、いかなる特権をも伴ってはならない」としたのである。このような神智主義に立つルーストが作成した第6条項（傍線部）は、次のように現行日本国憲法の第十四条になったのである。

「第十四条　すべて国民は、法の下に平等であつて、人種、信条、性別、社会的身分又は門地により、（略）差別されない。

②　華族その他の貴族の制度は、これを認めない。

③　栄誉、勲章その他の栄典の授与は、いかなる特権も伴はない（略）」

第7条項は公務員についてであるが、ルーストは次のように書いていた。
「国民は、政治の最終的判定者である。公務員を選定し、およびこれを罷免することは、国民固有の権利である。すべて公務員は、全体の奉仕者であって、特定のグループの奉仕者ではない。すべて選挙における投票の秘密は、不可侵とし、投票をした者が、その行った選択について公的または私的に責任を問われることはない」

ルーストは、公務員を自然人による選挙で選ぶよう考えた。神智学の観点に立っていた彼は、公務員を、地上界で転生を繰り返す人間のために、霊性を進化させるシステムの一環として捉えていたのであろう。その考えから、公務員は選挙で選任されるべしとしたのである。これに対して、運営委員は、憲法上規定が設けられるのは国会議員のみであるとして、同条項は現行憲法第十五条第一項、第二項となって次のように組み込まれた。

「第十五条　公務員を選定し、及びこれを罷免することは、国民固有の権利である。
②　すべての公務員は、全体の奉仕者であつて、一部の奉仕者ではない」

第7条項に続いて第8条項をルーストは次のように書いた。
「何人も、不服に対する救済並びに法律、命令または規則の制定、廃止または改正を求めて平穏に請願する権利を有し、何人も、このような請願を行ったためにいかなる差別待遇も受けない」

ルーストが神智学者の観点から書いた条項は、現行日本国憲法の中に数多く残っている。現行憲法第十六条もその具体例であり、右の8条項がもとになったのである。

「第十六条　何人も、損害の救済、公務員の罷免、法律、命令又は規則の制定、廃止又は改正その他の事項に関し、平穏に請願する権利を有し、何人も、かかる請願をしたためにいかなる差別待遇も受けない」

ルーストの第9条項「すべての市民は法律に基づくことなしに公の行為によりこうむった損害又は損失については補償を求める権利を有する」は運営委員に削除された。公の違法行為は、憲法でなくても民法で対応できる、としたのである。ルーストは第10条項を次のように書いている。「外国人は、法の平等な保護を受ける。犯罪につき訴追を受けたときは、自国の外交機関及び自らの選んだ通訳の助けを受ける権利を有する。帰化は強制されない」

GHQは、一九四五年十月四日に、日本占領政府は人権、国籍、信条、政治見解をもとに差別してはいけないという「人権指令」を発布していた。「SWNCC228」文書も、人権は全ての日本国民および日本管轄内のすべてに適合される、と述べていた。しかし、ルーストはこれとは別に神智学の世界同胞、人間一家族主義および神智学協会が掲げる目標に沿う条項を憲法に書き入れようとしていたのである。しかし、右の10条項はケーディスが日本在住の外国人はホスト国日本の法に縛られるとして、削除した。

ルーストは第11条項を次のように作成している。

「人身の自由は、すべての法を遵守する日本人の不可侵の権利である。何人も、有罪の判決によらない限り、奴隷、農奴その他いかなる種類にせよ奴隷的拘束を受けない。犯罪による処罰の場合を除いては、その意に反する苦役に服させられない」

第11条項において、ルーストは最初の一文の中に、人身の完全な自由を展開している。人間はすべて神である、とする神智学理論に立つ論点であった。しかし、予定説を信ずるピルグリム派の子孫であるハッシー運営委員は、人間には完全なる自由などない、と反論した。そして、ケーディスもこのような条項が憲法に入れられれば、国がなにかの措置をとろうとする度に、「人身の自由」が侵害されると唱え反対することが可能になるとして、最初の一文を削除した。

しかし、同条の要点は、人間は所有物にされてはならない、ということであった。フランスの「一七九三年六月二十四日憲法律ならびに人および市民の権利宣言」第18条は、「自己を売却し、または売却されることはできない。その一身は、譲渡し得る所有物ではない。法は、奴婢の状態をみとめない」としている。このようなことから、ルーストが作成した11条項の二文目以下は、その後、次のような現行日本国憲法第十八条になった。

「第十八条　何人も、いかなる奴隷的拘束も受けない。又、犯罪に因る処罰の場合を除いては、その意に反する苦役に服させられない」

続く第12条項「思想及び良心の自由は、これを侵してはならない。いかなる方法にせよそれを制限し、又はそれに干渉するようないかなる種類の立法又は命令も発せられてはならない」は、第一文傍線部のみが生かされ、日本国憲法第十九条になっている。

「第十九条　思想及び良心の自由は、これを侵してはならない」

神智学信徒ルーストが最も心血を注いだ草案が第13条項、信教の自由ではないだろうか。そして、それを裏付けるように彼は次のような長い条項を作成した。

「信教の自由は、何人に対してもこれを保障する。いかなる宗教団体も国又はその中央若しくは地方の機関から特権を受け、またいかなる聖職者もその宗教上の権威を政治目的のために濫用してはならない。

何人も、宗教上の行為、祝典、儀式又は行事に参加することを強制されない。いかなる団体も、宗教の仮面の下で、他人に対する敵意をあおり、及びそれを行動に移すものは、宗教団体とは認められない。国及びその機関は、宗教教育その他いかなる宗教活動もしてはならない」

この条項の趣旨は、信教の自由を保障することだけではなかった。ルーストは、これを書くことにより日本の聖職者がいかなる種類の政治活動にも従事することを禁止しようとしたのである。しかし、そのようなことを認めるのは、日本の聖職者への言論、出版の自由を否定することになる。そこで、ケーディスが、

「聖職者の政治活動を完全に禁じることができるかどうかは疑問である。聖職者の言論の自由及び出版の自由は否定できない」、としてこの種の禁止規定は、憲法の中に置かれるべきではない、憲法は制限の章典でなく、権利の章典である、として反論した。

すると、ルーストは、第13条項は、霊的な権威が政治目的のために濫用されるのを防止するためのもので、日本は聖職者によって何世紀も支配が行われてきた国家であり、そのような権威は宗教組織にも与えられないことを明らかにしなければならない、と反論した。しかし、運営委員ハッシーも、ルーストが作成した、

「いかなる団体も、宗教の仮面の下で、他人に対する敵意をあおり、及びそれを行動に移すものは、宗教団体とは認められない」

という一文を読み、これは新しい宗派の弾圧を正当化することになると指摘した。つまり、ルーストは、宗教が政治分野に介入することを禁じつつも、他方ではある権威が宗教に干渉することを是認していることになる。そして、その権威とは、ルーストが信奉する神智学の認める世界政府なのである。

その後、同13条項は修正され、現行の日本国憲法第二十条の中で次のように生き返らされた。

「第二十条　信教の自由は、何人に対してもこれを保障する。いかなる宗教団体も、国から特権

を受け、又は政治上の権力を行使してはならない。
② 何人も、宗教上の行為、祝典、儀式又は行事に参加することを強制されない。
③ 国及びその機関は、宗教教育その他いかなる宗教的活動もしてはならない」

政教分離も、ピーター・ルーストに由来していた。

ルーストは、第14条項と第15条項を次のように作成した。

「言論及び出版の自由は、これを保障する。この自由には、公務員、公の機関若しくは公の行為を批判する権利又は法律の制定、改正若しくは廃止を提唱する権利が含まれる。検閲は、これをしてはならない。通信の秘密は、犯罪捜査の場合のほか、これを侵してはならない（略）。

何人も、自らの関心を有する事項に関し平穏に討議し、又は公衆に対し提示するために集会を開く自由が保障される。このような集会は、無統制の混乱又は暴力行為の事態を生じた場合を除き、いかなる官憲によっても妨害され、又は干渉されない。ただし、指導者及び演説者は、その行動の直接の結果につき責めを負う」


14条項は、言論・出版の自由、15条項では集会を開く自由が扱われていた。そして、それらは現行憲法第二十一条にまとめられ、次のように記された。

「第二十一条　集会、結社及び言論、出版その他一切の表現の自由は、これを保障する。

② 検閲は、これをしてはならない。通信の秘密は、これを侵してはならない」

ルーストは、自らが担当した最後となる第16条項を、次のように作成した。

「移転の自由及び本居の選択及び職業の選択の自由は、他人の権利を侵害しない限り、すべての人に対して保障される。

何人も、自らの希望で他国に移住する自由を、その選んだ国の法律上入国及び居住が許される限り、有する」

世界を一つととらえ、信仰のために祖国、両親、兄弟を捨てた神智学信徒ルーストならではの考えである。全てを決定するのは、自然人たる個人の意思によるというのである。ただ、そこに「その選んだ国の法律」に「許される限り、有する」とあることは、せめてもの救いである。これがなければ、単純労働か専門職かを問わずに人の移動が無制限、無秩序に行われ、それが憲法で許されるなら、その国家は社会環境の破壊が起きてしまうことであろう。ルーストが書いた第16条項は、次のような現行憲法第二十二条になっている。

「第二十二条　何人も、公共の福祉に反しない限り、居住、移転及び職業選択の自由を有する。

② 何人も、外国に移住し、又は国籍を離脱する自由を侵されない」

人権条項の1条項から16条項は、ルーストが担当し、17条項から30条項はベアテが担当した。ベアテは当時二十二歳で、社会経験に乏しく、学問もそれほど深くしたわけではなかった。ベアテは、班長ルーストと妻ジーンが相談した結果、予期せずこれらの項目を担当させられることになったのである。

彼女の上司であったルーストは、人権条項の第1条項から第16条項までを実際に彼のペンで書いたが、注目すべきは、その内の九条項が現行日本国憲法の第十三条、第十四条、第十五条、第十六条、第十八条、第十九条、第二十条、第二十一条、第二十二条――になっていることである。しかし、さらに特筆すべきは、ルーストはそのような事実を一言も明かさないまま、この世を去った点である。

既述したように、人権班には、ルースト、ベアテの他にワイルズがいた。そして、ワイルズは31条項から41条項をルーストと共に、また、42条項から48条項までは独りで担当した。しかし、ワイルズの証言によれば、現実は、彼が書いた条項もルーストが相談なしに書き換えてしまったという。ルーストは自分が班長であったため、部下から提出された条項を責任者という立場から読み、自分の思うままに変えてしまったのであろう。そのようなことがあったため、ワイルズは自らを憲法の起草者だなどとはとても認められない、そう生涯主張したのである。

一方、ベアテは、ワイルズ、ルーストその他のどの民政局員たちも起草者だと公言しなかったにもかかわらず、自ら起草者だと進んで公言している。そして、その発言によって彼女は日本では特に著名になり、以降、二〇〇回ほど来日の招待を受けて講演を行い、そのたびに自ら起草したという条項について直接語ったのである。

その中でも、彼女が、自ら日本国憲法に書き込んだと公言している条項が18条項であった。つまり、上司ルーストの命令を受けて担当した条項の内で、この18条項が後に日本国憲法第二十四条の一部になったことから、ベアテは自分がその起草者であると名乗り始めたのである。その真実については後に明かすこととするが、彼女は晩年になると発言をさらにエスカレートさせ、担当などしていなかった現行日本国憲法の第十四条までも、自ら起草したと公言するようになった。例えば、彼女は次のように述べている。

「第十四条に私の言葉が少し入っています。

『すべて国民は、法の下に平等であって、人種、信条、性別、社会的身分又は門地により、政治的、経済的又は社会的関係において差別されない』

運営委員会が、私が書いた草案をそんなに縮めたということについては、ずいぶんがっかりしました。しかし、運営委員会が私みたいな若いものよりずいぶん権力をもっているから仕方ないとおもいました。いちばん基本的な権利がここに入っていることで心が重たくても満足しなければとおもいました」

(『憲法に男女平等起草秘話』土井たか子、B・シロタ・ゴードン)

「私のいろいろな考えは、私が起草した中心的な権利に含められることになりました。最終的には、後に第一四条と第二四条として制定された条文の草案が残されました」

（「私はこうして女性の権利条項を起草した」『世界』 一九九三年六月号）

このように、日本国憲法第二十四条のみならず同第十四条も彼女が書いたという主張は、米国ニューヨーク・タイムズ紙に掲載された彼女の死亡欄にも明記されていた（The New York Times 1-1-2013）。

既述したように、現行日本国憲法第十四条とは、ルーストが神智主義に立って書いた第6条項に基づいて規定されたものなのである。ところが、ベアテは自らの自慢話を何百回もし続けた結果、最終的に上司ルーストの業績を無視しただけでなく、それを自らの手柄にしてしまったのである。

## 憲法第十四条起草者ピーター・ルーストの生い立ち

「How interesting! Better come in!（なんということでしょう、どうぞお入りなさい！）」

扉を開け、初対面である私の説明を聞き、初めて口を開いた一八〇センチメートルほどもある背の高い女性家主はそういって迎えてくれた。彼女のブルーの目を見つめ、私がこの家はピーター・ルーストという日本国憲法を起草した人物が育った家だと告げると、興味津々という様子で笑みを湛《たた》えながら、突然の訪問者である私を彼らの部屋に迎え入れてくれたのである。

オランダ・ロッテルダム市ビンネンシンゲル通りにあるレンガ造りの三階建ての建物、この家は、ルースト少年がライデン大学医学部入学まで両親と生活したところであった。そして、この家での出来事こそ、彼が日本国憲法第十四条を起草する背景となったのである。

そもそも、私が訪れることになったルーストの生家と住所は、現在米国の西海岸で暮らしているルーストの三人の子供たちさえ知ってはいなかった。私が彼らの父親の住所を見つけ出し、同地を訪問し、役所で彼らの父ピーター・ルーストの出生届を取得し、それらを写真に収めて米国に送り、彼らはそれを確認して初めて父親の育った家を知ることとなったのである。

ピーター・ルーストはオランダの商業都市ロッテルダム市から車で三十分ほど行ったフラールディンゲンという運河に囲まれた町で、一八九八年に生まれた。

そこは私が訪れた二〇一五年五月二十三日も、まるで当時と変わっていないかのように樹木や草花が運河沿いに豊かに生い茂り、鴨の親子が人を警戒することなく翼を休め、野兎が公園を跳ね回る、静かでゆっくりと時間が流れる田舎町だった。

ピーター・ルーストは、この町のビンネンシンゲル通りから四ブロックほど離れた閑静なエーンドラヒト通りR－二〇〇（現在七十一番）で、一八九八年十月十七日に生まれている。ルーストの家族は、エーンドラヒト通りに前年の一八九七年二月十三日に移り住み、ピーターはここで生まれ、その後ビンネンシンゲルで育ったのである。地元の公文書保存所を訪れて見つけた彼の出生証にはこう記されている。

「ピーター・ルーストは、今日一八九八年十月十七日、我々の前に現れ、フラールディンゲン市役所において出生登録された。

アリエ・ルースト（年齢二十四歳、船長、現住所在）は、同年十月十七日午後三時三十分エーンドラヒト通り宅で妻アドリアナ・クレーネベルド（無職、現住所在）から男子が生まれ、ピーター・コーネリスと命名した。宣言は、ヨハネス・クレーネベルド（年齢二十七歳、樽職人、現住所在）、コーネリス・クレーネベルド（年齢二十五歳、現住所在）を前に行われた。そして、当登録証は父、証人により署名された」


ピーター・ルーストの下に、妹アドリアナと双子の弟も生まれた。ところが、弟二人は生後四か月に揃って亡くなったため、両親にはピーターと妹の二人の子供だけが残されたのである。父親のアリエは、出生届の中に職業が船長と記されている。彼の住居は運河の船着き場まで三分とかからない屋根の低い質素な長屋の一角にあった。

そんな彼らはプロテスタント・カルヴァン派のキリスト教を信ずる一家であった。宗派の開祖ジャン・カルヴァン（１５０９年－１５６４年）はフランスに生まれた宗教改革者である。カルヴァン派は、経済生活を大事にし、勤勉、生真面目な生活をモットーとすることで知られるが、ピーター・ルーストが生まれたレンガ造りの長屋は今も清潔に保たれ、まるで当時の姿を今に残しているかのようであった。

現在米国西海岸で暮らすピーター・ルーストの長男マークによれば、ピーターの父アリエは、木造船を操って北海までニシン漁に出かけていく相当な勤勉家であったようである。やがてアリエは伝馬船三隻を所有すると、石炭・運送業を営み、そこそこの実業家となった。そのため、五年後に家族はピーターが生まれたときに住んでいた長屋から、カレンブルグ一一二番、ビンネンシンゲル一一八番、コニンギン・ウィルヘルミナハベンNZ十八番と居を変え、そして、一九一四年九月二日に、私が訪問したビンネンシンゲル通りにある三階造りの一戸建ての邸宅に住むことになったのである。

現在ビンネンシンゲル通りに住む家主夫妻に会って説明をきくと、この地にルースト一家がこだわった理由もわかってきた。ピーター・ルーストの父親はただの実業家ではなかった。ピーターが生まれてから移り住んで五番目になるビンネンシンゲル通りの家は、カルヴァン派教会に隣接して建つ建物だった。つまり、アリエはこの家ならカルヴァン教会と共に生活でき、ピーターを聖歌隊に入れ、宗教教育を受けさせるのに最適だと考えたのである。オランダはもともと米国建国の祖ピルグリム・ファーザーズが英国から追われて逃げ込み、この地から米国に向けて出発したように、聖書に立脚した信仰を尊ぶ風潮があったが、ピーターの父アリエも厳格なカルヴァン派の信者だった。さらに父アリエは「小川」という意味のビンネンシンゲルに移ってきた時、すでに二人の男の子を亡くしていたため、ピーターは家族にとってそれは大切な一人息子でもあった。

ルースト家にとって大切だった一人息子ピーターは、運動神経が抜群で、学業成績も優れていることもわかった。このため、父アリエとしては、伝馬船の石炭・運送業をピーターに継がせて、事業をさらに発展させる望みを持っていた。しかし、そんなアリエを悩ませていたのが、ピーターの妹アドリアナのことだったという。米国に住むピーター・ルーストの長男が単刀直入に私に教えてくれたことによれば、ルーストの妹アドリアナは看護師として生計を立てていたが、実は同性愛者でパートナーと地元で同棲をしていたという。このため、父親はピーターがそうならないように「怒る神」のようにうるさく干渉したため、結果的に両者には口論が絶えることなく、その都度母親が仲裁に入っていた。

このような親子関係と宗教環境のため、ピーターは父から強制されていたカルヴァン派キリスト教にも批判的になり、神智学協会という父親の知らない新興宗教に出会い入信してしまったのである。そして、もともと頭脳明晰だった彼は、ライデン大学医学部に入学し、一九一七年九月二十四日、居を親元のビンネンシンゲルからライデン市ライデンシェルペンカーデ三A番地に移すと、入信した神智学活動にますます深入りし、協会内でも期待される存在になった。そして、一九二〇年ピーター・ルーストは医学士の学位を受けたものの、医者の道には進まず、神智学協会でそのまま仕事を続け、一九二三年七月十八日に同郷出身の神智学信者で女性教師のニールッエ・ブレメンダールと結婚したのである。

それだけではなかった。カルヴァン派の厳格な船長であった父親にとって、息子ピーターが名門医学部に進んだまではよかったが、神智学という新興宗教に夢中になり、今度はヨーロッパの大学生代表として米国に渡ると告げられたとき、両者の溝は完全に深まってしまった。息子ピーターのためを思ってカルヴァン教会の隣に居を移したほどだった父親アリエは、ピーターから米国渡航を告げられ、「勘当だ！」という言葉を返し、両者は以降、生涯二度と会うことのない悲しい運命を辿ることになったのである。ピーター・ルーストは一九二三年八月二十九日、新妻ニールツェと共に米国に向けてフラールディンゲンを後にした。そして、シカゴ神智学協会に所属すると、妻は協会の司書となって夫ピーターを支え、彼らは神智学協会の信徒としてのコースを歩むことになったのである。

このように実の両親と絶縁し、ビンネンシンゲル通りの家を去ってから三十三年間、神智学の敬虔な信徒としてさらには有能な教導師として、協会が立てた三つの誓いに従い信徒たちを導いてきたピーター・ルーストは、思いもよらないことに地球の裏側にある日本で、人権章担当班長として日本国の憲法起草という運命の歴史的な瞬間に投げ込まれることになったのである。そしてピーターは、これを奇貨としてビンネンシンゲル時代に味わった両親との相克を総決算すべく、神智学信徒としての信念を日本国憲法第十四条の中に刻印したのである。このような彼の背景を知れば、ベアテが晩年になってから自らを日本国憲法第十四条の起草者でもあると自己宣伝したその行為が、上司ルーストの期待に全く反した、倫理性に欠けた、聖なる憲法起草者としての資格から程遠いものだということがわかってこよう。

そもそも、憲法起草という重要・神聖な任務ということはさて置いても、まったく自分の担当でもなかった上司の領域に勝手に目をつけて、自らの手柄にしてしまった行為は、公務員としてあるまじき背信的・犯罪的なものである。GⅡのウィロビー部長がベアテを詳しく調査し、「民政局に最も不適な人物である」と下していた評価は再度、想起される必要があろう。

## 憲法前文を作ったアルフレッド・ハッシーとは

これまで述べたように、民政局が担当した日本国憲法草案は、朝鮮部を除いた全局員を立法権、行政権、人権、司法権、地方行政、財政、天皇に関する担当、と七区分に分け、それぞれの班が担当して第一次案を作成した。そして、各班が作成したこの第一次案をもとに、各班をまとめる運営委員といわれるケーディス、ハッシー、ラウエルの三人が小委員会と命名された各班と会合を行って最終案を仕上げることになっていたのである。

運営委員から作業を命じられた「小委員会」と称する各班の担当者たちは、即席で集めた資料をほとんどそのまま丸写しして草案を作成した。

運営委員は、各班の第一次案を最終的に調整する役割であったが、そんな彼らも、条項の作成を担当した。例えば、三名のうちの一人であったアルフレッド・ハッシーは日本国憲法の前文を起草した。

ハッシーは当時四十四歳で独身だった。米国東部の町ボストンから一〇〇キロほど離れた港町プリマスで、プロテスタント教会の牧師の家庭で生まれている。父親は英国から移住してきたピルグリム・ファーザーズにつながる家系であったが、叔父が最高裁判所に詳しい歴史家であったことから、ハッシーはハーバード大学に進学し、その後ヴァージニア大ロースクールに編入、卒業後にマサチューセッツ州弁護士資格を得たのである。

ＧＨＱ民政局で同僚だったＪ・ウィリアムズはハッシーについて、

「少しユーモアに欠け、ピューリタン的傾向を持ち、情熱家ではあるが、自信過剰で、専横な人物」

（『マッカーサーの政治改革』）

と述べている。

一方、民政局でハッシーに秘書として仕え、後に彼と結婚することになったルース・エラーマンは、日本国憲法前文を作成した夫について、

「伝統的なニューイングランドの生活様式に則った極度な自由主義者であった」

(*Ruth Ellerman Hussey Interview*)

といい、ケーディス同様にリベラルな人物で、運営委員会はこの二人が仕切っていたと明かしている。

エラーマンが言及しているニューイングランド人たちとは、もともと英国教会の清浄化（ピュ

ーリファイ）を求めたピューリタンと呼ばれる者たちのことである。英国王チャールズ一世は王権神授説、つまり、王は神に創られた存在であるとする説を唱えていた。これに対し、自分たちの行動基準を聖書に求めるピューリタンたちは国王が間違った態度をとれば、罰する権利があると英国王への抵抗に立ちあがっていた。ピューリタンたちは、自分たちを神の武器だと信じ込み、自分たちは神から救われていると確信する宗教集団であった。このようなピューリタンは、結局、国王に勝利すると、英国王チャールズ一世をロンドン塔ホワイト・ホールの広場に設けられた刑場で死刑に処すという驚天動地の事件を起こし、それはヨーロッパ中で知られる大ニュースになった。

神と崇められていた国王を手にかけたピューリタンは、このように全ヨーロッパ人の心に、消えることのない衝撃を与える宗教革命者となったのである。ところが、彼らは「人間の友情に一切信をおかず」「近しい友人に対しても不信感を持ち」「誰も信頼せず、神だけを信じる」エキセントリックな隣人愛を説くことから察せられるように、その天下も長く続くことはなく、今度はピューリタンが英国内で処刑対象になる番となり、米国に逃れたのである。ハッシーはそんなピューリタンが多く住むニューイングランドのピルグリム派牧師家庭に生まれ育った。つまり彼の家族は、さらにピューリタン以上のキリスト教的生き方を求めるピルグリム派であった。

ピルグリム派は、ピューリタンが求めた英国教会清浄化という域を超え、聖書そのものの中に彼らの信仰と生活を求める集団だった。英国王側からすればこのような国王否定集団を許せるわけはなく、彼らも捕えられると英国で処刑された。このような境遇のため、彼らは巡礼者（ピルグリム）となって英国から逃れ、メイフラワー号に乗って米大陸を目指したのである。
そして、米大陸を目にした一六二〇年十一月九日、船上で、ピルグリムたちによって民主主義の発祥とされるメイフラワー誓約が結ばれる。つまり、自由な個人が契約によって団体を創設する社会契約がそこに現れたのである。そして、このピルグリムたちの新大陸アメリカ到着に続いて、ピューリタンも、ニューイングランドと呼ばれるプリマス近郊に移住してきた。それにつれてピルグリムたちは彼らに呑み込まれ、併合され、新しい植民地建設が行われた。しかし、その際にも、ピルグリムのメイフラワー誓約が基にされ、さらにこの誓約はアメリカ独立宣言、合衆国憲法へと受け継がれたのである。

ハッシーの家が属するピルグリム派が、聖書主義に加えて予定説を主張していたことも、彼らが英国から追放された原因であった。予定説とは、過去、現在、未来にわたり一人一人の運命は自らの行為とは無関係に神によってのみ決定されるとする説である。このような予定説を信仰するピルグリム派宗教家の息子として育ったハッシーは、日本に派遣され、GHQ民政局の運営委員として日本国憲法の草案作りに関わったことは、神の導きそのものであると考えていたはずである。

そんな彼は、日本国憲法の草案を起草するにあたり、合衆国憲法の次のような前文を参考にした。

We the People of the United States, in Order to form a more perfect Union, establish

Justice, insure domestic Tranquility, provide for the common defence, promote the general Welfare, and secure the Blessings of Liberty to ourselves and our Posterity, do ordain and establish this Constitution for the United States of America.

「われら合衆国民は、より完全な連邦を形成し、正義を樹立し、国内の静穏を保障し、共同の防衛に備え、一般の福祉を増進し、われらとわれらの子孫の上に自由の祝福の続くことを確保する目的をもってアメリカ合衆国のために、この憲法を制定する」

日本国憲法前文の冒頭は、「主権在民の象徴」として知られているが、ハッシーが作った英文の主語と動詞は、

We, the people of Japan,…,do ordain and establish this Constitution for Japan.

と、米憲法前文の形式がそのまま置き換えられ、その間に日本に向けた条項五点を書き入れたのである。

つまり、ハッシーは、合衆国憲法の前文形式をそのまま取り入れながら、次のような五点を入れて日本国憲法前文の草案作りをしたのである。

「日本国民は①正当に選挙された国会における代表者を通じて行動し、われらとわれらの子孫のために、②諸国民との協和による成果と、③わが国全土にわたって自由のもたらす恵沢を確保し、④政府の行為によって再び戦争の惨禍が起ることのないようにすることを決意し、ここに⑤主権が国民に存することを宣言し、この憲法を確定する」

日本国憲法前文は、全部で七段落から構成され、その第一段落は、合衆国憲法の前文に従って書き始められた。

そして、二段落目は次のように書かれた。

「そもそも国政は、国民の厳粛な信託によるものであって、その権威は国民に由来し、その権力は国民の代表者がこれを行使し、その福利は国民がこれを享受する」

これは米国第十六代大統領A・リンカーンがゲティスバーグ国立戦没者墓地で南北戦争で倒れた戦士を讃えて行った有名な演説の一部、

Government of the People, by the People, For the People shall not perish from the earth.

「人民の、人民による、人民のための政府」

を使ったものである。

このように、ハッシーが日本国憲法前文に取り組んでいた時、別の運営委員ケーディスは、マッカーサーから書き入れるよう命じられていた「戦争放棄」条項を次のように書き上げた。

「国権の発動たる戦争は、廃止する。いかなる国であれ他の国との間の紛争解決の手段としては、武力による威嚇又は武力の行使は、永久に放棄する。陸軍、海軍その他の戦力をもつ機能は、将来も与えられることはなく、交戦権が国に与えられることもない」

マッカーサーは一九四六年二月三日、日本国憲法起草に際し、三点の「必須条件」を示していた。それらは、エラーマン嬢によって書き残され、「戦争放棄」については二点目に、次のように記されていた。

「国権の発動たる戦争は、廃止される。

日本は紛争解決のための手段としての戦争、さらに自己の安全を維持するための手段としての戦争をも放棄する。

日本はその防衛と保護を今や世界を動かしつつある崇高な理念に委ねる。

日本が陸海空軍をもつ権能は、将来も与えられることはなく、交戦権が日本に与えられることもない」

この文章をケーディスが書いた前の文（傍線部）と読み比べてみれば明らかなように、ケーディスは「マッカーサー・ノート」をそのまま、そっくり書き写していたのである。しかし、それでは不安だったのか、ケーディスはこれをハッシーに読ませてみた。

ユダヤ系移民であったケーディスは、ピューリタン家庭育ちのハッシーに一目置いていた。ハッシーの夫人となったエラーマン嬢も「ハッシーは公式かつ正統的な英語に（民政局の中で）最も長けていた」ことを認め、「ハッシーは最上の英語を話すニューイングランドのバラモン（上流階級）出身者である」と『ルース・エラーマン・ハッシー回想録』で述べている。

ハッシーはケーディスがマッカーサー・ノートをそのままコピーして作った「戦争放棄」条項

を読むと、「テヘラン宣言」の文を追加したらどうかと提案したという。同宣言は、一九四三年十二月一日、ルーズベルト、チャーチル、スターリン三首脳によって発せられたもので、ハッシーが提案した該当文は次のようなものであった。

「われらは、平和を維持し、専制と隷従、圧迫と偏狭を地上から永遠に除去しようと努めている国際社会において、名誉ある地位を占めたいと思う」

ケーディスはハッシーからいわれた部分を付け加えてみた。しかし、そうすると「戦争放棄」を謳う部分が薄まってしまうと考えて、「テヘラン宣言」の文章は追加しないことにした。

合衆国憲法前文は、

1　より完全な連邦を形成する
2　正義を樹立する
3　国内の静穏を保障する
4　防衛に備える
5　福祉を増進する

が目標に掲げられている。ところが、その形式を使ったハッシーは日本国憲法前文では、それらの目標を次のように入れ替えた。

われわれ日本国民は、
1　諸国民と協和する
2　政府の行為によって再び戦争の惨禍が起こらないようにする
3　わが国全土にわたって自由のもたらす恩恵を受ける

占領下という日本国民の主権意思が存在しない状況にあることを理解した上で、ピルグリムの子孫ハッシーは、日本国憲法の前文に敗北者の謝罪的誓約を書き入れ、それらを日本人の心の中に刻みたかったのであろう。

ハッシーが起草した日本国憲法前文は、アメリカ憲法、アメリカ独立宣言、リンカーンのゲティスバーグ演説、マッカーサー・ノート、テヘラン宣言、大西洋憲章などを引用して仕上げられたため、結果的に日本人の思想、感情とはまったく無関係なものになったのである。

憲法とはあくまで国民的個性に満たされ、国民の意思を反映した独自の憲法でなければならない。ところが、ハッシーは日本国の独自性、国柄、固有の生命の持続的発展などにはまったく注意を払わず、米国の憲法などを模写したのである。

ハッシーが、日本国憲法前文に書き入れるようケーディスに提案した「テヘラン宣言」の該当文、

「われらは、平和を維持し、専制と隷従、圧迫と偏狭を地上から永遠に除去しようと努めている国際社会において、名誉ある地位を占めたいと思う」

は、ケーディスが採用しなかったために、ハッシーは自身が担当する日本国憲法前文の四段目に、そのまま書き写して使うことにした。

それでは、残る三段落はどうなるのだろうか？

結論からいえば、ハッシーはそれらについても、他の資料を転用して書いていた。まとめると、次のようになる。

日本国憲法前文（全七段落）
一段落目　米国憲法前文より転用
二段落目　リンカーン・ゲティスバーグ演説より転用
三段落目　マッカーサー・ノートより転用
四段落目　テヘラン宣言より転用
五段落目　大西洋憲章より転用
六段落目　A・ハッシー自作
七段落目　独立宣言より転用

ハッシーの秘書で、後に夫人となるエラーマンは、当然、彼が前文を起草していたことは知っていた。作業中は、ハッシーとも働き、彼が手書きの草案を持ってきた時には、彼女はそれを読んで、いくつか提案したと述べている（*Ruth Ellerman Hussey Interview*）。

ルース・エラーマンは、名門シカゴ大学大学院出身で、日本国憲法草案作成中は、運営委員会の速記者として活躍し、速記録「エラーマン・ノート」という資料を残している。

これまで見たように、日本国憲法前文は、七段落から成っているが、それは六段落目を除いて全て他の資料から転用して作成されたのである。

残りの六段目であるが、二月十二日、運営委員会の場で、ハッシーは、唯一自らが考案した次の一文を加えたいと提案した。

We acknowledge that no people is responsible to itself alone, but that law of political morality are universal and it is by these laws that we obtain sovereignty.

「われらは、いずれの国民も、自己のことだけに専念すべきではなく、政治道徳の法則は普遍的であり、われわれはこれらの法則により主権をもつものであることを認める」

ところが、運営委員のケーディスは、右の一文を読むと、追加に反対した。当然である。このような考えが憲法前文に書き込まれてしまえば、日本国民のみならず日本政府、日本企業が自分たちのことだけに専念している、と第三国あるいはその支援団体などから指摘され、日本国民、日本政府、日本企業の行為は憲法違反の対象とされてしまいかねない。ハッシーの考えに立てば、日本国は日本人のものではなくなり、日本の国土、財産、技術等はすべて第三国の利益と共有されるべしという「法則」に立たなければならなくなるのである。

このようなハッシーの追加文の提案に対し、ケーディスは世界政府を一例に出して、「たとえ世界国家というものが存在しうるとしても、他の国やその国民に何かをいう権利は持ちえない」

と述べ、各国家は自国の運命の最終的判定者であると説いた。

ところが、ハッシーは、他国を拘束できる世界国家、国際連合の成立を例に、すべての国家を拘束する政治道徳を示すようなことが、五十年以内に自明の真理として認められると反論した。

ハッシーの考えは、神智学信徒ルーストと酷似するものであったが、ケーディスと意見が分かれたため、ホイットニー局長の下で調整され、現行憲法の前文に次のように加えられた。

「われらは（略）自国のことのみに専念して他国を無視してはならないのであつて、政治道徳の法則は、普遍的なものであり、この法則に従ふことは、自国の主権を維持し、他国と対等関係に立たうとする各国の責務である（略）」

右文を見れば明らかなように、ハッシーの要望は認められたのである。そして、ハッシーの追加文により日本は「自国の利益のみを考え、他国の利益を無視した」態度はとってはならず、「外国の利益を重んじる道徳は世界共通」であることを認め、これに「従ふ」よう憲法前文で要請されることになったのであるが、このことは日本人にまったく知られていない。しかし、日本が「他国と対等の関係に立たう」と願うなら、この一文により、日本に援助を求める隣国や第三国があれば、それを無視したり、見ない振りをしたりしてはならず、進んで援助をしなければならなくなったのである。そして、この追加文の故に、例えば日本が他国から慰安婦や歴史問題などを口実に「援助」を要求されれば「無視してはならないのであって」、憲法に従って対応せざるを得なくなったのである。

憲法前文により、国民および日本国が、「この政治道徳を認識しないなら、国際社会の一員になることはできないことを充分承知します」と宣言させられている以上、日本国民および日本国は援助国家としての運命を背負わされるのであり、憲法前文の該当文が変えられない限り、日本国内において「他国」を使う「援助」ビジネスも止むことはないのである。

# 第五章

# 骨抜きにされた日本案

## ホイットニーに翻弄された松本委員会

民政局は日本国憲法草案の作成を極秘のうちに進めていたが、毎日新聞の報道後、日本政府に対し、日本側の憲法草案を提出するよう盛んに要請していた。

しかしながら民政局側としては、自局内で秘密裡に草案の作成作業が継続中であったため、たとえ日本政府から届けられたとしても、「日本国憲法改正草案」を読む時間など、ないはずであった。運営委員の一人であったM・ラウエルも、自らの回想録で明かしている。

「それ（日本政府案：筆者注）が二月八日に仮に届いても、私が知る限りそれを読む時間など誰もなかった」

（*Milo E. Rowell Interview*）

民政局は、日本政府案を読む時間などなかったにもかかわらず、それを提出するよう要請した。

すると、これを受け、日本側は担当大臣松本自身が述べるように、

「非常にせっつかれた結果、どうしても早く出さなければならぬというので、二月八日に、こちらの案といっても要綱（略）を司令部側に使でやりました」

となったのである。二月八日までに提出をせよと要請すれば、時間のない松本烝治国務相を委

員長とする憲法問題調査委員会は「憲法改正要綱」を作成するくらいしかそれに対応できないことはわかっていた。民政局からすれば、松本の作成した「要綱」では公式の憲法草案にはならないとして、民政局作成の憲法草案を日本政府に突き付けることを考えていて、後に、そのように行動するのである。松本もこのような民政局側の意図に気付いたのか、

「向こうでは当時もう相当準備をしておったと思うのです」

（『松本烝治氏に聞く』）

としている。

いずれにせよ、民政局は執拗に日本政府案の提出を求めた。一方、松本は、日本政府案とはいえ、要綱と、その説明書を完成させた。

ところが、松本は英訳の壁にもぶつかってしまう。日本案を英語に訳さなければならないのである。

「当時はそういう英訳なんていうものはできませんでして、たいへんひまがかかって、矢の催促をされ、二月の八日に届けたのです」

すると、これを受けとった民政局は、松本に「なるべく早く会いたい」と伝えてきたという。

つまり、民政局は自局内で日本国憲法起草作業を行いつつ、他方で松本委員会を思うがままに動かし、ある目的を達しようとしていた。

松本委員会が作成した「憲法改正要綱（松本案）」は、第一章天皇、第二章臣民権利義務、第三

章帝国議会、第四章国務大臣及び枢密顧問、第五章司法、第六章会計、第七章補則から成ってい
た。これに対し、民政局は、松本案の評価作業を始め、同案がポツダム宣言十項にどう違反して
いるかという三十四点の評価（『日本国憲法制定の過程（Ⅰ）』高柳賢三他編）を下した。
この作業と同時に、民政局運営委員会は、二月十二日、十一章九十二条からなる日本国憲法草案を完成し、松本案の評価と共にホイットニー民政局長に提出し、マッカーサー元帥に届けた。
同日に提出された民政局憲法草案は、

天皇（その他）に関する小委員会
立法権　同
財政　同
行政権　同
司法権　同
人権　同
地方行政　同

右小委員会の案および前文と戦争放棄についての運営委員の案を集めたものである。

同草案の最後の文書には、同案起草に参加した一人一人の署名が記されていたが、最初の参加者のうちすでに三名が欠けており、ベアテ・シロタも署名をしていなかった。

ホイットニーは、一九四六年二月十二日付のマッカーサー最高司令官宛「日本国憲法草案」で次のように記している。

「日本国憲法草案の正本第一号および第二号をお送りいたしますので、御手元のファイルに保存下さい。正本第一号には、この文書の原案を閣下の御検討を仰ぐべく提出致しましたときに添附いたしました説明書が、添附されています」

ホイットニーはさらに、マッカーサーに宛てた二月十二日のメモで、日本政府の閣僚との面会について述べ、「会見の約束は、明朝十時、外務大臣官邸においてということが決まりました」と伝えた。日本政府側との会見が民政局主導でなされたことは、松本が、

「面会を求められて二月の十三日の午前に外相官邸で外相とともにホイットニー少将、ケーディス大佐ほか二名、一名はハッシィですが、と会見したのです」（『松本烝治氏に聞く』）

と述べていることからわかろう。

GHQ民政局の日本国憲法草案は運営委員の手に委ねられていた。民政局幹部は、彼らの意図が読み取られないように工作すら行った。ホイットニーは、マッカーサー元帥に宛てたメモにあるように日本の閣僚との会見の約束が十時に決まっていた当日の二月十三日、ベッドから起き上がれないほどの熱（三十八度）を出していたため、ケーディスから「病気だからきょうの会談は延

期しよう」と勧められたものの「重要なのだ、延期できる会談ではない」と拒否し、ケーディスに服を着せてもらい、どうにか会見に向かうような状態だったという話を作っている。つまり、自分たちはそのような苦しい中、努力をして日本側との会見に臨んだのだ、と恩を押し付けるかのような演出をしたのである。ところが、米国の雑誌に掲載されたケーディスの記述を見ると、そこに登場するホイットニーは熱病に侵された弱い姿では全くなく、次のように記されていた。

「二月十三日、ホイットニーは運営委員会委員とともに、外務大臣官邸のサンルームで、吉田（茂：筆者注）、白洲次郎、松本、外務省の長谷川元吉と面会した」

「席上ホイットニーは『先日あなた方がわれわれに提出した憲法改正案を、最高司令官は、自由で民主的な文書としては、受け入れることができない』と口火を切った」

（「日本国憲法制定におけるアメリカの役割（上）」チャールズ・L・ケーディス『法律時報』六十五巻六号）

ホイットニー民政局長以下ケーディス、ハッシー、ラウエルを迎えた松本たちとしては、日本側が二月八日に提出した改正要綱への回答をもらえるものと思っていた。

## 「原子の光」を引き合いに恫喝

一九四六年二月十三日午前十時、ホイットニーと民政局の部下三名が、四四年型フォードで定刻通り麻布市兵衛《いちべえ》町の外務大臣官邸に乗り付けた頃、松本はテーブルの上に「憲法改正要綱」を置き、彼らとの問答を想定し演習をしていた。

彼らが会見場所に現れたため、あわてて片付けようとする松本を、ホイットニーはそのままで構わないと手で制した。松本とはこの日が初顔合わせだった。GHQ司令部に出入りしていた白洲がそれぞれの出席者を紹介すると、松本は、

「では、八日にわたしどもが提出いたしました憲法改正要綱につきまして……」

と口火を切った。二月八日に提出していた松本の手による日本国憲法改正要綱への回答がもらえるものと思っての発言だった。

「ところがまず頭から、こういう案が自分の方にはあるのだといって先方の案を提供された」

その日から四年後に、松本は、宮沢俊義、林茂、佐藤功、丸山眞男、新川正美ら東京大学占領体制研究会員を前に、そう語っている。

松本は、自分が提出した日本国憲法案が否定された、とすぐに悟った。外務大臣の吉田は押し黙ってしまった。すると、ハッシーが鞄から書類の束を取り出し、テーブルに積み始めた。それら書類には、6から20まで通し番号が振られていて、全部を置き終えるとハッシーは受領証にサインするよう、英語のわかる白洲に求めた。

このような事態を予測もしていなかった日本側は、快晴の朝に東京大空襲を受けたかのような衝撃を受けた。

ホイットニーは高熱でベッドから起き上がれないほど弱っていたとされていた。しかし、松本が受けた印象は、全く逆で、

「ホイットニー少将は（略）きわめて厳格なる態度をもって宣言して曰く――立って、えらい威張った顔をしてやり出したのです」

そして、ホイットニーは「えらい威張った顔をして」松本に向かい、

「一、日本政府により提示せられたる憲法改正案は、司令部にとりては承認すべからざるものである、アンナクセプタブルだ。

二、当方の提案は司令部にも、米本国にも、また連合国極東委員会にも、いずれにも承認せらるべきものである、アクセプトされるべきものである。

三、マッカーサー元帥はかねてより天皇の保持につき深甚の考慮をめぐらしつつありたるが、日本政府がこの（GHQ側の）提案のごとき憲法改正を提示することは、右の目的達成のために必要なり」

（『松本烝治氏に聞く』）

このように捲し立て、以上の三点を日本側が受け入れなければ、

「天皇の身体（このときの言葉をよく覚えておりますが）、パーソン・オブ・ザ・エムペラーの保障をなすことあたわず」

（前掲書）

つまり、天皇の身柄は保障できない、こう宣告したというのだ。

ホイットニーの発言を受けて、松本は息を呑み込み、吉田の顔を窺うとその表情も暗く変わっていた。そして白洲はといえば、英語を完璧に理解するだけに、椅子から飛び上がらんばかりにホイットニーの言葉を受け止めていた。なぜならば、それは、ホイットニーらが持参した民政局憲法草案を、日本側はそのまま日本語訳して日本国憲法草案にせよという命令であったからである。彼らは、これはマッカーサーから出された極秘の指令だともいった（*Occupation of Japan Project* Colonel Charles L. Kades）。


ホイットニーから、民政局が作成した憲法草案を日本語に訳して日本国憲法草案にせよ、そう伝達されたものの、英会話の内容が正確につかめなかった松本は、

「ともかくGHQ草案を見なくては返事はできることもできませんから、あなた方は少し庭にでも行って下さい」

と伝えたので、これを受け白洲はホイットニーらを外務大臣官邸の庭園に案内した。その日は快晴だったため、彼らは庭の美しさと静寂を満喫しながら待機することにした。

「二〇分ぐらいの間、ホイットニー少将らが庭園に出て中座をした間に」

松本は彼らが持参した民政局草案をはじめて通覧してみることにした。

「さっそくどういうことが書いてあるかと思って見ると、まず前文として妙なことが書いてある。それから天皇は象徴である、シンボルであるという言葉が使ってあった」

憲法草案なのに文学書みたいなことが書いてあったので、松本には大変驚くべき内容だった。

松本が草案に目を通してからしばらくして、白洲がホイットニーらを呼び入れるため庭に向かった。待たせていることを詫びる白洲に、ホイットニーは笑いながら、

「どういたしまして、ミスター白洲、私たちはあなたがたの原子の光を愉しんでいるところです」

と原子爆弾を引き合いに出して笑いながら応えた。すると、まるで計画でもされていたかのように、

「大きなB29機が、私たちの頭の上を大きな音をたてて飛んでいった」

（「憲法資料」総六―24下―25上　憲法調査会）

部屋の中で、松本が他の日本人と相談しているうちに、ホイットニーら民政局幹部が席に戻ってきた。そこで、松本はホイットニーの提案については、即答できないため、

「十分熟慮し、かつ、はかるべきところにはかったのち意見を述べる旨を申し入れた」

（「憲法制定の経過に関する小委員会報告書」）

この二月十三日の会談について、当時の閣僚だった芦田均が、二月十九日の定例閣議で、松本が青ざめた表情で「きわめて重大な事件が起こった」と報告したとして、次のように記している。

「ホイットニーはこういうふうにいった。日本側の案は全然アンアクセプタブル――承諾することはできない。だから別案をスキャップ（GHQ：筆者注）において作った。この案は連合国側もマッカーサーも承諾した」

芦田が松本烝治から直接受けた報告によれば、

一　日本側の憲法改正案は承諾することはできない

二　だから、「スキャップ」つまりGHQが別案を作った

三　このGHQ案は連合国側もマッカーサーも承諾した

このような理解がなされていたということである。

しかし、事実は、GHQ民政局は、最初から日本側の憲法改正案は無視するつもりで、極秘のうちに起草作業を行っていたのである。そして、日本側には松本案が要綱の段階にすぎないことがわかった上で提出させたのである。

つまり、要綱ならば、その内容が満足いくものであったとしても、GHQ側はそれを完全な日本案ではないからと断ることができ、これを口実にして民政局草案を幣原内閣に提示できるからである。

さらに、ホイットニーは、民政局案は連合国側も承諾したといったという。しかし、同案はマッカーサーが民政局に作らせ、これを承諾したものであったが、連合国側からは承諾されてはいなかった。

## 「天皇の身柄」を楯に取った威迫

ホイットニーらは、GHQ民政局案を絶対に日本側に受け入れさせたい一心であった。それは、彼の「天皇の身体、パーソン・オブ・ザ・エムペラーの保障をなすことあたわず」発言にあらわれており、松本の助手として日本案作成に参加した法制局部長佐藤達夫は、ホイットニー発言を次のように聞いていた。

「マッカーサー元帥は、かねてから天皇の保持について深甚な考慮を払っていたが、(略)もしこのような改正がなされないならば、天皇の身柄(the person of the Emperor)の保障をすることはできない」

(「憲法資料」総十七―34 憲法調査会)

さらに、法制官僚佐藤だけでなく、ホイットニーと面会していた吉田茂外相も、後に「吉田書簡」にこう綴っている。

「ホイットニー局長は、日本側の改正案は到底これを受け容れることができないことを述べるとともに、総司令部で作った草案を何部か差し出して、それに基づいた日本案を至急起草してもらいたいといい、（略）マッカーサー元帥は、かねてから天皇の地位について深い考慮をめぐらしているが、この草案に基づく憲法改正を行うことがその目的にかなう所以であり、しからざる限り天皇の一身の保障をすることはできない」

（前掲書総八―2上下）

このようにホイットニーは「天皇の身柄」発言をし、日本側に圧力をかけたが、これに対して、吉田も含め誰一人として一言の反論もしていない。

吉田と同席していた白洲次郎は、英国ケンブリッジ大に留学していたことからホイットニー発言に論駁《ろんばく》ができたはずである。ところが彼は、後日、国会の場で、中曽根康弘議員の質問に対し、二月十三日の会談があったことすら「記憶にない」と証言している。

こう答えられた中曽根康弘は、今度は角度を変えて、

「『（白洲がその翌日の二月十四日：筆者注）ＧＨＱにホイットニーを訪問』して『ＧＨＱ民政局草案に接した日本側の空気につき懇談』と、こう書いてあります。十四日ですから翌日ですね。どのような空気を向こうへ伝えたか」

（前掲書総六―46上）

このように質問すると、白洲は中曽根の質問に対し、
「そういう会談があったことすら覚えておりません」(傍点筆者)
そう答え、貝のように口を閉じたのである。本来ならば、吉田外務大臣はホイットニーに対し、ポツダム宣言第十項・第二文は立憲君主制を絶対無条件に保障していると、主張すべきだったのである。

二月十三日の会談を終えると、松本は経過を幣原首相に報告した。

一方、民政局草案を松本らに手渡してからの帰路、ホイットニーは車内で歓喜の声をあげた、と彼に同行していたラウエルは回想録で明かしている。「日本側の反応が、彼が予測した以上だった」からである。

ホイットニーとしては、日本側からすさまじい抵抗があるものと予期していた。しかし、そのような事態になっても、彼は民政局草案を引っ込めるつもりはなかった。彼らは、それほどの心の準備をして向かったものの、結果はそうならずに、吉田外務大臣から丁寧な見送りを受けて、外相邸を後にできたため、ホイットニーは彼が渡した民政局案は必ず受け入れられると確信し、歓喜した、そうラウエルは解釈したのである。

日比谷のGHQ本部に到着したラウエルはこの日まで働き詰めだったことに気付き、翌十四日は休暇を申し出た。そして、ニューギニア駐在時からの友人の大尉、秘書のシーラ・ヘイズ嬢と三人で日光旅行に出かけることにした。

「この間を、日本政府側はＧＨＱ草案の研究にあてるはずだから」

ラウエルはそう考え、運転手を調達し、真冬の日光に車で向かったのである。二月十五日の日光は、雪が積もっていた。しかし、彼らは戦闘靴を履いていたため、問題なく東照宮を見物し、さらに中禅寺湖も訪れることができた。

ラウエルたちが日光にいた十五日、白洲次郎は、ＧＨＱのやり方はあまりにも「直線的かつ直接的」すぎるし、一方、日本側は「曲がりくねった、狭い道を遠回りして行く」ので、その事情を理解してくれるよう、文書をホイットニーに書き送った。しかし、これでホイットニーの考えが変わるはずもなく、翌二月十六日に彼は、

「あなたが御手紙で言及されている文書（＝憲法改正草案）の目的としているところに完全に賛成であるということを、嬉しく思います」（『日本国憲法制定の過程』）

と自身の都合に合わせた解釈の返信をした。

このような返信を受け、日本側はＧＨＱ側に全く変更の余地がないことがわかった。ところが、二月十三日にホイットニー民政局長に突き付けられて、予期せぬ「日本国憲法草案」の存在が明るみに出てきたものの、幣原首相、吉田外相、松本国務相、楢橋渡元法制局長官と白洲次郎以外は、二月十九日の閣議が開かれるまでは、このことを誰も知らされていなかった。

松本国務相は、憲法問題調査委員会の委員長として甲案、乙案という日本案の作成に関わっていた。ところが、ホイットニーに民政局案を示され、松本担当の日本案は吹き飛ばされてしまった。それだけでなく、それを押し付けられた五名は、GHQ司令部がそのような草案を持ってきた理由も把握できなかった。そこで、松本が主宰する憲法問題調査委員会の幹事長であった楢橋は、ケーディスとハッシーを大磯の滄浪閣に招待することにした。

ケーディスは、日本憲法ゆかりの伊藤公の別邸滄浪閣にやって来ると、楢橋に開口一番、GHQ民政局草案についていかなる情報でも外部に洩らしたら、軍法会議にかける、と通告をしたという。

（『楢橋渡伝』「楢橋渡伝」編纂委員会編）

ケーディスはさらに、

「楢橋さん」

というと、

「日本を民主化し、世界の超国家主義的非難を一掃するために、憲法から天皇を抹殺することができないでしょうか」

（前掲書）

と天皇抹殺という言葉を用い、その理由として、

「ソ連をはじめフィリピンその他反日国家群は、そうしなければ承知しない情勢になっているので、なんとかいい方法はないでしょうか」（前掲書）

と、反日国家の思惑を挙げて述べたという。ケーディスは、ピューリタン革命によって英国王の処刑が行われたように、日本でも同様の革命が起きることを望んでいたのである。

楢橋は、民政局次長ケーディスにこのようにはっきりと言われて、ショックを隠し切れなかったと自伝に記している。

滄浪閣に招かれていたケーディスは、

「松本は、それでも性懲りもなく、ホイットニーに、『憲法改正案説明補充』を同封した二月十八日付の手紙を送付した」

と、後に、自身の論文「日本国憲法制定におけるアメリカの役割」で記している。

このことについて、松本は、こう述べている。

「書面をもって交渉したいと思って、（松本案に対する説明書を：筆者注）執筆して、英訳の上、二月十八日に白洲次郎氏がこれを司令部に持参した」（『松本烝治氏に聞く』）

## 小田原評定の松本委員会

白洲次郎が二月十八日午後に届けた松本の説明書には、「憲法改正案説明補充」という表題が付けられていた。ところが、これを受け取ったホイットニーは、白洲に、「説明補充は、松本の憲法改正案のくだくだしい言い訳にすぎない」と伝え、逆に幣原内閣は四十八時間以内、つまり、二月二十日までに民政局草案を受諾しない場合、マッカーサーはこれを日本国民に発表すると伝えたのである。

松本は、幣原総理と同様に、民政局草案は「受諾できぬ」と主張していた。しかし、芦田均厚生相は、

「若しアメリカ案が発表せられたならば我国の新聞は必らずや之に追随し」

（『芦田均日記』第一巻）

GHQ民政局案を承諾する流れが出て、幣原内閣がこれには責任は取れないと辞職すれば、総選挙の結果に大影響を与えることになると反論した。松本案は内閣案として確定したものでなく、同案が内閣案として決定されるには、他の閣僚の意見が反映される機会が与えられるべきであっ

たが、それもなされていなかった。

ホイットニーから四十八時間通告を受け、八方ふさがりになってしまった幣原は、通告された翌二月十九日、白洲を再度ホイットニーのところに向かわせ、完全な翻訳が仕上げられないという理由で、四十八時間通告の延期を申し入れた。

もう松本はGHQ民政局案の存在を黙っているわけにはいかなくなってしまった。幣原、吉田、楢橋らも同様であった。これを明かすことは事件そのものだった。そして、それは、二月十九日午前十時十五分に開かれた定例閣議の場で起きた。

松本が蒼ざめた面持ちで発言を求め、

「極めて重大な事件が起こった。と言はれた」（前掲書）

閣議に同席していた芦田はこう記している。また、松本自身も、

「二月十九日の閣議ではじめて顚末と先方案の大旨とを説明して、その結果総理大臣がマッカーサー司令官と会見し、先方の最終の意思を確めた上去就を決すべき」（『松本烝治氏に聞く』）

ということになったと述べている。

こうして、幣原首相は二月二十一日の午後、マッカーサーを訪問する。マッカーサーとの会議の模様は、翌二十二日の閣議で、幣原首相から報告された。その報告は芦田均厚生大臣が日記に残している。それによれば、マッカーサーは幣原らに、

「吾輩は日本の為めに誠心誠意図っている。天皇に拝謁して以来、如何にもして天皇を安泰にしたいと念じている」（『芦田均日記』第一巻）

と強調した上で、しかし、日本を取り巻く情勢、特にはソ連とオーストラリアが、

「日本の復讐戦を疑惧《ぎぐ》して極力之を防止せんことを努めている」

と指摘し、GHQ民政局が提示した米国案は、

「天皇護持の為めに努めてゐるものである」

と述べたという。マッカーサーはさらに日本軍隊を憲法規定から削除したことにも言及し、その理由をこう説明した。

「若し軍に関する条項を保存するならば、諸外国は何と言ふだらうか、又々日本は軍備の復旧を企てると考へるに極ってゐる」

「日本の為めに図るに寧ろ第二章（草案）（戦争放棄の章：筆者注）の如く国策遂行の為めにする戦争を抛棄すると声明して日本がMoral Leadership（道徳的指導力：筆者注）を握るべきだと

思ふ」（前掲書）

マッカーサーからこのような説明を受けた幣原は、日本に（moral leadershipの）指導者になれといわれても、これを支持してくれる国などないと応じた。するとマッカーサーは、松本案を変えないなら世界は日本の真意を疑う、と述べ、つぎのように彼の結論を伝えた。

「米国案（民政局草案：筆者注）を認容しなければ日本は絶好の機会を失ふであらう」（前掲書）

幣原首相からマッカーサー会談の説明を受けた松本国務相は、次のように解釈した。

「二月二十二日の閣議前に首相より会見（二十一日のマッカーサー・幣原会見：筆者注）の模様を語られたるが、その大要は、先方の主眼とする点は、第一章の天皇を国の象徴と定むる規定と、第二章の戦争の廃止の規定とである。何とか交譲の余地なきやとの話をもって、もししかりとすれば、事必ずしも解決の見込みなしと絶望するに及ばざる」（『松本烝治氏に聞く』）

ここに至っても松本はまだ状況を楽観的にとらえ、自分の考えがどうしても捨てられない。そこで、二十二日午後二時、今度は松本自らが吉田外相と白洲の三名でＧＨＱ司令部を訪れることにした。

「その日の午後、吉田、松本、白洲が、ホイットニーのオフィスを訪れた。ホイットニーは、彼らとの質疑応答のため、運営委員を呼び入れた」

同委員であったケーディスは、自身の論文「日本国憲法制定におけるアメリカの役割（下）」でこう述べている。

東京日比谷のGHQ司令部六階にあった民政局では、ホイットニー、ケーディス、ハッシー、ラウエル、通訳、女性秘書らが、松本らに応対した。民政局側との会見は、

「一時間四十分にわたり、相当詳細にいわゆる根本形態につき問答した」

と松本は述べてはいるが、彼の当初の予測に反し、

「（民政局側が：筆者注）あくまで譲歩の意を示さざるにて辞去せり」（前掲書）

という結果になってしまった。

彼に同行していた吉田外相も、ホイットニーらGHQ側の意思の固さは変えられない、そう納得した。そこで日本側のせめてもの要望として、彼は会見の最後に、「完全な秘密」が遵守されるよう要求した。ホイットニーからすれば、民政局が始めた日本国憲法草案の作成作業は、米国務省の日本における出先機関POLADに対して機密を守ることが主だったため、吉田の申し出にすぐ同意した。しかし、ホイットニーは松本に対して、

「二月末までに日本側の草案が提示されるよう、念を押した」と、ケーディスは前記論文に記している。

松本はホイットニーから二月末までに、と条件をつけられ、残りの日を数えてみた。すると日にちは六日間しかなかった。万事休した松本は、

「もうこのときには前の案では絶対にいかぬのだから先方案のように大体をしなくてはいけないというので、新しい案の起草に着手した」（前掲書）

つまり、彼は自ら取り組んできた松本案を捨てて、GHQ民政局案に沿った草案作りをすることにした、というのだ。ところが、松本は、この民政局案に沿ったものも作れないと思った。つまり、この作業は、それまで彼が関わっていた甲案、乙案とは異なる、また別の「新しい案の起草」になる、だから、この新案作成は不可能だというのである。その証拠に、松本は二月十九日午前十時十五分に開かれた定例閣議で、

「自分（松本：筆者注）としては、アメリカ案を基礎とする如き修正を再起稿することはいやだし、出来ないと言った」（傍点筆者）（『芦田均日記』第一巻）

このように、同席していた芦田も日記に明記している。ところが、幣原首相も含め、閣僚の誰一人としてホイットニーから押し付けられた事態の重大さを真剣に受けとめる者はいなかった。芦田も、松本に向かいまるで他人事《ひとごと》のように、

「松本先生の学識と経験とを以ってすれば必ずしも不可能とは思はれぬ。是非最善を尽くされむことを望む」

（前掲書）

と、第三者的な発言をしていたのである。

このようなことからすれば、二月二十二日の段階で、松本が「新しい案」の作成作業に入ったとしても、ホイットニーに命じられた二月二十八日にGHQ司令部にそれを届けることは全く不可能であることはわかっていた。

そもそも松本は、英語がそれほど堪能でなく、運営委員のラウエルと会う際には、通訳を常に同行させていた。民政局が作成した草案は十一章九十二条から成り、それは英文で書かれていたため、まず、GHQ民政局草案を外務省の翻訳担当者に渡し日本語に訳させてから松本の作業が始められるという話なので、これだけで数日が必要になる。

このような経過を経て、松本は、

「（二月二十五日までに：筆者注）『第一章及び第二章の元の本案条文とにつき一応報告せり』この間わずか三日ほどでこっちの案をこしらえたのです」

（『松本烝治氏に聞く』）

こう述べている。そして、二月二十五日、朝八時から臨時閣議が開かれた。その場で、松本は、二月二十二日午後に行われたホイットニーとの会見の顚末を報告した。結論としては、二院制を採用する点は日本側の主張が通ると思うが、その他では民政局側は譲歩する意思がないようである、ということであった。その際に、松本は、民政局案の第一章天皇、第二章戦争放棄の外務省による日本語訳を初めて閣議に配布し、参考として説明した。この日本語訳は、最初は五部のみ作成され、松本を含む限られた関係者だけに配布されていた。閣議ではその一部分の日本語訳をガリ版印刷して参考配布されたが、閣議後には各閣僚から直ちに返却を求めた。

そして、二月二十六日午後の閣議では、外務省が訳したGHQ民政局案の日本語訳の全文を閣僚たちに配布し、意見を求めることにした。

しかし、それらも閣議終了後に、閣僚たちから返却を求めていたため、閣僚たちも時間的に内容など把握できなかった。そのため、どの閣僚を見てもその反応は乏しく、そればかりか彼らは、

「議を乞えるも決着するところなく」

（前掲書）

松本の方を見ているばかりだったという。このような状況に、彼は自らを奮い立たせ、自分で

仕上げる以外にないと決心した。とはいえ、とうてい自分一人では無理なこと、さらには、アメリカ案の漏洩を恐れたことから他者の関与も排除する状況の中、佐藤達夫法制局第一部長を呼び、民政局草案を見せ、これに沿った日本案作成作業に加わるよう命じたのである。

## 戦線離脱した松本国務相

民政局案を初めて見せられ、松本の助手役を命じられた佐藤は東大法学部卒であったが、cross-examine（反対尋問を行う）という意味さえわからないほどの英語力だった。しかし、外務省が日本語に訳した民政局案が用意されていたので、それに従うことにした。佐藤の本心としては、

「その間いったいなにをしていたのか……私は非常に不満だった」

（『日本国憲法制定に関する談話録音』佐藤達夫）

と述べているように、いやいやながらの参加であった。しかし、こうなったらもう松本と佐藤の二人でやるしかなく、民政局案の日本語訳を参照しながら、「日本案」を作り始めたのである。

松本の説明によれば、日本案作成の締め切りは三月十一日で、分担としては、松本が第一章、

第二章、第四章、第五章を担当し、残りの第三章「国民の権利及び義務」を佐藤が作成することになった。こうして、二人は三月十一日の完成をめざして作業を開始した。すると、その間に民政局側から数回にわたって速やかにせよとの催促を受けたため、松本は、佐藤の上司である入江俊郎法制局次長も「日本案」作成のメンバーに加えて作業を急ぎ、三月二日に脱稿した。そして、あとは、この日本案を英語訳する作業のみとなった。ところが、GHQ民政局側からさらなる催促の連絡が入り、英語訳に手間取るようなら日本語のまま、三月四日に、GHQ司令部に提出せよと伝達されたのである。二人が取り敢えずまとめた日本側の草案は、まだ閣議に諮られておらず、閣議決定もされていない状態だった。しかし、松本はその日本案を、謄写版で三十部冊子にして、三月四日午前十時にGHQ司令部を訪問し、提出することにしたのである。

一方、佐藤は、日本案担当は松本から臨時に命じられただけの作業だと思っていたため、当日三月四日は、

「（松本国務大臣に）ついていく必要はないと思っていましたから、それこそゴム長などを履いて家を出た」

ところが、同日の朝、総理官邸の玄関口で松本国務相とすれ違うと、佐藤も一緒に来てくれと言われてしまい、

「心は進みませんけれども、お伴をしていったわけです。今から思うと、虫が知らせたんで

しょうか、しぶしぶついていきました」

（前掲書）

佐藤はそれまで一度も足を運んだことのなかったGHQ司令部に、奇しくも憲政史上大事件となる三月四日に初めて足を踏み入れたのである。彼は、松本国務大臣の後について司令部六階にある民政局に入ると、六〇二号室に通された。すると、そこにはすでに終戦連絡中央事務局の白洲次長、外務省の翻訳嘱託長谷川、小幡ら三名が来て、松本らを待っていた。彼らが到着した時の様子について、松本は自ら次のように語っている。

「まずホイットニー将軍に面会、当方案がいまだ閣議を経て決定せざる試案なるものを説明してこれを交付す」

（『松本烝治氏に聞く』）

松本が言及する、松本と佐藤が作成した「閣議を経て決定せざる試案」をホイットニーに提出すると、彼は部下に指示を下した。

「ただちに我が二人の各翻訳者に対し、先方二人ずつの翻訳者を付し、章別に手分けをして翻訳を始めた」

（前掲書）

松本が言及している民政局側が付したという翻訳者の一人とはベアテ・シロタその人であった。

このように民政局の通訳として登場することになったベアテは、当日の仕事ぶりについて、彼女自身、「とても速い翻訳と通訳をしたので日本側から好感をもたれていた」と述べている。

ところが、松本にとっては、話が全く逆であった。彼は次のように明かしている。

「その翻訳というのが、向こうのあやしい女とか二世みたいなもので、実にむりなんです」

松本の、ベアテの翻訳能力に対する苛立ちは、当然といえよう。というのも、前にも触れたようにベアテは日本語の会話能力だけはあったものの、読み書きはほとんどできなかった。まして、文語体で書かれていた日本案に至っては、歯が立つはずもなかったのである。

翻訳兼通訳者として現れたベアテは、日本側が提出したばかりの「日本案」を手渡され、目を通したものの、第一条から判読できないので、仕方なく政党課が担当した人権条項がどこにあるか探したであろう。しかし、人権条項にしても、彼女はルースト、ワイルズが担当したものは一度も読んだことはなく、ましてや他章の条項は全く見てさえいなかった。このようなことから、日本側が作成した「日本案」を英訳することなどベアテの手に負えるはずもなかったのである。このようなため、作業に入りかけたものの、「日本案」を英語訳する作業は先に進めなかった。

ところが、これに立ち会っていたケーディスは、今度は、初めて会ったばかりの佐藤の腕をつかんで、翻訳に難渋していた別の翻訳官のところに連れて行った。

佐藤がケーディスに連れて行かれたのは、トランスレーターズ・プールという翻訳室であった。そこには、翻訳部長I・ハーシュコウィッツ中尉の他に八名の通訳がおり、佐藤が行くと、二世通訳が難渋を極めながら日本文の意味を追っている最中だった。佐藤がその日本文を見せてもらうと、それは松本が日本案に添えて提出した「説明書」で、文語調で書かれていたため二世の翻訳官は和英辞典、漢英辞典などを使っても対応できなかったのである。その結果、佐藤は二世翻訳官の仕事を手伝わされてしまうことになり、この作業だけで昼まで時間を費やすことになったが、それでもまだ完了に至らなかった。それもこれも、松本が日本案とは別に、まわりくどい難解な説明書を提出したためであった。

昼食をすませ、松本の説明書の英訳作業は途中だったが、佐藤は六〇二号室に戻り、一番肝心な日本案の英訳がどうなっているか聞いてみた。すると、それらは全部の英訳作業を終えて司令部に渡されてしまったという。

松本と佐藤が作成した日本案は、翻訳部長I・ハーシュコウィッツに採用されて民政局翻訳部にやってきたばかりのJ・ゴードン翻訳官にまわされ、そこで翻訳作業がなされていたのである。同案の翻訳をするよう命じられたゴードン翻訳官は、他の翻訳部の同僚たちと分担し、最初の条項から翻訳を始め、どうにか終えたのだという。

佐藤は愕然とした。松本、佐藤ら日本側は、日本案がどのように英訳されたかを協議する機会を失ってしまったからである。

一方、ホイットニーと運営委員らは別のことを考えていた。運営委員を代表していたケーディスは、松本ら日本側は英語で作成されていた民政局案をそのまま日本語に訳し、それを「日本案」として提出してくるものと思っていた。そこで、そのようになっているかどうか確認するために、松本から提出された「日本案」をまず、「向こうのあやしい女」と松本が思っていたベアテ・シロタに翻訳させてみた。ところが、彼女には「実にむり」であった。そのためケーディスは「別個の翻訳者」であるJ・ゴードン翻訳官に「日本案」を英訳させてみたのである。松本が作成した「日本案」には、民政局案にあった前文がなく、第一章は天皇の条項であった。そして、同章第一条以下は次のように書かれていた。

第一条　天皇ハ日本国民至高ノ総意ニ基キ日本国ノ象徴及日本国民統合ノ標章タル地位ヲ保有ス。
第二条　皇位ハ皇室典範ノ定ムル所ニ依リ世襲シテ之ヲ継承ス。
第三条　天皇ノ国事ニ関スル一切ノ行為ハ内閣ノ輔弼《ほひつ》ニ依ルコトヲ要ス。内閣ハ之ニ付其ノ責ニ任ズ。

松本へのインタヴュー『松本烝治氏に聞く』によれば、ケーディスはベアテの翻訳を止めて、「別個の翻訳者により当方対案の研究を始めたるものと見え」別室に白洲終戦連絡中央事務局次長を呼んだ。そして、英語がわかる白洲に松本が提出した案では審議を進めても無益なため、「翻訳はこれを打ち切るのほかなし」と伝えたというのである。

これを受け白洲はその内容を松本に報告した。これに対し、松本は別紙の説明書を読んでから意見を述べてもらいたいこと、翻訳打ち切りは日本側には関係がない、このように白洲に伝えさせた。すると、今度は松本がケーディスから別室に呼ばれて、

「第三条に、天皇の行為に内閣のコンセントを要するとせる先方案（ＧＨＱ民政局案：筆者注）を内閣の輔弼と改めたるは何ゆえなるや」（前掲書）

と詰問されたのである。

「内閣のコンセントを要する」と民政局案でなっていたものを、松本は内閣の輔弼と改めていたが、コンセントとは協賛という意味があり、輔弼では単なるアドバイスとなってしまう。だからケーディスはコンセントに相当する正確な字句を入れよ、と命じたのである。これに対し、松本は、

「輔弼なくしては天皇は何らの行為をも有効になすことを得べからず」（前掲書）

と応じた。協賛という言葉は、議会の場合に限って用いられてきているので、ここに用いるのはおかしいと答えると、両者の議論は沸騰し、これだけで二十分以上にも及んだ。その間に、松本は、各国には各国の国語がある、日本には英語のＹｏｕにあたる言葉が幾種類もある。用語の問題はこちらに任せてもらいたい、と白洲の通訳でケーディスに伝えると、ケーディスもこれに応じて、激論になり、松本も白洲の通訳を待たずブロークンな英語で応じたので、ケーディスの方は顔を真っ青にし、身体を震わしていた。

しかし、こんなことをやっていては際限がない、と考えて一旦話を中断し、その後、松本は二時半頃まで司令部にいたものの、ケーディスとまた同様な事態になったため、このままでは日本側に迷惑をかけるからと民政局から退室してしまった。

佐藤は松本が提出した説明書の英訳がまだ途中であったために、松本の退室前に再び翻訳室に戻り、翻訳作業を手伝っていた。そして佐藤が手伝っていた英訳も午後四時頃に出来上がったため六〇二号室に戻った。すると、その時には、松本は帰っており、彼の姿はそこにはなかった。しかし、このような担当大臣松本の勝手で無責任な退室の結果、日本国憲法制定の審議は、ホイットニーと会ったことさえない、さらに、当日いやいやながら松本に民政局まで同行させられた一法制官僚の手に一任されてしまったのである。

そんな身勝手な松本に怒りが向けられた証であろう、彼はその後、ＧＨＱ民政局によって公職追放された。

## 法制官僚佐藤達夫の苦悶と困惑

日本国憲法制定の審議は、日本国民を代表する国会議員から一法制官僚に全面的に移されることになった。そして、その代表者として残された佐藤のところに、さっそく白洲終連次長がやって来て、ＧＨＱ側の情況をこう耳打ちした。

「松本さんの持ってきた草案は、マッカーサー草案とかなり内容が違っているといって、非常に不満の意を向こうで述べている……」

松本は、日本側だけでなく、GHQ側にも混乱を与える結果を作った。

彼は二月十三日に、ホイットニーの口から伝えられたことが全くわかっていなかったからである。ホイットニーはその日、松本に何を告げたのか？　三月四日の当日、別室で日本案の翻訳を担当していたJ・ゴードン自身が、その日から十五年後に回想録でこう述べている。

「松本たちには、民政局が作成した起草案が与えられており、彼らは受け取っていたその英語版起草案をそのまま日本国憲法草案に翻訳するよう想定されていたのです」

(*Reminiscences of Joseph Gordon* Columbia University)

ホイットニーは民政局案を日本語に訳して提出せよと伝えていたのだ。ところが、松本はそのことを正確に把握できていなかった。それどころか、彼はそれを自分勝手に解釈し、別の日本案を作っていたのである。

しかも、このような事実を知らされないまま松本国務大臣に仕事を押し付けられた佐藤は、最初から誤解の上に立って日本案起草作業に参加させられていたため、三月四日には、GHQ司令部でさらなる混乱に直面してしまったのである。

白洲終連次長は、ケンブリッジ大出身で、ゴードン翻訳官のみならず、元OSSのR・エラーマン嬢からも英語の完璧さを評されていた。その白洲が、ついに佐藤に、前文の変更は許されないので、日本案に前文を付けるよう伝えた。これを受け、佐藤は外務省の翻訳係が日本語訳してあった民政局案の前文を取り出し、その翻訳文を全文そのまま佐藤の独断で加えることにした。白洲は、佐藤がハッシー担当の民政局案前文を日本語訳そのままに書き終えると、さらなる新情報を伝達した。

佐藤は、それを、次のように明記している。

「白洲次長から、司令部の要求として、（略）司令部案通りのものを日本文として提出せよといっていること（略）を伝えられた」

（『日本国憲法成立史』佐藤達夫）

日本国憲法草案の審議を期せずして一任されてしまった法制局の佐藤達夫は、英語はわからないうえ、辞書も持参していなかったので、現場で漢和辞典、和英辞典を借りた。そして、日本側は、佐藤に加え、長谷川、小幡ら二人の翻訳官で松本国務大臣が作成した日本案を英語訳する作業を続けることにしたのである。白洲もいたが、彼は外務省とGHQとの連絡官であったため、立場上、そうした翻訳作業への参加は許されていなかった。

ケーディスら司令部の要求は、民政局案の日本語訳という「偽りの日本国憲法草案」であった。が、佐藤らの目の前にある自分たちが作った日本案はそれとは異なっていたため、この日本案を英訳したところで、司令部が意図していたようになるはずがなかった。それでも三名の日本人た

ちは午後四時以降、日本案を英訳するという不毛な作業を続けていたのである。そんな完全な負け戦に臨んでいると、

「向こうから突如として今晩中に確定案を得たい、ホイットニー将軍は十二時まで出来上がるのを待つ」

さらに、日本案の翻訳がそれまでに出来上がらない場合は、

「翌日の朝六時まで待つ」

このように通達されたのである。午後六時を過ぎた頃だった。

その間、司令部側は退室して別のところに行っていた。佐藤は「おそらく打ち合わせをしていたものと思われる」と述べているが、彼らがどのような打ち合わせをしていたか、それについては言及していない。しかし、それをあえて推察するなら、GHQ司令部側としては日本語に訳された民政局案をどうにか入手する必要があったということであろう。日本語訳された草案とは、元来、民政局案であった。司令部側は、その民政局案を日本側に手渡し、日本語に訳させ、それを回収し、その日本語訳民政局案を「日本国憲法」にしてしまおうと計画していたのである。彼らは異常に疑い深い集団で、日本側の為すこと全てを疑ってかかっていた。例えば、法制局で佐藤達夫の上司であった金森徳次郎は、司令部側の態度について、

「日本側がなにをいっても、日本人どもはごまかしをいっているととるんですね」

と『吉田元首相の回顧録音要約』(『朝日新聞』一九七七年四月十八日)の中で語っている。

つまり、彼らの本心は、たとえ自分たちが数日間で、虎の巻を丸写しして作り上げたインスタ

ント憲法草案ではあっても、日本人にはそれを忠実に日本語に訳させる以外、指一本触れさせたくなかったのである。そして、自分たちが騙されないようにするためには、それを日本語に訳させてそれを提出させ日本案にしてしまう以外にない、と考えたのである。しかし、それでも彼らはまだ安心できなかった。日本人はずるいから、その日本語訳さえ変えてしまう恐れがある。そこで、絶対に騙されないようにするために、その日本語訳が正しいかを英語訳し、GHQ司令部側の民政局案と照らし合わす必要があると考えていたのであった。つまり三月四日は、民政局案と照らし合わせる日だったのである。

ところが、同日に松本が提出した「日本案」は、それとは全く別の「偽の日本案」だと判明した。そこで、佐藤らに英訳作業を続けさせながら日本側が本物を出すまで様子を見ることにしたのである。

松本国務大臣がGHQ司令部から去り、すべてを一任されてしまうことになった佐藤は、このような事態になるとは思ってもみなかった。松本国務相に連れられ、六法全書さえ持たずにゴム長靴で民政局にやってくると、午後六時には、松本がいなくなった民政局で日本国憲法の確定草案を作る、と宣告されたのである。一方的に宣告されてしまった佐藤は、あわてて政府の責任者である松本にその報告をすることにした。ところが、松本邸に電話しても通じないため、総理官邸に連絡をし、事情を話すと、総務課長が田園調布の松本邸まで行ってくれることになった。そして、夜八時半過ぎ、総務課長が民政局にやっとたどり着き、「大臣からよろしくやっておいてくれという伝言だ」と佐藤に伝え、連絡の意味もあるから、と彼はそのまま司令部に残ることになった。

小幡、長谷川ら二人の翻訳官は午前から日本案の英訳作業をしていたため、内容は把握できていたが、佐藤は説明書の方に関わっていたため、日本案がどのように訳されたかわかっていなかった。そのため、日本案の作業に戻ってからは、

「一寸小幡さん、あなたのを貸してくれというようなことで、(略)見せて貰いながら(略)実に、今から思うと惨憺たる条件だった」

(前掲書)


そのような中で、佐藤は二人の翻訳官と作業を続けることにしたのである。すると、やがてケーディスとハッシーが六〇二号室にやって来て、会議が始められた。

ところで、その会議風景とはどのような様子であったのか？　ベアテは次のように述べている。


「私は、その会議には、憲法起草者としてでなく、通訳として、出ました。そこには、起草者は一人だけ出席していました。その人物が日本語を知っていたかどうかはわかりませんが、彼の名前はリチャード・プールといい、天皇条項を書きました。会議には、彼がおりましたが、その他には、運営委員とホイットニー将軍それに通訳だけでした」

(*Reminiscences of Beate Gordon*)

これを読むと、会議出席者は、ごく限られた少数で、女性はベアテのみであったように、読者は想像するのではないだろうか――。しかし、佐藤が記述したものによれば、様子が大分違ってくる。

「憲法のための会議は、ケーディスとハッシーがレギュラー・メンバー、常に出ておった」
「他の出席者は、しょっちゅう出入りをして居って、一定した顔ぶれではなかった訳です」
（『日本国憲法制定に関する談話録音』）

佐藤は会議出席者についてこう述べている。つまり主宰は、ケーディスとハッシーの二人の運営委員がつとめ、小委員会員もその担当条項ごとに出席したのである。通訳は、ベアテで、他に翻訳部長I・ハーシュコウィッツとJ・ゴードンも待機させられていた。翻訳部長のハーシュコウィッツは後に改名し、アーウィン・ハーシーと名乗るが、ゴードンの上司であった。ゴードンは元は別の部署にいたが、そこの仕事が面白くなかったため、ハッシー部長に頼んで民政局に受け入れてもらったばかりだった。佐藤は、この二人の翻訳官よりも、ベアテについてよく憶えていて、次のように記している。

「私の通訳は、大体ミス・シロタという司令部側の若い婦人がやってくれた。この人ははたちを越したぐらいの痩せぎすの、大して美人ではなかったけれども、日本語もよくわかる非常に頭のいい娘さんであった。あとで聞いたら、それはピアノの先生として永く日本にいたレオ・シロタ氏の娘さんということであり、日本語のうまいのももっともだと思った」

（『日本国憲法誕生記』佐藤達夫）

日本側の翻訳官たち二人は、条文整理の筆記があり、議論に加わらなかった。そのため佐藤は、一人で会議出席者たちと、

「下手な英語で直接やり合ったが、法律用語にさえ気をつけておれば、このシロタ嬢で十分であった」

（前掲書）

と続けている。

これに対し、ベアテの方は、

「とにかく日本側がケーディスに話したことを通訳した」

「自分の通訳はとても速いのですが、日本側は遅くて、あいまいでした、おそらくわざとそのようにしていたのかもしれない」

と機会があるごとに言っている。しかし、日本側が遅いのには原因があり、松本提出の日本案の英訳プリントが、部数の関係で佐藤の手に届いていなかった。そのため、彼は、日本側の通訳官のものをのぞき見しながら議論をするような結果になっていたのである。何から何まで後手に

回る日本側の対応に、隣にいた終連次長白洲は、はらわたの煮えくり返る思いで彼らを眺めていた。

## 一字一句民政局案に「忠実」に

ＧＨＱ司令部との審議は、第一章天皇から始まった。民政局案にはハッシーが書いた前文がついていたが、松本は、欽定《きんてい》憲法である明治憲法の改正方式としては不適である、として前文を削除して日本案を作成していた。これを見て、前述したように民政局側は、前文はそのまま日本語に訳して提出せよと白洲に伝えたため、これを受けた佐藤は外務省訳の民政局案を取り出し、とりあえず字句の修正をしてケーディスに渡してあったことから、憲法前文は審議除外にされたのである。

第一章第一条の日本案を松本は次のように作成していた。

「天皇ハ日本国民至高ノ総意ニ基キ日本国ノ象徴及日本国民統合ノ標章タル地位ヲ保有ス」

すぐに「保有ス」が問題になった。英訳ではメインテイン（maintain）となるが、それでは従来の在り方をそのまま維持することになり、天皇の地位を根本的に変えようとする改正の趣旨にあわない、といわれた。

佐藤もやりとりをしたが、応じてくれず、逆に「地位ヲ保有ス」を削除せよといわれたため、彼は自分の判断でいわれたように削除した。その結果、第一条は、

「天皇ハ日本国民至高ノ総意ニ基キ日本国ノ象徴及日本国民統合ノ標章タルヘシ」

となった。

松本が書いた日本案第二条は次のようになっていた。
「皇位ハ皇室典範ノ定ムル所ニ依リ世襲シテ之ヲ継承ス」
この英語訳を読むと、そこには民政局案第2条、
Succession of the Imperial Throne shall be...in accordance with such Imperial House Law as the Diet may enact.
「皇位は、世襲のものであり、国会の制定する皇室典範に従って継承される」
の中の「国会の制定する」が書かれていなかった。民政局側は、同局案が絶対である、といって佐藤の弁明を受け付けないため、彼は「国会ノ議決ヲ経タル」と付け加えることにした。その結果、同条は現行の日本国憲法第二条にいれられ、次のようになった。
「皇位は、世襲のものであつて、国会の議決した皇室典範の定めるところにより、これを継承する」

日本案第三条は、

「天皇ノ国事ニ関スル一切ノ行為ハ内閣ノ輔弼ニ依ルコトヲ要ス」

このようになっていて、輔弼を問題にしたケーディスと松本が激論を交わしたところであった。佐藤は、その場面にはいなかったが、白洲からの報告で、輔弼はアドバイスという意味があるが、ケーディスはそこに日本語でkyosan（協賛）かshonin（承認）に相当する言葉を入れていなければ受け付けないことがわかっていた。そこで、第三条が審議されると、佐藤の方から賛同という言葉を提案した。すると、それが受け入れられ、「内閣ノ輔弼賛同ニ依ルコトヲ要ス」となった。

日本案第四条

「天皇ハ此ノ憲法ノ定ムル国務ニ限リ之ヲ行フ。政治ニ関スル権能ハ之ヲ有スルコトナシ。天皇ハ法律ノ定ムル所ニ依リ其ノ権能ノ一部ヲ委任シテ行使セシムルコトヲ得」

は、ほとんどが民政局案第3条のとおりに作成されていた。しかし、民政局案同条第3項の、

「天皇は、法律の定めるところにより、その職務の遂行を委任することができる」

のところが、松本の日本案第四条では、「権能」の次に「一部」という語が入れられていた。この「一部」によって天皇の職務も変わると読み取ったのであろう。ケーディスはそれを見つけると、さっそく佐藤に消去するよう命じ、佐藤もおとなしくこれに同意した。そして、同条は次の現行憲法になった。

日本国憲法第四条
「天皇は、この憲法の定める国事に関する行為のみを行ひ、国政に関する機能を有しない。
天皇は、法律の定めるところにより、その国事に関する行為を委任することができる」

日本案第五条
「皇室典範ノ定ムル所ニ依リ摂政ヲ置クトキハ摂政ハ天皇ノ名ニ於テ其ノ権限ヲ行フ」

は、民政局案第4条、
「国会の制定する皇室典範の定めるところに従って摂政が置かれたときは、天皇の任務は、摂政が天皇の名において行う」

を参考にして、作られていた。内容はほとんど同じであったが、日本案にある「権限」を「国務」に変えるよう命じられ、佐藤はこれにも従った。同条は、次の現行憲法になった。

日本国憲法第五条
「皇室典範の定めるところにより摂政を置くときは、摂政は、天皇の名でその国事に関する行為を行ふ」

日本案第六条
「天皇ハ国会ノ決議ヲ経テ内閣総理大臣ヲ任命ス」

は、民政局案第5条、

The Emperor appoints as Prime Minister the person designated by the Diet.

つまり、「天皇は、国会により指名された者を、内閣総理大臣に任命する」に相当するもので、松本はこれを参考にして日本案第六条を作っていた。ところが、日本案では「決議ヲ経テ」となっており、これではいけない、といわれ、「国会ノ指名ニ基キ」と改めさせられ、日本国憲法第六条「天皇は、国会の指名に基いて、内閣総理大臣を任命する」となった。

日本案第七条

「天皇ハ内閣ノ輔弼ニ依リ国民ノ為ニ左ノ国務ヲ行フ」

に相当する民政局案の第6条は、次のように書かれていた。

Acting only on the advice and with the consent of the Cabinet, the Emperor, on behalf of the people, shall perform the following state functions.

「天皇は、内閣の助言と承認のもとにおいてのみ、国民のために、左の国の職務を行う」

ケーディスは、日本案第七条には、民政局案の「Acting only（のみ行う）」が入れられていない、と指摘した。これに対して「のみ」がなくても法律的に違いはないと佐藤が説明したが、ケーディスは全く聞こうともしない。天皇の職務を完全に封じ込んでおきたいのである。天皇の職務限定へのこだわりは異常であった。その理由を佐藤が語っている。

「私はその時一寸席を立ったのでありますが、留守中に『ノミ』という字を入れたらしく、日本案プリントに鉛筆で記入してあった」

日本側の同意なしに勝手に神聖なる憲法の審議中に行われた捏造行為、それ自体が犯罪ものだが、さらに同席していたうちの誰が佐藤の日本案プリントに「ノミ」と書き入れたかも気になる。ケーディス、ハッシーら運営委員は日本語が話せないし書けない。すると可能性が高くなるのは、佐藤とのやり取りをしていた通訳のベアテということになる。

佐藤が、審議の際、ベアテに悩まされたのは事実で、

「向こう側のその翻訳者は、これはまあ秘密のあれですけど言いますが」

と前置きして、

「法律というものを知らないくせに、それは降りろとか何とか横からえらい口出しをしましてね、非常に僕は迷惑をしたんだ」

と、彼女との苦々しいやりとりの様を語っている。

日本案第八条

「皇室ニ対シ又ハ皇室ヨリスル財産ノ授受及収支ハ国会ノ承諾ナクシテ之ヲ為スコトヲ得ズ」

は、民政局案第7条、

「国会の議決がない限り、皇室に対し金銭その他の財産を与え、または皇室が支出を行うことはできない」

を受けて、そのまま書かれていた。それは、日本案にあった「国会ノ承諾」の「承諾」を民政局案にある「議決」に変えられ、現行日本国憲法第八条になった。
「皇室に財産を譲り渡し、又は皇室が、財産を譲り受け、若しくは贈与することは、国会の議決に基かなければならない」

松本烝治国務相が作成した日本案第一章は、一字一句が民政局案をもとにして、厳格なチェックを受けて審議された。その際、民政局案のみが絶対であり、日本案は出発点から疑惑の文書として扱われ、六〇二号室は憲法上の不平等条約作成の現場になっていたのである。第一章が終わると第二章の審議である。

日本案第二章、第九条戦争ノ廃止は松本国務相により次のように書かれていた。
「戦争ヲ国権ノ発動ト認メ武力ノ威嚇又ハ行使ヲ他国トノ間ノ争議ノ解決ノ具トスルコトハ永久ニ之ヲ廃止ス。
陸海空軍其ノ他ノ戦力ノ保持及国ノ交戦権ハ之ヲ認メズ」

ケーディスは佐藤に向かって、第一章天皇に続き、第二章第九条についても、民政局案が指針になる、と言明した。そして、日本案第二項が「……交戦権ハ之ヲ認メズ」と終わっているところに目をつけ、これに対応する民政局案第8条の2項は、

No army, navy, air force, or other war potential will ever be authorized...

と書かれており、これを日本語訳すれば、「陸軍、海軍、空軍その他の潜在戦力は永久に与えられない」（筆者訳）となる。そこで、ケーディスは、日本案には民政局案第8条2項の「will ever be（永久に）」が抜けているので、これに相当する「永久に」を書き入れよ、と命じた。

民政局案第8条は戦争の放棄、とされ、第2項は武力による威嚇を、「永久に」できないと明記するものであったが、ケーディスから右のように命じられた佐藤は、一法制官僚の判断でこれを受け入れてしまったのである。

武力威嚇が日常的に起きている現実の世界で、武力行使をする勢力からすれば、このような憲法があるならそれを厳正に守り続けさせることだけで、その国を永久に無抵抗な非独立国のままにさせておくことができるのである。法制局の代表を務めていた佐藤は、なぜ簡単に「永久に」を受け入れてしまったかについて、後に、こう述べている。

「当時の私としては、この条文の字句の変化について格別の関心がなかったところにおもな原因があったといえよう」

（『日本国憲法成立史』）

民政局案第8条第1項「国権の発動たる戦争は廃止する」は松本の日本案第九条第一項にも入っていた。同条は三月四日の審議でも受け入れられ、そのまま現行憲法第九条となって、戦後日本で運用されることになったのである。
戦争の放棄が憲法に制定されると、しばらくして日本側から同条の作者を確定させようとする動きも出てきた。そこで、一九五八年十二月、憲法調査会会長高柳賢三が政府調査団長として訪米をした。

## マッカーサーからのクリスマス・プレゼント

政府調査団のハイライトはマッカーサーとの接触であった。高柳は彼に宛てた手紙で、訪米目的は日本で得られない情報を得ることにあり、「このような情報が得られれば、日本の中にある誤解や解釈の誤りを明らかにでき」、公正な報告を作成できると書いていた。高柳調査団長は「真理のために、アメリカ側から文書たると口頭たるとを問わず資料収集し、日本側の情報も精査して真理の道に奉仕する」という決意を綴りつつ、彼自身の考えも次のように付け加えた。

「わたくしは、マッカーサー元帥も幣原男爵も、日本の基本政策という観点のみならず、世界全体（略）という観点から考えていたものと思う。日本国憲法第九条は、世界各国の将来の憲法の模範となるべきものであった。さもなければ、人類は原子力時代において死滅してしまうかもしれない。（略）これが元帥の支配的な考えであったと思う」

（「高柳会長とマッカーサー元帥及びホイットニー准将との間に交わされた書翰」佐藤達夫関係文書）

これに対し、マッカーサーは「貴下の印象は正しいものであります」という返書を認《したた》め、その末尾に「他に質問があれば喜んでお答えします」とも書いてきた。すると、高柳はこのときとばかり、国会で第九条について議論されていることを引用しつつ次のように書き送ったのである。

①「参考人のある者は、第九条の立案に関しまして、幣原が一九五六年一月二十日（正しくは一九四六年一月二十四日：筆者注）貴下と会見した際、幣原は貴下に（略）日本国憲法の中に法文化するよう述べたものではないと考えています」

（『憲法調査会』高柳賢三　一九五八年十二月十日）

②「他の参考人は、幣原はこのような考えを憲法に法文化するよう貴下に進言したという意見です。これによれば幣原自身が、第九条の発案者となることになり、それは連合国から押しつけられたものでないことになる。ただ、この場合、幣原は内閣の同僚たちにも黙っていたので、欺したことにもなる」

（前掲書）

このように二つの事柄を挙げたのち高柳は調査団長という立場から、次のような質問をマッカーサーにした。

「幣原首相は、新憲法起草の際に戦争と武力の保持を禁止する条文を入れるよう提案しましたか。それとも、（略）貴下が日本政府に対して、このような考えを憲法に入れるよう勧告されたのですか」

（前掲書）

この質問状は、一九五八年十二月十日、ウォルドーフ・アストリア・ホテル・タワー内のマッカーサーに発信された。そして、これを受けたマッカーサーは、十五日付で次のように高柳に返信した。

「戦争を禁止する条項を憲法に入れようという提案は、幣原首相が行ったのです。首相は、わたくしの職業軍人としての経歴を考えると、このような条項を憲法に入れることに対してわたくしがどんな態度をとるか不安であったので、憲法に関しておそるおそるわたくしに会見の申し込みをしたと言っておられました。わたくしは、首相の提案に驚きましたが、首相にわたくしも心から賛成であると言うと、首相は、明らかに安どの表情を示され、わたくしを感動させました。

クリスマスをお祝いしつつ　敬具　　ダグラス・マッカーサー」

第九条「戦争の放棄」は、幣原首相によって提案された、これがマッカーサーからの回答であった。

高柳はマッカーサーからの返書により、憲法に戦争禁止条項を入れた人物とは、幣原喜重郎その人なのだと納得した。マッカーサーからの一足早いクリスマス・プレゼントを受けた高柳は、その起草者は日本側であると覚悟せよ、とも読み取り、日本国憲法はGHQ司令部による押し付けであるとする論に反対する立場をとることになった。

第九条の起草者は自分ではない、それは幣原首相なのだと返信したマッカーサー。また、マッカーサーの命を受けて民政局案に第二章「戦争の放棄」や「前文」を書いた運営委員のケーディスやハッシーも、自らをその起草者であると公言していない。ところが、「国民の権利及び義務」の一担当者は自らを起草者と称し、彼らとは全く反対の行動をとることになる。

# 第六章 偽りの起草者

## 第三章第十三条を巡るP・ルーストの壁

民政局案第3章（第9条から第39条まで）は、神智学信徒ピーター・ルーストが主任になり、彼の下、ハリー・ワイルズ、ベアテ・シロタらが分担して仕上げたものであった。先ず第9条および第10条は、ルーストが書いたものであったが、松本はこの二条を合わせ、佐藤に対し、日本案第十条を作るよう要求した。

佐藤は松本の忠告を受け、民政局案第3章を参照しながら条文を作成したのである。外務省が日本語訳した民政局案第3章は、「人民ノ権利及義務」というタイトルにされ、第9条は、

「日本国ノ人民ハ何等ノ干渉ヲ受クルコト無ク一切ノ基本的人権ヲ享有スル権利ヲ有ス」

となっていた。また第10条は、

「此ノ憲法ニ依リ日本国ノ人民ニ保障セラルル基本的人権ハ人類ノ自由タラントスル積年ノ闘争ノ結果ナリ時ト経験ノ坩堝《るつぼ》ノ中ニ於テ永続性ニ対スル厳酷ナル試練ニ克《よ》ク耐ヘタルモノニシテ永世不可侵トシテ現在及将来ノ人民ニ神聖ナル委託ヲ以テ賦与セラルルモノナリ」

と訳されていた。両条を読んだ佐藤は、第三章のタイトルを「国民ノ権利及義務」としてから、

民政局案9条と10条を合わせて、次のような日本案第十条を作成した。

「国民ハ凡テノ基本的人権ノ享有ヲ妨ゲラルルコトナシ。

此ノ憲法ノ保障スル国民ノ基本的人権ハ其ノ貴重ナル由来ニ鑑ミ、永遠ニ亙ル不可侵ノ権利トシテ現在及将来ノ国民ニ賦与セラルベシ」

この日本案に対して、佐藤は運営委員ケーディスから、なぜ民政局案第10条の文章を取り入れなかったのか、と質問を受けた。これに対し、彼は「我が立法は簡約を旨とする」と答え、同条のような、

「〝歴史的・芸術的〟な表現は、日本の法制に例もなく」(『日本国憲法成立史』)日本の体裁に合わないと弁明したところ、ケーディスも同意し、削除を了解した。

「ところが、しばらく経って先方はホイットニー准将と打ち合わせて来たらしく」(前掲書)

と、佐藤は述べる。彼は、ケーディスが打ち合わせ先をジェネラルといったので、ホイットニー准将のことだと勘違いしたまま、

「第10条は、将軍(ホイットニー:筆者注)自ら執筆してお得意の条文なんだ。それで先ほど削

るといったけれども、生かして欲しい（略）後ろの方の条文でもいいから、移させてくれんか」

（『日本国憲法制定に関する談話録音』）

とケーディスから懇願されたというのだ。

民政局案第10条の執筆者は、実際はピーター・ルースト班長であった。そのルーストが、同条が削除されてしまうことを知ってケーディスを別室に呼び、削除撤回を求めたのである。では、なぜルーストはそれほどまで第10条にこだわっていたのだろうか？

ピーター・ルーストの子供たち二人に話を聞き、彼が生まれ育ったオランダのフラールディンゲンを取材し、関係資料も読み込んでわかったことは、彼こそ民政局の中で基本的人権について誰よりもこだわりを持っていた人物であったということだった。彼のこだわりとは、単に机の上で学んだようなものでなく、基本的人権については宗教を信ずるような確信を持ち、彼の半生もそのためにあったからである。

前にも触れたように、ピーター・ルーストは一八九八年十月十七日、南オランダのフラールディンゲンという港町に生まれたが、青年期に入信した宗教問題がもとで、彼のことを心から愛してくれた両親に永遠の別れを告げ、米国に移住する運命を辿っている。ルーストが神智学協会という誰も知らない新興宗教に入信したことから、家族問題になってしまったのである。

両者の争いも、教義上の範囲内ですんでいれば救われたのであろう。が、ピーターの信仰心は本物だった。そして、彼が米国で開催される神智学大会に出席すると父親に報告したところ、父親アリエはついに、一人息子のピーター・ルーストに勘当を宣告してしまったのである。

ピーターはその後、神智学協会で知り合った女性を連れてオランダを出国し、彼女の援助を受けつつシカゴ大学の人類学博士課程に学び、「西洋文化の白い魔術」という研究で博士号を取得した。しかし、米国移住後、彼は両親に会うことも、生誕の地フラールディンゲンに帰ることもなかった。

それからのピーターは、ひたすらに神智学の宣教師・学者として生きてゆく。神智学の米国宣教者としての経歴を積むためインドの協会本部に派遣され、さらに研究に没頭する。そうした中、彼に勘当を宣告した父親アリエは、心酔していたキリスト教を捨て無神論者となり、打ちひしがれたままフラールディンゲンで亡くなったのである。

そのように自らの信念を守り抜き、それを自らの基本的人権として実践し、神智学徒として生きてきたピーター・ルーストが、GHQ民政局員として担当した「人民ノ権利及義務」の章の第10条は、彼が自身の自由獲得のために戦って得た教訓と自身の哲学の序章というべきものであり、彼が用いていたその言葉には自らの思いが込められていたのであった。彼は同条の中で、基本的人権は「多年にわたる自由獲得の努力の成果」であり、それは「苛烈な試練を受け、耐え残ったもの」であるから「永久に侵すべからざるもの」として「神聖な信託として、与えられる」と書いたが、それは、米国在住の彼の息子も私に教えてくれたように、ルースト自身がフラールディンゲンの幼少期から「幾多の試練に堪へ」る、人生の体験者であったからなのである。

だから第10条が削除される、そう知るや、彼はケーディスを別室に呼び、削除に抵抗したのである。そして、ルーストの要請がそれほどまでに真剣だったからであろう、ケーディスは部屋に戻ると佐藤にこう懇願したという。

「さき程削ることに同意したが、あれは"chief"自らの筆に成る得意の文章であり、せめて後の第10章（「最高法規」の章：筆者注）にでも入れてもらいたい」（『日本国憲法成立史』）

"chief"とは「班長」ルーストのことである。一方、ケーディスから懇願された佐藤も、これに応じ、ルーストが作成した第10条全文を「最高法規」の章に移すことにし、同条は現行日本国憲法の第十章最高法規第九十七条となって次のように残された。

「この憲法が日本国民に保障する基本的人権は、人類の多年にわたる自由獲得の努力の成果であつて、これらの権利は、過去幾多の試錬に堪へ、現在及び将来の国民に対し、侵すことのできない永久の権利として信託されたものである」

佐藤が担当した日本案第十一条は問題がなかった。民政局案第11条とほとんど同じ内容にしてあったからである。ところが佐藤は、日本案第十二条では、民政局案第12条、「日本の封建的制度は、廃止されるべきである。すべての日本人は、人間であるが故に個人として尊重される。生命、自由および幸福追求に対する国民の権利は、一般の福祉の範囲内で、すべての法およびすべての政府の行為において、最大の尊重を受けるものとする」の第1項、「日本の封建的制度は、廃止されるべきである」を削除していた。すると、ケーディスはなぜ削ったのかと質問した。日本といえば封建制度の国だとする先入観を持っていたためである。ところが、現実の日本社会はそうではないので、法制官僚の佐藤は、「今どうしても封建制度として思い当たるものはない」と応じ、ケーディスらに対し、このような条文を入れれば、この憲法を日本人が書いたように見せたいあなた方の意図に反して、一般日本国民から不思議がられてしまうではないか、と指摘した。それでも実際にあるではないか、と言い張るので、温和な佐藤も相手側に「どんなものがあるだろう」と反問した。その時、特にうるさく固執したのがベアテだった。

「向こう側のその翻訳者（略）は、これはまあ秘密のあれですけど言いますが、（略）法律というものを知らないくせに、それは降りろとか何とか横からえらい口出しをしましてね、非常に僕は迷惑したんだ」

（『日本国憲法制定に関する談話録音』）

あまりにも口出しをしたため、他の出席者も別の条文を考えたが、最後には、民政局側の方が反省し、その条文もなくなっていたという。

日本案第十三条は、佐藤によって次のように書かれていた。

「凡《すべ》テノ国民ハ法律ノ下ニ平等ニシテ、人種、信条、性別、社会上ノ身分又ハ門閥ニ依リ政治上、経済上又ハ社会上ノ関係ニ於テ差別セラルルコトナシ」

これに対して、民政局案第13条は次のような長文で書かれていた。

「一切ノ自然人ハ法律上平等ナリ政治的、経済的又ハ社会的関係ニ於テ人種、信条、性別、社会的身分、階級又ハ国籍起源ノ如何ニ依リ如何ナル差別的待遇モ許容又ハ黙認セラルルコト無カルヘシ

爾今以後何人モ貴族タルノ故ヲ以テ国又ハ地方ノ如何ナル政治的権力ヲモ有スルコト無カルヘシ

皇族ヲ除クノ外貴族ノ権利ハ現存ノ者ノ生存中ヲ限リ之ヲ廃止ス

栄誉、勲章又ハ其ノ他ノ優遇ノ授与ニハ何等ノ特権モ附随セサルヘシ又右ノ授与ハ現ニ之ヲ有スル又ハ将来之ヲ受クル個人ノ生存中ヲ限リ其ノ効力ヲ失フヘシ」

民政局案第13条の第1項、2項、3項はルーストが書き上げ、第4項以降は、ケーディスら運営委員により加筆されていた。佐藤は、この民政局案第13条を参考にし、短縮して日本案第十三条を作ったのである。

民政局案第13条には、第1項から、「一切ノ自然人」というように不思議な言葉づかいがあった。佐藤は自然人を「国民」と直したが、ルーストは、国境を全く認めないコスモポリタン主義

を標榜する神智学信徒であったため、

「これは自然人にしてもらわなければ困る」

と主張した。ルーストは、インドのマドラス滞在中に研究した「カースト」制度も念頭に同条を書いていた。ところが佐藤にはそのような世界観があろうはずもなく、両者のくい違いもはっきりしてしまった。すると、この同条でのくい違いがきっかけとなり、日本案をこのまま審議するのも限界であるとして、佐藤はここで次のような宣告を受けてしまった。


「お前の方が持ってきた案は俺の方で渡した案と大分違うぞ、こんなものを土台にして議論していても一向に意味は無い。むしろ司令部から渡した方の案を土台にして進行しよう」

（前掲書）


法制局部長佐藤が書いた第三章は、とうとう落第点を付けられ、審議対象から外されてしまったのだ。佐藤は、自身が担当した第三章がこのようになるとは想像もしていなかった。彼としては、松本国務相に命じられるまま、同章を書き上げていた。問題は、松本国務相がホイットニーから民政局案を手渡された時、言われた内容を正確に理解できていなかったことにあった。そのために、佐藤は犠牲になってしまったのである。それについて佐藤は、法制局の上司であった入江俊郎次長に「三月四、五両日司令部ニ於ケル顛末」と題し報告書も提出している。同書の中で、彼は第十三条の審議の際に、重大事態が発生した説明部分に傍線を引き、さらに強調すべく二重丸を付けて、次のように書いている。

「◎此ノ辺ニテ先方ハ本章関係ノ提示案ハ交付案ト著シク異ナル故、提示案ニ依リ審査スルモ意味ナシ、寧ロ交付案ニ依リ進行スル方便宜ナリトノ申出アリ」

（「三月四、五両日司令部ニ於ケル顚末」入江俊郎関係文書）

こうした事態になってしまったものの、佐藤は英語が話せなかったため、白洲次郎終連次長に助けを求めた。このままでは、松本、佐藤、入江らが作った日本側の草案が使われなくなってしまう。そうなれば、日本国憲法の成立の土台もなくなってしまうのである。それを恐れ、佐藤は白洲に民政局側に説明を、と頼んだところ、今度は白洲からこのような事態になってしまったことを弁明するよう言われてしまったのである。このため佐藤は気分を害しつつ、白洲を通じて次のように弁明した。

「白須《ママ》（白洲のこと：筆者注）氏ヲ通ジ、当方案ハ基本事項、一般事項、精神的事項（生活）、身体ノ関係、財産ノ関係ノ順序ニアレンジセルコトヲ弁明ス」

（前掲書）

つまり、日本の案は、基本事項、一般事項、精神的事項、身体の関係、財産の関係という順序にアレンジしているが、根本趣旨において民政局案とは大きな差はないと弁明した。

しかし、その弁明もケーディスには受け入れる意思はなく、佐藤が、「何《いず》レニセヨ交付案ニ就キ進行スルコトトス」と入江への報告書で記しているように、第十四条以降は日本案の方は却下され、GHQ民政局案のみを使って審議をすすめることになってしまった。

## 第十四条以降は民政局案を「台本」に

佐藤が入江次長への報告書で述べている「交付案」とは、GHQ民政局案のことである。ケーディスら民政局側は、松本国務相から三月四日に提出された日本案を英語に訳してみた。すると、それはホイットニー民政局長が二月十三日に、松本国務相に手渡した「交付案」と内容が違っていることが判明した。そのため、日本案第十三条を審議中に、日本案を止めて、GHQ民政局案つまり「交付案」を使うと宣告され、さらに、佐藤は白洲から弁明さえさせられてしまった。このため、第十四条以降について、佐藤が入江次長に「交付案ニ就キ進行スルコトトス」と報告するような状態になってしまったのである。しかし、問題がこれで解決したわけではない。民政局案がこれからの審議に使われるようになれば、それは英語で書かれていたため、佐藤には対応ができなくなってしまう。ところが、ケーディスはそのような弱い立場にあった一法制官僚に対して、民政局案をもとに審議をすると宣告したのである。とはいえ、ケーディスの宣告の意味は、彼の横で日本側との通訳に当たっていたベアテもわかっていなかった。というのは、その証として彼女もその日から十五年後、ケーディスに当時の状況について次のような質問をしているからである。

「ベアテ：もし私の記憶が正しければ、日本側は（民政局から受け取った）民政局案を正確に訳さないで持参してきたのでしたね。

ケーディス：そうです。そして、彼らが提出したものを英訳してみたところ、それが変えられていると判明したのです。

ベアテ：そうでした。しかし、思い出してみると、会議の終わりあたりで、誰かが民政局案の完全な訳、日本語に訳されたものをもってきました。その理由は、翻訳の作業が、とても難しくなってしまったからでした。

ケーディス：そうでした。

ベアテ：その時、突然に、誰だったか、ジョー（J・ゴードン通訳官、後にベアテと結婚：筆者注）だったと思いますが、日本側の通訳が民政局案の正確な日本語訳を使っていたのを見つけたのです、記憶にあります？」

(*Beate Gordon with Colonel Charles L. Kades Interview* Columbia University)

「記憶にあります？」というベアテの質問に対し、ケーディスは、

「ありますとも、われわれはテーブルを前にして間違いのない草案を確保すべく懸命に努力をしていたのですから」

(前掲書)

と答えている。しかし、ベアテの方でこの話題を途中で他に移してしまったために、ケーディスの狙っていた「間違いのない草案」が何か、浮き彫りにされないままになってしまったのである。

しかし、それが十一年後、翻訳部長I・ハーシュコウィッツ(当時)の証言によって判明する。

ベアテが「日本側の通訳」と述べる白洲次郎が、英語の苦手な法制官僚佐藤のことを慮って、ポケットからある「翻訳文書」を取り出し、わざと目につくようにそれをテーブル上に置いたのである。これが民政局員の目に留まり上司に届けられ、受け取った上司は翻訳部長I・ハーシュコウィッツを呼び、この文書を訳してみるよう命じたのである。当時の「ハーシュコウィッツ」、その後、改名して「ハーシー」となった彼は、一九七二年四月六日、その場面を次のように再現

する。

「先ず、三月四日の作業をこなし、その間、食事をとり、夜も更け徹夜になりそうな雰囲気の司令部に残っていると、お呼びがかかったので行ってみた。

するると、私は日本語の文書を与えられ、それを英語に翻訳するよう依頼されたのです」

（*Irwin Hersey Interview* Harry S. Truman Library）

ハーシー翻訳部長が英訳するよう手渡されたその文書は、まったく彼も予想していないものだったという。ハーシーはこう述べている。

「それは、民政局案が日本語に翻訳されたもの、そうだったと私は思います」

（前掲書）

つまり、ハーシー部長は、GHQ民政局案の日本語訳文書を渡され、今度はそれを英語に訳すよう命じられたのである。それは彼にとって奇妙な体験であったため、すぐ次のように思ったのではあるまいか。

〈民政局案の日本語訳を英語に訳す？　何故？——英語版民政局案ならもともと英語で書かれていたはずだから原本を探せば良いではないか？　待てよ、何故だ。何故、日本語訳をわざわざ英

語に訳す必要などあるのか――〉

一九四六年三月四日当時、翻訳部長だったとはいえ彼は、英語で書かれていた民政局案の日本語訳文書をわざわざ英訳する意図は何か、などと上司に質すことはできなかった。軍隊では上司の命令は絶対である。しかし、その日の奇妙な命令はずっと脳裏に残り続けた。そして、彼が辿り着いた結論とは、ホイットニーやケーディスらは、当日、松本国務大臣が提出した日本案が民政局案通りに日本語訳されていたかどうか、それだけを確認したかった――ということであった。

しかし、佐藤は彼らの意図など知る由もなく、それは同室で通訳に当たっていたベアテも同様だった。民政局案の日本語訳がテーブルに置かれ、ハーシュコウィッツとハーシー翻訳部長によってそれが英訳され、これこそケーディスらが求めていた民政局案の日本語訳文書だ、そう判明した結果どうなったか。これで彼らはやっと安心して審議に戻れることになったのである。

「何レニセヨ交付案ニ就キ進行スルコトトス」

佐藤も上司入江次長への報告書に、第十四条以降は、民政局案を台本にして審議が進行されたと記している。ただ、これによって松本国務相が提出した日本案が完全に却下されてしまうことになるので、松本の代理であった佐藤からすれば、松本に面目が立たなくなってしまう。日本の法制官僚が、日本政府の代理人からGHQ民政局の下僕になってしまうのである。そんな光景を目の当たりにしていた白洲は、

「われわれは戦争に負けたのであって、奴隷にされたわけでもないのにからきし意気地がなく、

そんな無理や難題を吹かけられても、鞠躬如《きっきゅうじょ》としてしまう」

と、憤慨した。


民政局案の日本語訳を台本に使ってから状況はどうなったか。

「作業はとてもやりやすくなった」

民政局の通訳として参加していたベアテは、回想録『1945年のクリスマス』にそう記している。当たり前である。

今度は日本の外務省が民政局案を日本語訳した草案の他に、それをさらに英語訳した草案も使うことになった。そしてそのどちらも民政局案なのであるから作業はとてもやりやすくなって当然なのである。一方で、そのような審議につきあわされることになってしまった佐藤は、民政局案という枠の中で作業をせざるを得なくなったのである。

そして、ルーストが作成した第13条も、「一切ノ自然人ハ」が「すべて国民は」に変えられたものの、残りは次のような現行憲法になったのである。

日本国憲法第十四条
「すべて国民は、法の下に平等であって、人種、信条、性別、社会的身分又は門地により、政治的、経済的又は社会的関係において、差別されない。華族その他の貴族の制度は、これを認めない。栄誉、勲章その他の栄典の授与は、いかなる特権も伴はない。栄典の授与は、現にこれを有し、又は将来これを受ける者の一代に限り、その効力を有する」

ピーター・ルーストは民政局案第14条を以下のように起草していた。

「国民は、政治および皇位の最終的判定者である。

公務員を選定し、およびこれを罷免することは、国民固有の権利である。

すべての公務員は、全体の奉仕者であって、特定のグループの奉仕者ではない。

すべての選挙における投票の秘密は、不可侵とし、投票をした者が、その行った選択について公的または私的に責任を問われることはない」

同条についても、右の傍線部分はそのまま現行憲法第十五条の左記傍線部になって、生かされている。

日本国憲法第十五条

「公務員を選定し、及びこれを罷免することは、国民固有の権利である。

すべて公務員は、全体の奉仕者であつて、一部の奉仕者ではない。

公務員の選挙については、成年者による普通選挙を保障する。

すべて選挙における投票の秘密は、これを侵してはならない。選挙人は、その選択に関し公的にも私的にも責任を問はれない」

ルースト起草の民政局案第15条は次のように書かれていた。

「何人も不服に対する救済、公務員の罷免および法律、命令または規則の制定、廃止または改正を求めて平穏に請願をする権利を有し、何人も、このような請願を行ったためにいかなる差別待遇を受けない」

そして、同条は、わずか「不服に対する」が「損害の」と変えられただけで、次のように、そのまま現行憲法にされた。

日本国憲法第十六条

「何人も、損害の救済、公務員の罷免、法律、命令又は規則の制定、廃止又は改正その他の事項に関し、平穏に請願する権利を有し、何人も、かかる請願をしたためにいかなる差別待遇も受けない」

民政局案第17条をルーストは次のように書いていた。

「何人も、奴隷、農奴、その他いかなる種類にせよ奴隷的拘束を受けない。また、犯罪に因る処罰の場合を除いては、その意に反する苦役に服させられない」

これを読んだ佐藤は、日本には奴隷などというものはない、そう反論したという。しかし、なかなか譲ってもらえず、「奴隷、農奴、その他」の部分のみが削られて、そのまま現行憲法になった。

日本国憲法第十八条
「何人も、いかなる奴隷的拘束も受けない。又、犯罪に因る処罰の場合を除いては、その意に反する苦役に服させられない」

以下、ピーター・ルーストは諸条文を起草し、それぞれが次々と現行日本国憲法になったのである。

民政局案第18条
「思想および良心の自由は、不可侵とする」
日本国憲法第十九条
「思想及び良心の自由はこれを侵してはならない」

民政局案第19条
「信教の自由は、何人に対してもこれを保障する。
いかなる宗教団体も、国から特別の特権を受け、または政治上の権利を行使してはならない。
何人も、宗教上の行為、祝典、儀式または行事に参加することを強制されない。

国およびその機関は、宗教教育その他いかなる宗教活動もしてはならない」

日本国憲法第二十条

「信教の自由は、何人に対してもこれを保障する。

いかなる宗教団体も、国から特権を受け、又は政治上の権力を行使してはならない」

右の民政局案第19条で、ルーストが「何人も、宗教上の行為、祝典、儀式または行事」への参加を強制されないと書き入れ、国は「宗教教育その他いかなる宗教活動もしてはならない」とした目的は、国家神道を念頭に、日本のあらゆる場から宗教を排除したかったためであった。単体の、個別の宗教を超えた世界宗教を目指す神智学協会の指導幹部であった彼は、政治のみならず教育の現場でも宗教が排除されるような環境を、憲法を通して作ろうとしたのである。その結果として、現在では、自分は無宗教であると公言する日本人が普通になり、海外では驚かれ冷笑されるような状態にまでなっているが、この現象こそ、同条効果だといえよう。彼は、ライデン、シカゴ、イェール、スタンフォードなどの大学院で、医学、人類学、政治学、経営学、東南アジア研究をした鬼才であると同時に、神智学信奉者であった。

神智学信徒ルーストは、さらに次のような草案を作成していた。

民政局案第20条

「集会、言論、出版その他一切の表現の自由は、これを保障する。

検閲は、これをしてはならない。

通信の秘密は、これを侵してはならない」
民政局案第21条
「結社、移転および住居の選択の自由は、公共の福祉に反しない限り、すべての人に保障される」

そして、民政局案第20条に「結社」を加えて次の現行憲法になったのである。
日本国憲法第二十一条
「集会、結社及び言論、出版その他一切の表現の自由は、これを保障する。
検閲は、これをしてはならない。
通信の秘密は、これを侵してはならない」

ルーストが信仰していた神智学では、人間を神としてとらえ、神であるべき人間の表現は保障されなければならず、それが検閲の対象にされるようなことになってはならないとする。同様に、通信の秘密についても、無条件で「これを侵してはならない」とされている。しかし、そうした解釈はあくまでも神智学における世界観であり、現実の世界でこのような思想が日本国憲法第二十一条に入れられてしまったために、現状の日本国の通信網は無防備状態に置かれ、一国の安全保障が根本から確保されていない状況に直面しているのである。例えば、パリで起きたテロに際し、フランスがしたような対応を取ろうとする場合、日本では右の憲法第二十一条により、通信の秘密を制限することや、集会の禁止を求めることが困難となるため非常事態宣言そのものが発令できず、混乱の渦に呑み込まれるような状態にある。同条がある限り、私たちが住んでいる日本は、対テロ、対スパイ防衛もできない、非安全国家状態のまま置かれている運命にあるのだ。

ルーストが民政局案として起草した条文は、日本国憲法第三章「国民の権利及び義務」の第十条から第二十二条まで、実に計十三条も入れられた。

## 「日本人」像へのベアテの思い込みと偏見

民政局案第22条は、ベアテが担当したものであった。対日宣伝放送のアルバイトに青春を費やし、満足な大学教育も受けずに卒業した若い娘が、自ら上司ルーストに頼んで「学問の自由」を憲法に書き込んだ同条は、次のようになっていた。

「学問の自由および職業の選択は、保障される」

ベアテ担当の同条は、一文の中に「学問の自由」と「職業選択の自由」が同居する情緒不安定ともいえる条文である。佐藤もこれを読むと、明らかに不自然であると指摘した。するとケーディスもこれを認め、「職業選択の自由」は現行憲法第二十二条「何人も、公共の福祉に反しない限り、居住、移転及び職業選択の自由を有する」になり、「学問の自由」の方は現行憲法第二十三条「学問の自由は、これを保障する」に移された。

「自分が良いと思えば、それで良い」が信条であったベアテは、次の民政局案第23条を、

「家族は人類社会の基礎であり、その伝統は、善きにつけ悪しきにつけ国全体に浸透する」

という書き出しで始めていた。国というものをもたず、旧約聖書を信奉するユダヤ人として生きてきたベアテが、国よりも家族の方が大切であるという信念を、日本国憲法の中に書いたのである。

ヨーロッパの文化は、新約聖書的な考えに立っている。

「神はひとりのひとからすべての国の人々を造り出して、地の全面に住まわせ（略）その住まいの境界をお定めになりました」（「使徒行伝」第十七章二十六節）のように、神がそれぞれの国を創ったという新約聖書の考えを教えられてきた。ところが、ユダヤ人は旧約聖書のみを信じ、新約聖書は聖典と認めず、国家や国境を超えた考えをする。彼らは、長い迫害の歴史に直面しており、ベアテの両親のようにロシアからヨーロッパに逃れたユダヤ人たちもウィーンでは差別され、ゲットー（強制小居住区）に押し込まれて生きてきた。ベアテはゲットーに住んでいなかったが、ウィーンでもユダヤ人が多く住む通りで暮らしていた。

私がウィーンで、昔ベアテの住んでいたアパートを訪ねてから、彼女の出生届と両親の婚姻証明書を取得しに出かけたユダヤ人の出先機関も、実際にゲットーとして使われていた建物だった。

つまり、彼らは「国家」というものを失くしてきた民族だったのであり、ベアテからすれば、頼れるものは国ではなく、家族だけだったのである。

しかし、佐藤にはこのようなことはピンとこなかった。法制官僚佐藤からすれば、一人の若い女性の個人体験より、同条項が憲法草案として議会に提出された場合、どうなるかの方が問題であった。表向きは、日本政府が書き下ろしたもののようにしなければならないのであり、民政局案を手本にしたとは、おくびにも出すことができないのである。そんな立場にいた彼からすれば、ベアテの書き出しは、日本の法文の形に合わないことは一目瞭然であった。そこで、彼がベアテの前で、「家族は……」という書き出しの削除を提案したところ、ケーディスは簡単に削ることに同意してくれた。しかし、そこに同席していた勝気な性格の持ち主ベアテは、胸中おだやかでなくなってきた。

例えば、『ベアテと語る「女性の幸福」と憲法』の中で、彼女は佐藤らとの作業について述べている。深夜二時頃であったとベアテはいう。

「日本側が急に勢いこんだ剣幕で『日本には女性が男性と同じ権利をもつ土壌はない。この条項は日本には適さない』と異議を唱えはじめたのです」

ベアテが指摘する「この条項」とは民政局案第23条「家族は人類社会の基礎……」に続く部分で、以下のようになっていた。

「婚姻は、両性が法律的にも社会的にも平等であることは争うべからざるものである〔との考え〕に基礎をおき、親の強制ではなく相互の合意に基づき、かつ男性の支配ではなく〔両性〕の協力により、維持されなければならない。これらの原則に反する法律は廃止され、それに代わって、配偶者の選択、財産権、相続、住居の選定、離婚並びに婚姻および家族に関するその他の事項を、個人の威厳と両性の本質的平等の見地に立って定める法律が制定されるべきである」

ベアテは、「婚姻は」から始まる男女両性の権利に言及し、日本側が「急に勢いこんだ剣幕で」異議を唱えたと明言している。そして、この部分の記述は、彼女の英語版回想録 *THE ONLY WOMAN IN THE ROOM* の中では、さらに過激な表現で次のようになっている。

It was not until 2:00 A.M. that the civil rights section came under consideration. Everyone was tired. Nevertheless, to my great surprise, the Japanese started to argue against the article guaranteeing women's rights as fiercely as they had argued earlier on behalf of the Emperor. This article, they felt, was "inappropriate" for the Japanese.

つまり、ベアテの英語版回想録によれば、日本側は女性の権利を保障する条項については天皇条項が審議された際と同じくらい猛烈な反論をした、と日本語版回想録にはなかった天皇条項までも並べて強調しているのである。

それでは、日本側の「急に勢いこんだ剣幕で」異議を唱える立場にいた人物は誰がいたかといえば、ケーディスと審議中であった佐藤達夫ということになる。しかし、佐藤のどの著書や報告書を見ても、彼女が言及している「勢いこんだ剣幕」や「天皇条項が審議された際と同じくらい猛烈な」場面に関係する記載は見あたらない。それどころか、佐藤は、当日提出した日本案「国民の権利及び義務」の担当者であったことから、

民政局案第23条

「婚姻ハ（略）両親ノ強要ノ代リニ相互同意ノ上ニ基礎ツケラレ且男性支配ノ代リニ協力ニ依リ維持セラルヘシ」

を読み、これを参考にして、彼自身の筆で「男女両性の権利」を次のように書いていたのである。

日本案第三十七条

「婚姻ハ男女相互ノ合意ニ基キテノミ成立シ、且夫婦ガ同等ノ権利ヲ有スルコトヲ基本トシ相互ノ協力ニ依リ維持セラルベキモノトス」

このように男女平等を尊重する条文を起草していた佐藤が、ベアテが述べるように勢い込んだ剣幕で「この条項は日本には適さない」などというようなことがあろうか？　さらに、同権利は

ポツダム宣言（第十項）にも規定されていたのである。たしかに、佐藤が作成した日本案第三十七条には、ベアテ担当の民政局案第23条の後段、「これらの原則に反する法律は廃止され、（略）両性の本質的平等の見地に立って定める法律が制定されるべきである」が記されていない。しかし、この部分については、

「マ草案第90条（民政局案第90条：筆者注）（略）によって完全にカバーされることを指摘した結果、これを削って、その部分を『配偶者ノ選択、財産権、相続……その他ノ事項ニ関シ個人ノ尊厳及両性ノ本質的平等ニ立脚セル法律ヲ制定スヘシ』という形でマ草案第二項をとり入れた」

このように佐藤は自著『日本国憲法成立史』の中で述べ、これに対して「先方は改善だといった」と明記している。先方とはケーディスのことであり、彼も、佐藤が提案した条文を民政局案の改善だと納得し、それを受け入れ、その証として、最終的に次のような現行憲法になったのである。

日本国憲法第二十四条第二項

「配偶者の選択、財産権、相続、住居の選定、離婚並びに婚姻及び家族に関するその他の事項に関しては、法律は、個人の尊厳と両性の本質的平等に立脚して、制定されなければならない」

# 「語り」の天才ベアテ・シロタ

しかし、ベアテは、民政局案第23条に異常なほどの執着を持っていた。そして、当日三月五日から十五年経った一九六一年十二月十二日、佐藤の「先方」を務めていたケーディスに次のような執念の質問を投げかけている。

「あなたは、人権と女性の権利について激しい感情的なやりとりがあったと思っていませんか?」

ところが、ケーディスはベアテの質問の意図を読み取ると、次のように答えている。

「テーブルを囲んだ終夜の審議でのことですね。しかし、人権と女性の権利に関して特段問題があったような記憶はありません。でも、あなたはそう思う。だから尋ねているわけですね?」(*Occupation of Japan Project*)

民政局次長だったケーディスは、五十年前の東京駐在中に自分の宿舎になっていた第一ホテルの部屋番号さえ憶えているほど、記憶力抜群な人物だった。その彼に否定されたのである。しかし、それでもベアテは諦めず、次は日本の高官佐藤を引き合いに出して次のような質問をする。

「日本人高官が、それらの諸権利をしきりと切り詰めたがっていたでしょう。離婚、財産などの女性の権利に特定されるものです」（前掲書）

しかし、ケーディスはこの質問に対しても、それはベアテの誤解であるとして、次のように訂正する。

「それは（日本側ではなく）私の責任だったものでしょう。あなたが思い出していることは、日本側にではなく、私の方に起因していたもので、憲法という性格を考えた場合、離婚、女性の財産権などの詳細はそこでは立ち入るべきでない、としたのです」（前掲書）

ケーディスにこのように訂正されてしまったが、それで彼女の姿勢は改まったか？　否、ベアテはそれまでの主張を変えるどころか、ケーディスの発言を彼女の意図に沿うように曲げて、想像を絶するようなストーリーをつくるのである。

その一具体例が、月刊誌『世界』（一九九三年六月号）での彼女のインタヴューである。ベアテはその中で、民政局案第23条について、

「女性の権利に取り掛かった時はすでに夜中の二時をまわっていました。日本側代表団は『女性の権利』条項に驚愕し、憤っていました」

このようにそれまで通りの説明をした後で、次のようなこれまでとは全く異なる発言をしてい

る。

「そこで憲法制定運営委員会の委員長であったケイディス大佐は、私をあらためて日本側代表者たちに紹介し、会議で長時間にわたり、アメリカ側のみならず日本側の通訳も助け、翻訳作業に献身的に働いている私の労をねぎらってくれたうえで、私が女性の権利についての起草者であることを説明してくれた」

これを発言通りに読めば、ベアテ・シロタは女性の権利の起草者であり、それを証言した人物が、民政局次長で運営委員のケーディスだということになる。ベアテは、ケーディスの名を使うと、彼は佐藤にこう告げたとして、次のように述べるのだ。

「そして彼は穏やかに、『シロタさんは女性の権利に命をかけていますから、譲歩しないでしょう。この女性を悲しませるつもりですか』と懇願したのです」
（前掲書）

「女性の権利」は自分が書いた、とベアテ自身が語っている場面である。そして、このケーディスによる「懇願」のおかげで、日本の高官佐藤はやむなく女性の権利条項を受け入れた、そのようにベアテは結んでいる。

しかし、彼女は「米国版東京ローズ」であると自称しているように、対日宣伝の前線で働いていた、〝その道のプロ〟なのである。彼女の発言を疑うことなく、素直にそのまま信じてしまって、数多くの日本人が、ベアテは「女性の権利」の起草者であるとする宣伝の罠にかかってしまったかもしれない。そこで私は、これまで見てきたように、この発言の源とされるケーディスの回想録、論文、インタヴュー集にあたって調べてみたのである。しかしやはり、ケーディスがベアテを「女性の権利」の起草者であると特定しているような記述は見つけられなかった。それも、当然であろう。

あの一九四六年二月四日、月曜日午前十時、民政局員が招集され、ホイットニー局長から民政局草案の作成が下命された際のことを想い出していただきたい。日本国憲法に関する作業、審議は、その日から最高機密下に置かれることになったのである。そして、これに違反した者は軍法会議にかけられる、そう言った人物こそが、ケーディスその人だったのである。その本人ケーディスが、わずか一か月後の三月五日、日本側との審議中に、代理責任者佐藤法制局第一部長を前に個別条項を特定して、二十二歳のベアテ・シロタがその起草者であるなどと、発言するはずもあるまい。ましてや、当日の実務責任者に加え、他の多くの民政局員が出席していた中で。

「シロタさんは女性の権利に命をかけていますから、譲歩しないでしょう。この女性を悲しませるつもりですか」

などと、懇願までするであろうか？　もし、そのような衝撃的なやりとりがあったなら、有能な運営委員速記者のルース・エラーマンも記録に残していたはずであるが、そのような事実は、ルース・エラーマン、佐藤、入江関係文書に一語も記されていない。

ところが、ベアテが語り、編集され、一九九五年に、日本で出版された回想録『1945年のクリスマス』では、話は次のように続いている。

「ケーディス大佐の言葉に、日本側の佐藤達夫さんや白洲さんらが一斉に私を見た。彼らは、私を日本人に好意を持っている通訳として見ていたので、びっくりしたのだった。一瞬、空白の時があった。

『このシロタさんが？　それじゃあ、ケーディス大佐のおっしゃる通りにしましょう』日本側は、私の顔を見て承諾せざるを得なかった」

このときの話は、彼女の英語版タイトルとしても象徴的に採用されることになる。その題名は、*THE ONLY WOMAN IN THE ROOM*、つまり「室内で唯一の女性」である。

この題名は、一九四六年三月五日、真夜中の六〇二号室で、「たった一人の女性」として審議に参加していたベアテがケーディスによって「女性の権利」起草者であると明かされたことを表しているものだという。しかし、ベアテは本当にその部屋にいた「THE ONLY WOMAN」「唯一の女性」だったのだろうか？　実は、それも、そうではなかったのである。実際は、ルース・エラーマンもその場で働いており、彼女は当日のことを次のようにはっきりと証言として残している。

「一九四六年三月四日の夜五時三十分ごろでした。第一ビルを退出しようかという時、命令を受けたのです。その晩は、私たちはそこで夕食もとり一晩中ずっと作業をしたのです」
「大部分は速記録の作業で、時々調査上の問題確認をすることもありました」
(*Ruth Ellerman Hussey 3.29.72* Harry S. Truman Library)

前述したように、ルース・エラーマンは名門シカゴ大学大学院を卒業後、女性ＯＳＳ員としてドイツ、英国に駐在経験があった。彼女はケーディスとともに憲法運営委員をしていた弁護士アルフレッド・ハッシーとは婚約中であったこともあり、当日の審議に速記者として、特別な関心をもって参加していたのである。

そのような時に、ベアテが述べているようなケーディスの発言と懇願があったならば、エラーマンは必ずやそれを記述したはずであるが、どこにもそのような記録は見られない。いずれにせよ、*THE ONLY WOMAN IN THE ROOM* の"ONLY"はフィクションであり、部屋にいた女性はベアテ一人ではなく、ルース・エラーマンも三月五日の朝まで民政局で働いていたのである。

そのことは、エラーマンの次の記述から明らかである。

「翌朝六時か六時三十分でした、ホイットニー将軍のおもてなしで、マッカーサー司令官の執務室を拝見させてもらったことを憶えています」
(*Ruth Ellerman Hussey 3. 29. 72*)

エラーマンは三月四日から同五日朝まで徹夜で働き、一段落すると、マッカーサー司令官執務室を見学させてもらってから、帰路についた。ところが、ベアテはこの先輩女性を無視して、自分だけが部屋にいたという、事実に反するドラマ仕立ての題名を自著につけていたのである。

彼女は、対日プロパガンダの世界に身を置いて人生を過ごしてきたあまり、作り話をするのに何の抵抗もなくなってしまったのか、あるいはサンフランシスコ時代に会得した「自分がいいと思ったことは迷わず実行すればよい」（『1945年のクリスマス』）という人生訓に沿ったものなのか、いずれにせよ、ベアテの「語り」は天才的である。

## 「女性の権利」の生みの親はジーン・ルースト

しかし、ベアテ・シロタが本当に「女性の権利」の起草者であったかを問うことは、非常に重要なことである。なぜなら、一部の日本人はそれを頭から信じ込み、彼女に感謝をし、崇拝さえしてきた事実があるからだ。そして、彼女が本当に「女性の権利」起草者であったかを真正面から問い、精査する初歩的な作業は全くなされてこなかった。

今、そうした作業がなされ、その結果、彼女の語った「ストーリー」が虚言であったとしたら、憲法起草に関わったこの人物の責任が問われるべきであり、そのような人物が関わった日本国憲法そのものの正当性も根本から考え直されなければならないのである。

ケーディスおよびハッシーら民政局側と日本代表代理佐藤達夫法制局部長との審議の内容に関しては、ベアテ・シロタの「民政局案第23条起草発言」によって、新たな観点から見直さねばならないことになった。今、彼女の発言を精査し、その真偽を確定することは、現行の日本国憲法の性格を根底から浮き彫りにさせることにつながる。そのため、私は、全身全霊でベアテ・シロタと「女性の権利」起草発言の精査を続けてきたのだが、さらにここで、これまで明かされてこなかった新事実を以下に提示してみたい。

そもそも「女性の人権」条項は、ベアテ自らが働きかけてそれを担当したものではなく、彼女と全く関係のないところに由来していた。

出発点は、憲法運営委員の一人、マイロ・ラウエルが民政局幹部の適性を考慮し、仕事仲間のピーター・ルーストという人物に人権条項の担当を任せたことにある。ピーター・ルーストは、民政局では政党課長であったため、同じく法規課長のラウエルとは同等に話ができた。その上、二人はカリフォルニア州出身同士で、出身校の一部が重なっていたため、両者の関係は良好だったのである。

ルーストはGHQ司令部に民政局が開設されると、すぐに政党課長のポストを与えられた。一九四五年十一月のことである。その頃、日本国内では新政党が雨後の筍《たけのこ》のように結成されていたため、その調査に当たったのである。当時は、どの政党も憲法改正を行動目標に掲げており、例えば社会党は十月二十五日に、共産党は十一月十一日に、自党が掲げるそれぞれの憲法の骨子を発表していた。政党課長であったルーストは、当然のことに、こうした各政党の憲法改正情報を入手していた。政党だけでなく、民間の憲法草案作りも盛んで、特に鈴木安蔵が主宰した憲法研究会の草案は、ラウエル法規課長自身も入手し、高評価を与えていた。ということは、ラウエルが研究し評価をしていた憲法研究会の憲法草案についてはルーストも情報を共有していたといえよう。

例えば、一九四六年一月十七日、連合軍の占領諮問機関である極東委員会フィリピンの代表T・コンフェソール議員が民政局の主要メンバーと会見した際、対応していたケーディスに「貴局が憲法の研究をなさっていると伺っています。この点に間違いありませんね」

と確認の質問をしたことがあった。これを受けてケーディスが、

「それは、何かの誤解ではないでしょうか」

と否定したのを聞いたピーター・ルーストは、彼の脇にいたラウエルの耳元に、

「ラウエル中佐がやっている、と話してやれよ」

と囁いてきたため、ラウエルはケーディスの嘘がばれないよう、慌ててルーストの向こう脛を蹴り上げ彼を黙らせたということを明かしている。つまり、ルーストも政党や民間が作っていた憲法草案に深く接していたのである。

ルーストは日本の政党の動向に詳しかったばかりか、社会学、人類学、医学、宗教などを研究した博学な人物であった。このため、ラウエル法規課長もそれを見込んでルーストこそ人権条項

の章に適任と思い、担当を任すことにしたのである。ラウエルは、それを具体的に次のように述べている。

「私が憲法のさまざまな小委員会に民政局員たちを割り振りました。それを三十分ほどでやりました。立法権委員会といえばスウォープの分野なので、彼を割り当てました。ルースト氏は六つか七つの大学を終え、政党にとても興味を持っていたので、彼には人権に関する委員会を割り当てました。ハッシー氏には前文を書くよう頼みました、その仕事を私が取ってしまうのは現実主義的すぎますから。こうして、私はあまり大切でないところには、同じように、重要でない者を割り当てたのです」

(*Milo E. Rowell Interview* 筆者訳)

ルーストは神智学の宣教者として全米中を講演して回っていたことのある人物で、神智学信徒として人権や女性の権利に関わる「国民の権利と義務」には特別な関心を持っていたので、ラウエルの「割り振り」を受け入れたのである。

GHQの民政局は日本政府を監視・監督する部門であったが、マッカーサー司令官が執務をとる軍隊組織でもあったため、上官の命令は絶対であった。

前述したように人権の章の担当を任されたルースト課長の下にハリー・ワイルズとベアテ・シロタの二名が配属されていた。ルーストは、「女性の権利」はベアテにと、助手を命じ、ベアテはルーストの業務を代行することになったのである。

つまり、ルーストこそ「女性の権利の父」と呼ばれるべきなのである。

一方、ルースト課長から命令を受けたベアテはそのまま机上で自分の分担を仕上げたのではない。

わずか二十二歳だった彼女は、来日十一か月前まで無国籍だったため、投票の経験もなく、憲法や法律についてはほとんど知らなかった。憲法については、その書き出しさえわからなかったため、その任を受けるとあわてて司令部を出て「虎の巻」を求めて東京中を探し回ったのである。そして、大学図書館から外国の憲法資料を接収してくると、その資料を虎の巻として使い、都合の良いところをカンニングして、そのまま丸写しして仕上げたのである。それはいわば〝盗作行為〟であった。

資料をそのままコピーして作られた「女性の権利」原稿がルースト課長に提出されると、彼はこれを読み、運営委員に提出するため内容と文章をさらに編集して最終原稿に仕上げた。政党課でルーストの部下だったワイルズは、「ルーストが部下から提出された草案を勝手に編集して仕上げた」と述べている。つまり、ピーター・ルーストこそが人権章の起草者とされてよい人物なのである。

しかし、ルーストが他界すると、ベアテは自らが「女性の権利」の起草者であると公言し始める。そして、OWI時代に身につけた筋金入りの卓越した宣伝能力も発揮され、彼女の一方的な公言はそのまま支持されていったのである。

ところが、このような動きを受け入れてこなかった女性がいたことを、私は取材中に発見した。ベアテは「女性の権利」の起草者などではない、このように私に確信させてくれた人物とは、ピーター・ルーストの長男マーク・ルーストである。マークは、父親ピーター・ルーストと母親ジーン・ルーストが東京のGHQ在勤中に授かった長男で、現在は米国サンフランシスコ郊外で暮らしている。ピーター・ルーストの子供たちと連絡がとれたのは全くの偶然からだった。私が、神智学の開祖A・ベサントがインドのガンジス河畔に創立したベナレスの大学院で学んだことのある日本人だと知って、あるアメリカ人信徒がルーストの次男ダニエルを紹介してくれ、ダニエルから、さらに、長男マークを紹介されたのである。

しかし、そんな彼らは、私のような見ず知らずの日本人に両親のGHQ時代のことなど、簡単に話してくれるはずもなかった。ところが、その彼らが口を開いてくれるきっかけが、私がオランダ取材で得た予想外の成果から生まれたのである。

そもそも米国とは移民の国である。彼らは米国人とはいうものの一皮むけばルーツはたいてい米国以外のどこかからやって来た根無し草のような人たちだといってよい。実は、GHQ本部に集まっていた者たちも、こうした流れ者が多く、ピーター・ルーストも父親に勘当されオランダから米国に流れ着いた、と教えられた。私は、そのような過去を彼の息子たちから聞くと、彼らに「では、オランダのどこで生まれたのか？」と父親の生家を尋ねてみたのである。どのような人間にとっても、自分の父親が生まれ育った場所を知らないことはみじめで悲しいことである。それも、日本国憲法第三章「国民の権利及び義務」を担当した人物であれば、こちらまで情けなくなる話である。ところが、長男マークも次男ダニエルも「全く知らない」と答え、

「実は、三男フランクリンがオランダに行って調べようとして、電話帳を見たらルーストの名が多すぎて、結局、諦めて帰ってきた」

と続けたのだ。それを聞いた時、何故か、

「では、私があなた方の父親の生家を見つけましょう」

と言葉を発していた。そして、実際にオランダに出かけることにした。

私は著名なライデン大学日本研究科所属の日本人学者などに接触を試みたが、彼らからは「わかりません」の返信もなく無視された。すると、その間に、神智学協会支部からそれらしき住所を知らされ、現地探索に向かったのである。そして、とうとうルーストが暮らした住居を見つけ出し、写真に収め、公文書館で家族全員の出生証明書、婚姻届等を取得して日本に帰国し、それらを米国西海岸に暮らす長男マーク、次男ダニエルにプレゼントしたのである。すると、彼らは驚くと共に心からの謝意を表し、「この日本人は信頼できる」と言ってくれ、それからは両親のことを何でも話してくれるようになったのである。


こうして子供たちと知り合い質問を続けてわかったことは、ピーター・ルーストは来日以前に、

マッカーサーとオーストラリアで面識があったということだった。このため、一九四五年十一月には早々と日本の土を踏み、民政局が設置されると、政党課長に任命され、業務を開始していたのである。オランダ生まれの彼は、最初医学を学んでいたが、米国に移住してからは文化人類学者・社会学者になり、インド、インドネシア、オーストラリアで土着の言語を学びながら現地調査に従事したこともあった。

しかし、そのような彼も日本語は全くわからなかったため、ハワイ出身の二世を通訳にして日本の政党調査を行ったのである。その数か月後に、ジーン・マリーという女性も来日してGHQ司令部で働くが、ルーストはやがて彼女と占領下の東京で結婚をする。

ピーター・ルーストとジーンの間に東京で生まれた長男マークとのやり取りから得た確信は、日本国憲法に「女性の権利」が起草される際に大きな貢献をしたのは、実は、彼の父親ピーター・ルーストではなく、母親ジーンだ、ということである。では「女性の権利」の真の貢献者ジーンとはどのような人物なのだろうか。

ピーター・ルーストと占領下の東京で結婚をしたジーンはシアトルに生まれ、オレゴン州ポートランドで育っている。父親は炭鉱技師であった。ところが、彼女が八歳の頃、悲劇が起こり両親は離婚してしまう。ジーンは母親に引き取られ、さらに、二人は大恐慌の荒波に直面する。貧困生活者だったためにジーンと母親は家賃の安い部屋に住むことになった。さらに、幼い彼女も母親と一緒に手押し車を押し、町中をまわって生計を支えたという。そのような厳しい生活をする中で、ジーンと母親は、賃金搾取や男女差別を直接体験した。そのため、ジーンは十五歳の時には、中国系米国人、アフリカ系米国人、ソ連コーカサス系米国人の集会に参加して差別撤廃運動に関心を抱くようになっていたのである。そして高校時代には法律事務所で事務のアルバイトをし、公民権運動家で後に米国国連大使になったマリアン・アンダーセンとも知り合い、二人は生涯の友になった。

十代で働かなければならないほど生活に困ってはいたが、ジーンは快活で活動的なヤンキー娘でもあった。キャンプファイアー活動に魅了された彼女はサマー・キャンプの参加費を自分で捻出し、キャンプ中はラッパ手になり、冬になるとスキーを楽しんだ。そして、リード・カレッジに進学すると、神智学に興味を持ち、芸術家が共同生活をしていたサンフランシスコのテレグラフ・ヒルで母親と一緒に暮らした。

やがて、第二次大戦が勃発する。するとジーンは婦人部隊（ＷＡＣ）に応募し、一期生に採用され、そこで持ち前の反骨心とヤンキー魂を発揮する。例えば、一万人もの射撃手たちに戦争の目的や米国史を講義し、アリゾナ州飛行基地では航空兵たちに二年間、「民主主義とは何か」の題で講義をし、さらに兵士の士気を高めるためのラジオ番組の企画作りに参加をした。そして、そのようなときに、彼女は占領下の日本へ派遣命令を受けたのである。

ジーンが東京のＧＨＱ民間情報教育局に着任したばかりのときであった。政党課のＨ・ワイルズがルーストに日本全国向けラジオ放送で日本の女性を選挙投票に行かせる番組作りをしたいので女性担当者を紹介してくれるよう頼んできた。これを聞いたルーストは、ジーンを推薦したのだという。この時にはジーンも神智学信徒になっており、彼女が十七歳のときに、講演に来たルーストとも知り合っていたのである。ジーンは、自身の手記の中でこう述べている。

「その翌日からラジオ東京で仕事を開始しました。私は、ラジオ番組の企画を出すよう頼まれ、それから雑誌、新聞の特集記事、映画、紙芝居といったあらゆる媒体を使う他の情報番組の企画も依頼されました」

「私がいまでも忘れられない最も印象的な番組は、『私にとって投票の権利とは』というタイトルでさまざまな階層の女性を招いて行った討論番組でした」

ジーンはラジオ番組を制作する傍ら、日本で女性の投票を広めるため、日本全国の青年団をまわった。そして、この仕事を紹介してくれたピーター・ルーストとジーンは、一九四六年一月十七日に聖路加病院チャペルで結婚をすることになったのである。

一月十七日といえば、その日は極東委員会にも出席していたため、ルーストには忙しい一日となった。そのため同日は結婚式の後、第一ホテルに泊まり、一月十八日に忙しさの合間を縫って二人は箱根にハネムーンに行った。滞在予定は二週間だった。箱根に滞在中、ピーター・ルーストは中佐に昇進した知らせをもらった。ところが、「二週間後のことだった」と、ジーンは自身の手記に残している。つまり、二月一日、新婚夫婦が箱根から東京に戻ったとき、突然、ピーターは驚きの命令を受ける。ジーンは手記にこう続けている。

「東京に戻って間もなく、ピーターは民主主義に移行する国家のための新憲法を起草するという挑戦的な新任務を命じられました。彼は、国民の権利及び義務の章を割り当てられたのです。こ

れほどの名誉と特権など他にあるでしょうか。それこそ彼が望みえる最上の仕事でした」（筆者訳）

二月三日は日曜日であった。しかし、ハッシーは宿直だったため、エラーマン嬢と共に民政局にいた。すると、日曜日にもかかわらず、マッカーサーが姿を現し、彼に続いてホイットニー局長が執務室に入っていった。二人は午前を使って話し合いをしていたが、やがて、ホイットニーが執務室から出てハッシーのところにやって来て、

「ジェネラルが憲法を起草することに決めたぞ」

と伝えたのだ。そこでハッシーは、ケーディス、ラウエルに連絡を入れ、三名が集まると、彼らが運営委員になったのである。ケーディス民政局次長を代表格として、立法、行政、人権、司法、地方行政、財政、天皇など憲法起草で対象となる項目を設定し、二十数名の民政局員を班別に割り振って、それぞれを小委員会とすることにした。数個の小委員会という器ができると、

「私が憲法のさまざまな小委員会に民政局員たちを割り振りました」（*Milo E. Rowell Interview*）

というように、ラウエルがそこに民政局員を割り振った。そして、人権班の班長に、ラウエルはルーストを任じたのである。ラウエルはルーストが、

「六つか七つの大学を終え、政党にとても興味を持っていたので」（前掲書）

人権班こそが適任と思ったのである。それに、ルーストとは、日頃から親しい仲だったので、人権班の班長として「国民の権利及び義務」の章を起草するよう、ハネムーンから帰ってきたばかりの彼に伝えたのである。

こうして、ピーター・ルーストは日本国憲法第三章「国民の権利及び義務」の班長として生涯で最も記憶に残る仕事に没頭することになるが、私の取材もいよいよ最終段階に入っていた頃、ピーターとジーンの次男ダニエルから、母親ジーンが生前に書いていた資料が送られてきた。読んでみると、その中には、ベアテに関することが書かれているものがあった。ルースト夫人のジーンは、ピーター・ルーストとベアテの出会いを次のように述べている。

「その際に、ピーターには非常に熟達した通訳があてがわれることになりました」

この熟達したピーターの通訳こそ、ベアテ・シロタであった。ジーンの記述を読むと、ベアテは通訳として非常に高く評価されていたことがわかる。ただし、ジーンが書き残していた内容には注目すべき記述があるので、英文をそのまま引用してみたい。

She was fluent in Japanese as well as several other languages. Her parents were Hungarian, and the three had been interned in Japan during the war, as neutrals. The father was a great concert pianist and the mother a great cook, and then became our very dear friend.

「彼女は日本語および他の言語に流暢でした。彼女の両親はハンガリー人でした。そして、三人は戦争中に日本で中立国者として強制抑留されていました。父親は偉大なコンサートピアノ奏者で、母親はすばらしい料理人でした。彼らはわたしたちのとても親しい友人になりました」（筆者訳）

ジーンはこの手記を一九七二年三月十一日に書いており、この時には、夫ピーター・ルーストは他界していた。しかし、同年時点でも、ベアテがルースト夫妻から親しい友人として、心から信頼されていたことがうかがえる。ところが、そのように信頼をしていたジーンに対してベアテは虚偽の話をしていたのである。つまり、ベアテはルースト夫妻に対して、

①ベアテの両親はハンガリー人であること。
②戦争中は、両親とベアテの三人が日本で強制抑留されていた。

以上のような「作り話」をして、ルースト夫妻に信じこませていたのである。

ベアテは、嘘をついてまで彼女の両親がユダヤ人であることを隠しておきたかったのであろう。それだけでなく、ベアテは、自分たちは中立国のハンガリー人であるとした上で、戦時中は両親のみならずベアテ自身もが日本で強制抑留されていた被害者であったと、そこまでルースト夫人

に語っていた。そして夫人は、一九七二年三月十一日の段階まで、ベアテの作り話を信じ込んでいたのだった。

「民政局の人たちは」とベアテは回想録『１９４５年のクリスマス』に書いている。

「ちょっと時間ができると、日本の歴史とか、日本文化とか、日本人の民族性というような雑談が出た」

そして、その時に彼らから質問されて、それを説明する役が「ワイルズさんと私だった」と述べ、その際に、ベアテの少女時代の経験がずいぶん役立ったとして、

「私の話に一生懸命に耳を傾ける人たちの前で話すのは気持ちが良かった」

と記している。きっとベアテは、そんな話に耳を傾ける民政局員たちにも、ルースト夫人に信じ込ませたベアテ一家の強制抑留の話をしたことであろう。彼女は語りの天才であった。

前述したように、ベアテは五歳から十五歳までの十年間を東京で過ごし、ドイツ人学校とアメリカンスクールに通った。その間、勝気な母親からピアノ、ダンス、英語、フランス語、ロシア語を習わされるという、過密な生活を送っていた。彼女の家には美代さんというお手伝いがいて、この若いお手伝いが日本の女性についていろいろ教えてくれたという。逆にいえば、お手伝いの「美代さん」が日本女性についてのベアテの唯一の情報源であった。

こうした生活を送っていたベアテゆえ、彼女の日本人女性観は極端に一面的になりがちだったはずである。しかも、彼女はその考えが未成熟なまま十五歳のときに、日本を離れ米国の女子大に入学している。

そして、時をおかず対日放送の工作員としてプロパガンダ一辺倒の生活を始めたのである。日本語の専門家は特に必要とされていたことから、彼女は卒業してからもエージェント生活を続けていた。十九歳で対日宣伝機関OWI員として正式に採用されると、プロの宣伝放送制作者がついて、さらに精度を高めるために定期訓練を受けながら反日宣伝活動に従事するようになった。東京で裕福なユダヤ人ピアニストの一人娘として不自由なく育ったベアテは、米国では反日のOWI宣伝工作員としての日々を過ごしていたのである。

これに対し、後にピーター・ルースト夫人となるジーン・マリーは、ベアテとは全く対照的な育ち方をした女性であることが、彼女の息子たちの説明からわかる。

ジーンは学校に通いながら、シングル・マザーの母親と手押し車を押して貧しい生計を支える一方で、地元の公民権運動に積極的に参加した社会派的側面を持つ女性でもあった。そんなジーンは、十七歳の時に、神智学協会宣教師のピーター・ルーストと知り合うと神智学に入信し、九年間の交際を経て東京で結婚することになった。そして占領下の日本で、箱根のハネムーンから東京に帰ると夫ピーターが日本国憲法の起草者になったことを知らされる。それも「国民の権利及び義務」の章が割り当てられたのだ。すると、これを聞いたジーンは、夫ピーターに、そこに「女性の権利」が書き込まれるよう懇願したのである。ピーターに異存はなかった。ピーターはこれを受け容れただけでなく、ジーンの望みが叶うよう、その日から二人は新居で長い討論を行ったという。私は、民政局政党課長ピーター・ルースト夫人となったジーンについて、彼らの長男マークに次のような質問をした。

「ベアテ・シロタとの関連でうかがいます。あなたの母親ジーンは、日本国憲法作成について、ベアテの役割をどのように評価していましたか？」

これに対し、母親ジーンが何度も語っていたことだとしてマークが答えてくれたことを、そのままを記す。

「母は、ベアテが『国民の権利及び義務』の章に寄稿したと言っていました。しかし、母は、女性の権利条項では、ベアテよりもっと多くの影響を与えた、そのように私に語っていました」

ジーンの息子マークからこのような新事実を教えられた私は、さらに確認の質問をした。

「あなたは、『女性の権利』条項は、ルースト夫人となったジーンが強く要望し、そして、彼女の要望をルースト課長が受け入れ、両者の協力でそれが作成されたといいます。しかし、ベアテは、自分こそが起草者であると公言しています。そこで、再度質問します。『女性の権利』条項は、本当にジーンの発案だったのですね？」

これに対して、マークは次のように答えた。

「母親が死を迎える最後の年、伝えておきたいことがあると彼女に言われ、その話の中で私に明かされた事実をそのままあなたにお伝えしています。ジーンが、『女性の権利』が日本国憲法に書き入れられるようピーターを説得し、彼はそれが適切と納得したので受け入れを決断し、それが作成されることになったのです」

「父ピーターは確かにベアテに同条項を書くよう参加させました。しかし、それはあくまで参加させられただけの話であり、それで『女性の権利』や『男女平等』をベアテが『書いた』『起草者である』などとは言えないでしょう」

「ベアテは、当時まだ二十二歳でした。しかし、そのことは考えないで、彼女が特別に頭が良く、洞察力に優れた人物であったとしましょう。それでも、私の母が、あそこまで訴え主張していたからには、ジーンが女性の権利が守られるようピーターに直接働きかけ、父と一緒になって関与したことに誤りはありません」

「女性の権利」は、ジーンにとっては、彼女が生まれながらに直面してきた問題であった。ティーン・エイジの女の子がシングル・マザーの母親と手押し車を押しながら町を回って生活を支えあったこと。貧困、差別、搾取に直面しそれらと闘いながら二人で生きていたときに、すべての人間は神であり同胞であると説く神智学協会に出会い、これに入会し、男女平等、利他主義、菜食主義、世界同胞主義を奉じる神智学の一信徒として成長してきたこと。

神智学はその目的として、

「男女をして職業の神聖なるを覚らせ、人生における真の己の位置を自覚せしむるを助く」

「不幸の境遇にある女性を助け、高尚なる生活の途につかしむ」

などをかかげ、さらに、

「人種、信条、性別、階級、皮膚の色の相違にとらわれることなく、人類の普遍的同胞愛の中核となること」

と定めている。

そんな彼女は、日本に派遣されると、CIE（民間情報教育局）員として日本人の女性参政権を担当し、持ち前の信念を発揮して、日本最初の女性参加選挙で八十七パーセントの投票率を達成する陰の立役者となって活躍していた。神智学の信徒としてジーンが、夫ピーターに日本国憲法草案に「女性の権利」「男女の平等」という理念を入れるよう頼んだのも当然といえよう。

ジーンは民間情報教育局に配属されていた段階で、ピーターと女性参政権など女性の権利に関わることについて延々と話し合いをしていた、と長男マークは強調する。そして、神智学の指導者であったピーターは、同じ信徒であるジーンからの頼みを受け、彼女の願いである「女性の権利」が書き入れられるよう部下のベアテに代行させることにしたのだろう。

二月三日の夜、ルーストは「国民の権利及び義務」の章の割り振りを考えることにした。ピーターとジーン、二人の考えはどんどん湧いていき、扱う条項も多くなった。そこで、同章を「一般的な権利」「自由にかかわる権利」「司法にかかわる権利」「特別な権利」に分け、「特別な権利」の中の女性の権利についてはベアテに代筆させることにして、二月四日の朝を迎えるのである。ところが、それから半世紀後、二人の予想もしていなかったことが起こる。

ルーストが世を去ると、それまで「女性の権利」条項の起草者であるなどと一言も公言していなかったベアテ・シロタが、自分こそ「女性の権利」の起草者であると名乗りを上げたのである。すると、彼女のその発言はセンセーショナルに伝えられ、テレビ番組、映画など巨大メディアを通して既成事実化し、やがてベアテは一回二〇〇万円の講演料を受けるほどの桁違いな語り部となっていったのである。

夫ピーターが亡くなり、今度はジーン自らに死期が迫った時、歴史の事実が誤って定着するのを危惧した彼女は、日本生まれの息子にだけはその真実を語り継いでおきたかったのであろう。そして、今、ジーンとピーターの長男マークが伝えてくれたことを、そのまま私はここに刻印するのである。

# 第七章 成就した個人的な「復讐」

## 「一院制」か「二院制」か

「これで行こう」

GHQ司令部側にいわれて、審議に採用された草案とは、日本の外務省によって日本語訳された民政局案であった。日本側の代理佐藤達夫は、その訳を見てはいたが、読んでいたのは彼が担当した「国民の権利及び義務」の章のみであった。それでも、ケーディスから突然に、松本国務相が提出した日本案をやめて、外務省訳民政局案でいこうと告げられると、これで民政局案の採用が決まってしまった、そう悟ったはずである。それ故、彼の姿勢には変化があらわれる。例えば、佐藤は、

「第二四条は、第一項が『有ラユル生活範囲ニ於テ法律ハ社会的福祉、自由、正義及民主主義ノ向上発展ノ為ニ立案セラルヘシ』となっていて、次項以下（略）あまりに雑然としているので何とかしたい、ということを申し入れた」

（『日本国憲法成立史』）

と低姿勢な記述をしている。民政局草案が台本に使われることによって審議がケーディスら民政局側のペースになっていった。日本側の法律関係者といえば佐藤ただ一人だった。

「あとは白洲次郎さんと長谷川、小幡といった外務省の翻訳の係官がおられるだけで」

「非常に心細くて」「私自身は、ファイナルな確定案を私のような小者できめてしまうということになるのは大へんなことだと思って、非常にまあうろたえたことを記憶しております」

彼は国会参考人として、後にこのように答えていた。

民政局案が台本に使われることによって、民政局側のペースになり、審議も楽になりそのまま第三章を終えた。そして、次の第四章国会は後回しにされ、第五章内閣に入った。

民政局案第60条「行政権は、内閣に属する」は、そのまま現行日本国憲法第六十五条になった。

民政局案第61条は、現行日本国憲法第六十六条の一項「内閣は、法律の定めるところにより、その首長たる内閣総理大臣及びその他の国務大臣でこれを組織する」と、二項「内閣総理大臣その他の国務大臣は、文民でなければならない」になった。

民政局案第62条

「内閣総理大臣は、国会の助言と同意をえて、国務大臣を任命する。内閣総理大臣は、任意に大臣を罷免することができる」

同条は、現行日本国憲法第六十八条に入れられ、次のようになった。

「内閣総理大臣は、国務大臣を任命する。但し、その過半数は、国会議員の中から選ばれなければばならない。内閣総理大臣は、任意に国務大臣を罷免することができる」

民政局案では、内閣の章は第60条から第67条までの八条という短い条項で構成されていた。それに比べ、日本案の内閣の章は、十二条から成っていた。こうした場合は、民政局案に、さらに日本案の条項が付け加えられた。例えば、内閣総辞職について、民政局案第63条は次のようになっていた。

「内閣総理大臣が欠けたとき、または総選挙後新しい国会が召集されたときは、内閣は総辞職し、新しい内閣総理大臣が指名されるものとする」

これに対し、日本案は、内閣総辞職に関して次のように詳細に作成されていた。

日本案第七十一条
「内閣ハ衆議院ニ於テ不信任ノ決議案ヲ可決シ又ハ信任ノ決議案ヲ否決シタルトキハ十日以内ニ衆議院ヲ解散セザル限リ総辞職ヲ為スコトヲ要ス」
日本案第七十二条
「内閣総理大臣欠クルニ至リタルトキ又ハ衆議院議員ノ任期満了ニ因ル総選挙ノ後ニ於テ初メテ国会ノ召集アリタルトキハ内閣ハ総辞職ヲ為スコトヲ要ス」

ケーディスはこれらを見ると日本案をそのまま採用し、それぞれ現行日本国憲法第六十九条、

第七十条にされた。

日本国憲法第六十九条

「内閣は、衆議院で不信任の決議案を可決し、又は信任の決議案を否決したときは、十日以内に衆議院が解散されない限り、総辞職をしなければならない」

日本国憲法第七十条

「内閣総理大臣が欠けたとき、又は衆議院議員総選挙の後に初めて国会の召集があつたときは、内閣は、総辞職をしなければならない」

そして、民政局案にはなかった日本案第七十三条、第七十四条も民政局案に追記されて現行日本国憲法第七十一条、第七十二条になったのである。

日本国憲法第七十一条

「前二条の場合には、内閣は、あらたに内閣総理大臣が任命されるまで引き続きその職務を行ふ」

日本国憲法第七十二条

「内閣総理大臣は、内閣を代表して議案を国会に提出し、一般国務及び外交関係について国会に報告し、並びに行政各部を指揮監督する」

日本案第七十五条は、民政局案第65条と内容が同じだったため、そのまま採用され、現行日本国憲法第七十三条になっている。
日本国憲法第七十三条
「内閣は、他の一般行政事務の外、左の事務を行ふ。
一　法律を誠実に執行し、国務を総理すること。
二　外交関係を処理すること。
三　条約を締結すること。但し、事前に、時宜によつては事後に、国会の承認を経ることを必要とする。
四　法律の定める基準に従ひ、官吏に関する事務を掌理すること。
五　予算を作成して国会に提出すること。
六　この憲法及び法律の規定を実施するために、政令を制定すること。但し、政令には、特にその法律の委任がある場合を除いては、罰則を設けることができない。
七　大赦、特赦、減刑、刑の執行の免除及び復権を決定すること」
また、民政局案第66条、第67条も、そのまま次のように日本国憲法第七十四条、第七十五条にされた。
日本国憲法第七十四条
「法律及び政令には、すべて主任の国務大臣が署名し、内閣総理大臣が連署することを必要とする」

日本国憲法第七十五条
「国務大臣は、その在任中、内閣総理大臣の同意がなければ、訴追されない。但し、これがため、訴追の権利は、害されない」

午前三時を回った頃であった。

「向こうの顔ぶれも二十人以上だった」

と一九四六年三月付の手記で佐藤は述べている。

第四章国会のところにくると、審議が大会議室に移されて行われることになったのだ。民政局側から二十人近くが出席することになったからである。民政局案第41条では、「国会は、選挙された議員による一院で構成され」とされ、日本案と大きく異なっていたため、これほど多くの局員が参加してきたのだ。

日本案では、二院制を唱えていた。松本は、民政局案が一院制をとっている点について、彼らと外相邸で会った際その理由を訊いたところ、

「日本には米国のごとき州の存在なく、従って上院の必要なし、一院の方がかえってシンプルなりと思考せるによれり」

(『松本烝治氏に聞く』)

という返答をえていた。しかし、松本は、

「その理由のあまりに簡単なるに驚き、二院制の存在理由について一応説明をなしたところ」（前掲書）

民政局側がその由来や特徴を松本も驚くほど聞きたがった。このため、三月四日に松本が提出した日本案に併せて説明書も添え、その中で二院制をとる理由を長々と書いていた。しかし、松本が審議から外されてからは、日本側の代表になって民政局案を台本として審議していた佐藤は、その流れを受けて民政局案の一院制を支持していればよかったのである。そうしていれば、現行の日本国憲法も七十年間改正されないままのようなことはなかっただろう。

一方、民政局側は、松本から提出された説明書を読み、

「向こうの方で（別の部屋で：筆者注）どうも対策を、暫くの間に対策を準備していたと見えまして、その案（二院制案：筆者注）に従って向こうからサジェストをしてきて」

（『日本国憲法制定に関する談話録音』）

待機していた佐藤に二院制の方を書き込ませ、日本国憲法の改正を困難にさせる源を作ったのだった。

第四章国会の日本案第三十九条は、「国会ハ国権ノ最高機関ニシテ立法権ヲ行フ」となってい

た。しかし、これでは、国会が唯一の立法を行うということが出ていないと批判されたため、「国会は、国権の最高機関であつて、国の唯一の立法機関である」と、「国の唯一の」を明記して、現行日本国憲法第四十一条にされた。

日本案第四十条「国会ハ衆議院及参議院ノ両院ヲ以テ成立ス」は、そのまま受け入れられ、日本国憲法第四十二条「国会は、衆議院及び参議院の両議院でこれを構成する」となり、日本案第四十一条の議員定数は民政局と同数だったのでこれも受け入れられた。

日本案第四十二条は国会議員の選挙人および候補者の資格について、

「但シ性別、人種、信条又ハ社会上ノ身分ニ依リテ差別ヲ附スルコトヲ得ズ」

となっていた。ところが、民政局案第42条は、「国会議員の選挙の選挙人および候補者の資格は性別、人種、信条で差別してはならない」となっていた。つまり、これに従えば、外国人も国会議員の資格対象となり、そうした場合、日本国の運営が外国人の支配下になり得るということになる。危機感を持った佐藤は、民政局案にある「これらの資格の定めをなすに当たっては」とある部分を削除させて、両者の関連を切り離し、どうにか次のような形の現行憲法四十四条にできた。

日本国憲法第四十四条

「両議院の議員及びその選挙人の資格は、法律でこれを定める。但し、人種、信条、性別、社会的身分、門地、教育、財産又は収入によつて差別してはならない」

次は衆議院議員の任期であった。民政局案は一院制であったが、日本案第四十三条の方が採用され、現行憲法第四十五条になった。

日本国憲法第四十五条

「衆議院議員の任期は、四年とする。但し、衆議院解散の場合には、その期間満了前に終了する」

民政局はなぜ一院制にしていたのか。疑問を抱いていたので、佐藤は、その意味と必要性をたずねてみた。

ところが、彼らからは、わかりやすい答えがかえってこなかった。民政局側としては、日本側が二院制を提案していると知ると、この方が、占領政策の意向により沿っていると納得できたので、採用したのであろう。

第四章国会では、松本が作成した日本案を台本にして審議が行われた。そして、そのほとんどが採用された。例えば、日本案第四十六条は、

「参議院議員ノ任期ハ第一期ノ議員ノ半数ニ当ル者ノ任期ヲ除クノ外六年トシ、各種ノ議員ニ付三年毎ニ其ノ半数ヲ改選ス」

の中で、「各種ノ議員ニ付」が削られただけで、つぎのような現行憲法第四十六条になった。

日本国憲法第四十六条

「参議院議員の任期は、六年とし、三年ごとに、議員の半数を改選する」
以下、第四十七条、第四十八条、第四十九条、第五十条、第五十一条、第五十二条、第五十三条はいずれも日本案の通りとなった。
日本国憲法第四十七条
「選挙区、投票の方法その他両議院の議員の選挙に関する事項は、法律でこれを定める」
同第四十八条
「何人も、同時に両議院の議員たることはできない」
同第四十九条
「両議院の議員は、法律の定めるところにより、国庫から相当額の歳費を受ける」
同第五十条
「両議院の議員は、法律の定める場合を除いては、国会の会期中逮捕されず、会期前に逮捕された議員は、その議院の要求があれば、会期中これを釈放しなければならない」
同第五十一条
「両議院の議員は、議院で行つた演説、討論又は表決について、院外で責任を問はれない」
同第五十二条
「国会の常会は、毎年一回これを召集する」
同第五十三条
「内閣は、国会の臨時会の召集を決定することができる。いづれかの議院の総議員の四分の一以上の要求があれば、内閣は、その召集を決定しなければならない」

日本案第六十条にくると、同条第二項は次のようになっていた。

「法律案ハ両議院ニ於テ可決セラレタルトキ法律トシテ成立ス」

ところが、民政局側は、「法律案ハ」と「両議院ニ」の間に、「此ノ憲法ニ特別ノ定ヲ為シタル場合ヲ除クノ外」という現行憲法第五十九条「この憲法に特別の定《さだめ》のある場合を除いては」に相当する部分を、入れろ入れろとしきりにうるさくいってきた。佐藤は、衆議院の優越との関係を心配してのこととわかったので、

「一般規定と特別規定の関係がある」

特別規定があれば、それは入れなくても問題はない、と説明した。ところが、民政局の出席者が、参議院成立前に参議院議員の選挙に関する事項を衆議院だけで議決し、法律として成立させる場合があると主張して、どうしても聞こうとしなかったため、結局、佐藤はこれに従うことになった。

同条第三項は、

「衆議院ニ於テ引続キ三回可決シテ参議院ニ移シタル法律案ハ」

と始まっていた。ところが、この「三回可決」のところも、民政局側が三分の二案を一方的に出してきて、受け入れさせられた。その結果、同項は現行日本国憲法第五十九条第二項で次のように記されている。

「衆議院で可決し、参議院でこれと異なつた議決をした法律案は、衆議院で出席議員の三分の二以上の多数で再び可決したときは、法律となる」

第六十一条及び第六十二条は、小さな字句を入れただけで日本案通りになった。また、衆参両議院の国政調査権に関する第六十三条、国務大臣の出席に関する第六十四条も、日本案そのままとなった。

日本国憲法第六十条
「予算は、さきに衆議院に提出しなければならない。
予算について、参議院で衆議院と異なつた議決をした場合に、法律の定めるところにより、両議院の協議会を開いても意見が一致しないとき、又は参議院が衆議院の可決した予算を受け取つた後、国会休会中の期間を除いて三十日以内に、議決しないときは、衆議院の議決を国会の議決とする」
同第六十一条
「条約の締結に必要な国会の承認については、前条第二項の規定を準用する」
同第六十二条
「両議院は、各々国政に関する調査を行ひ、これに関して、証人の出頭及び証言並びに記録の提出を要求することができる」
同第六十三条

「内閣総理大臣その他の国務大臣は、両議院の一に議席を有すると有しないとにかかはらず、何時でも議案について発言するため議院に出席することができる。又、答弁又は説明のため出席を求められたときは、出席しなければならない」

日本案第六十五条、裁判官の弾劾規定は、松本が民政局案第58条をそのまま取り入れたものだったため、内容はほとんど同じだった。そこで、佐藤は、アメリカの制度では下院が訴追して上院が判決するが、両院議員が裁判所を組織するようになる日本案では、その訴追関係はどうなるかと、へりくだって尋ねた。これには民政局側も呆れて答えようもなく、

「それはお前の方で適当と認める方法を法律できめたらよかろう」

と佐藤に伝えた。これを聞いた佐藤は、

「それならば、弾劾に関する事項は法律によって定める、と書かしてもらいたい」

といい、それを付け加え、次のような現行憲法第六十四条になった。

日本国憲法第六十四条

「国会は、罷免の訴追を受けた裁判官を裁判するため、両議院の議員で組織する弾劾裁判所を設ける。

弾劾に関する事項は、法律でこれを定める」

## 安全保障の大切な条文が消えた瞬間

こうして、国会の章の審議を終えるころには、ＧＨＱ司令部の窓の外も白々と明け始めた。第六章の司法に入る前であった。しかし、そこからは再び民政局案の台本に戻るのである。後は、民政局のペースで進められる、と考えたのだろう。そこで、朝食をとることになった。佐藤は一睡もしていなかった。しかし、徹夜の作業中でも、卓上にコーヒー、砂糖、牛乳が置かれていて自由に飲めたため、不思議にも疲労は感じなかった。さらに、作業中に民政局の女性職員が佐藤の前に林檎一個を置いていってくれたことが印象的であった。孤軍奮闘する哀れな法制官僚を慮ってのことだったのだろうか――。

しかし、女性職員に対するせっかくの好印象に水をかけるように、佐藤の前に座っていたベアテはその林檎を食べるように勧めてもくれなかった。そのため、彼は「そのリンゴをしょっちゅう横目で見ながら」作業を続ける破目になった。一方、ベアテは次のように回想している。

「冬の夜が明け、同じくサンドウィッチの朝食があって、私が一条ずつ説明し、検討、翻訳、言葉探しのあらましが終ったのは一〇時ころであった」

（『１９４５年のクリスマス』）

自らの日本語版回想録で、日本語が読めないはずの彼女が、右のように一条ずつ説明、検討、翻訳、言葉探しなどで中心的な役割をしていたかのように記されている。しかし、英語版回想録ではそこまでいうのは気が引けたのだろう、日本語版回想録に書かれたその部分は記されていない。

第六章司法からの審議は、民政局案を台本にして進められた。民政局側が民政局案を指さしながらイエスかノーかと問い、その条案に佐藤がノーなら不服をいい、新提案をするのである。しかし、その新提案が受け入れられるか否かは民政局側次第であった。例えば、民政局案第70条は、

「裁判官の罷免は、公の弾劾による場合に限られる。裁判官に対する懲戒処分を行政機関が行うことは、できない」

となっていた。しかし、例えば裁判官が心身障害等で職務を全うすることができなくなってしまった場合に、公開の弾劾による外、罷免できないのは不合理なので、佐藤がそう指摘すると、受け入れられ、現行憲法第七十八条として次のように加えられた。

日本国憲法第七十八条

「裁判官は、裁判により、心身の故障のために職務を執ることができないと決定された場合を除いては、公の弾劾によらなければ罷免されない。裁判官の懲戒処分は、行政機関がこれを行ふことはできない」

民政局案第71条

「最高裁判所は、首席裁判官および国会の定める員数の陪席裁判官で構成される。これらの裁判官は、すべて内閣により任命され、非行のない限り、七十歳に達するまでその任にあるものとする」

佐藤は「非行のない限り」に着目し、これでは「非行」の時には簡単に罷免できてしまうと考え、これでは身分保障の趣旨を弱めると伝え、「心身の故障」に訂正してもらった。

民政局案第73条

「最高裁判所は、終審裁判所である。（略）その判決は最終的である。しかし、法律、命令、規則または処分の合憲性が問題となった場合で、最高裁判所の判決がそれ以外の事件についてなされたものであるときは、その判決は、国会の審査に服する」

これは異色な条文であった。つまり、最高裁判所の最終判決をさらに国会が再審をして、それを逆転することができるとしているのである。佐藤は、ケーディスに、国会が法律の効力を判決することは問題と思わないか、と質問した。すると、彼は逆に、

「それならなぜ日本案第八十条にそれを採用したのか」

と質問された。松本が書いた日本案第八十条は「最高裁判所ハ終審裁判所トス」とだけなっていたが、民政局案第73条を読むと、前述のような文章になっていたので、一応これを書き入れておいて、後で民政局側に意見をきけばよいと考えていた。ところがケーディスから佐藤が、

「それなら憲法問題の最終決定権はどうしたらいいか」

と、質問されてしまったのである。そこで、

「三権分立の建前から、裁判所に統一徹底した方が良くはないかと自分は思う」

と答えると、

「じゃあ、そうしよう」

と、国会の再審は削除され現行憲法第八十一条になった。

民政局案第74条
「各国の大使、公使および領事を当事者とする訴訟においては、最高裁判所は、専属的第一審管轄権をもつ」

民政局が、松本国務相にこのような良心的な条文を提案していたことは、評価せざるを得ない。担当者はM・ラウエル、A・ハッシーであった。下書きはカリフォルニア州弁護士ラウエルが行い、シカゴ大学を卒業し日本に興味を持って来日していたM・ストーン嬢がタイピングの補助をし、ハッシーが編集調整をしたのである。日本政府がこれを柔軟に運用すれば、同条は対スパイ、機密漏洩など、安全保障に関わる上で、効果を発揮できる条文であった。ところが、これを読んだ時、英語ができなかった佐藤は、わざわざ白洲次郎を突《つつ》いて、

「外国人に対する裁判権が全部認められて非常に結構だと思う」

と下手な皮肉を言わせてしまったのである。このようなことを聞かされて民政局側は、良いこ

とを知ったとばかり、第74条を削除してしまった。法制官僚の軽率な一言により安全保障上の大切な条文がこの世から消えていった瞬間であった。

第七章財政に入る頃、法制局から参事官がやって来て、それまでに同意された条文を清書し、総理官邸に届けることになった。官邸で、総理以下、待機していた閣僚たちが、届いた条文を読むのである。

民政局案第76条はこう書かれていた。

「租税を賦課し、金銭の借入れをなし、公金の支出を認め、並びに貨幣および紙幣を発行しその価値を定める権限は、国会を通じて行使されるものとする」

ところが、日本案第七章会計には、そのように書かれていなかった。このために、

「国の財政を処理する権限は、国会の議決に基いて、これを行使しなければならない」

と入れられ、現行憲法第八十三条になった。

民政局案第77条

「あらたに租税を課し、または現行の租税を変更するには、国会の行為によるかまたは国会の定める条件によることを必要とする」

は、日本案第九十一条と大体同じであったため、次のような現行憲法第八十四条になった。

日本国憲法第八十四条
「あらたに租税を課し、又は現行の租税を変更するには、法律又は法律の定める条件によることを必要とする」
民政局案第79条
「内閣は、毎年の予算を作成し、これを国会に提出しなければならない。この予算は、歳出の案並びに歳入および借入れ金の見積りを含む、次年度の政府の財政計画の全貌を示すものでなければならない」
同条は次のような現行憲法第八十六条になった。
日本国憲法第八十六条
「内閣は、毎会計年度の予算を作成し、国会に提出して、その審議を受け議決を経なければならない」
「すべて皇室財産は、世襲のものを除き、国に属する。一切の皇室財産からの収入は、国庫に納入されなければならず、法律の定める皇室の手当および費用は、毎年の予算に計上して国会の議決を経なければならない」
右の民政局案第82条は、皇室財産に関係するものであったが、日本案ではそれを取り上げていなかった。すると、皇室財産の部分がないのは遺憾であり、絶対にこれを生かせと命じられ、その結果、同条は次のような現行憲法第八十八条になった。
日本国憲法第八十八条
「すべて皇室財産は、国に属する。すべて皇室の費用は、予算に計上して、国会の議決を経なければならない」

第八章地方自治にやってきた。ところが、不思議なことに民政局側は、
「これについては、余り文句をいいませんでした」
佐藤はこう述べている。それは、民政局側の事情のためであった。地方自治の章を書いたのはセシル・ティルトンで、カリフォルニア大、ハーバード大ビジネススクールを卒え、コネチカット大などで教鞭を執ったことのある学者で、彼が班長になって作り上げていた。ところが、彼がこれを提出すると、運営委員のハッシーは一読してから、全面的に破棄をして、新たな案を作成してしまったのである。ティルトンはさらにケーディスのことを「あのユダヤ野郎」と呼ぶほど嫌っていた。

そんな二人が佐藤と地方自治の章を一条ごとに審議し始めるのは、ティルトンが出席していた手前、さすがに気まずさを感じ、文句をいわなかったのだろう。

民政局案第9章「改正」は、日本案では第九章「補則」に入れてあった。そこで、これも民政局案に従い、補則から独立させて第九章「改正」とされた。憲法改正は、民政局案第89条では次

のようになっていた。

「此ノ憲法ノ改正ハ議員全員ノ三分ノ二ノ賛成ヲ以テ国会之ヲ発議シ人民ニ提出シテ承認ヲ求ムヘシ人民ノ承認ハ国会ノ指定スル選挙ニ於テ賛成投票ノ多数決ヲ以テ之ヲ為スヘシ」

同条中にあった「人民」は「国民」に変えられ、あとは民政局案そのままのかたちで現行憲法第九十六条にされたのである。

日本国憲法第九十六条
「この憲法の改正は、各議院の総議員の三分の二以上の賛成で、国会が、これを発議し、国民に提案してその承認を経なければならない。この承認には、特別の国民投票又は国会の定める選挙の際行はれる投票において、その過半数の賛成を必要とする。

憲法改正について前項の承認を経たときは、天皇は、国民の名で、この憲法と一体を成すものとして、直ちにこれを公布する」

## 結局は天皇の「御嘉納」で承認

三月四日午前十時に始まった会議も、その時には日付も変わって三月五日午後四時になっていた。通訳のベアテもすっかり姿を消していた。ハーシー翻訳部長は仕事を続けていた。ハーシーはミシガン大学で日本語を学び、戦時中は、民間諜報局を指揮していたエリオット・ソープ准将の通訳を務め、来日するとGHQ司令部民政局の翻訳部長として配属されたのだった。

午後四時に作業が終わると、ホイットニー民政局長がやってきて、佐藤に非常に安心したような顔をして有難うと声をかけた。感謝された佐藤は、

「非常に変な気持ちが致しました」

と回想している。佐藤には、ホイットニーが企んでいた「からくり」がまるでわからなかったからである。三月四日から五日、民政局案の外務省日本語訳の英訳を担当することになったハーシー翻訳部長は、後に当日の事件について問われて、次のように結論づけている。

「最終的にそのようにして書き上げられた憲法、それは日本の文書であると考えられるものなのか？　それともそれは単純に米国文書を翻訳したものといわれるべきものなのか？」

「私の感じたところでは、それは米国文書だと思います。米国文書が翻訳され、そして、その翻訳が日本側に承認された、そう考えます」

（*Irwin Hersey Interview*　筆者訳）

その日、三月五日は、午前十時から総理官邸で閣議が開かれていた。幣原首相は、GHQ民政局でまとめられた憲法案が届くと、それを閣議に付した。閣僚たちの論議の焦点は、同案を呑むか呑まないか、であった。芦田均厚相は、日記にこう記している。

「三月五日（火）Variable
閣議でアメリカ側の憲法草案強要が明白になった。それが緊張した空気を産んだ。閣議は午後も続行した。夕食だけは一寸外出したが、九時十五分に一先ず幕を下した。暗涙をのんで閣議室を出た」

（『芦田均日記』第一巻）

憲法は国家の根本法である。

それは国家の未来と国民の子々孫々にまで影響を及ぼすものとなる。いかに占領軍の圧力とはいえ、日本国民の意思を無視して受け入れさせてよいはずがない。日本案を担当した松本国務相は引き延ばし工作を提案し、幣原首相にＧＨＱ司令部を説得するよう進言した。ところが、幣原首相は、

「もう一日でものびたら、大変なことになります。ほんとに大変なことに」

というと落涙し、その幣原の涙に誘われて他の閣僚の中からも泣くものが出た。

閣議が継続している間、入江法制局次長は、総理官邸の内閣書記官長室で成文化する作業を行いつつ、閣議との間も往復し、松本国務相を補佐するようにしながら、法制局員にはその状況を伝えていた。

ＧＨＱ司令部側は、露骨に三月五日の案を日本政府案として発表せよと要求してきた。そうす

れば、マッカーサーは日本政府案の承認を発表する、というのだった。このような働きかけについて、背後から政府を誘導したのが法制官僚であった。石黒武重法制局長官、入江次長等が、「これを日本側の自主的の案として先方と同時に発表するという態度に出るほかあるまい」と主張したため、閣僚たちもその言に従って賛成することになったのである。しかし、幣原首相は三月五日案の前文を指摘し、「この憲法は、国民の厳粛な信託によるものであり、その権威は国民に由来し、その権力は国民の代表者が決める」となっているが、それでは帝国憲法上では認められないことになるではないか、と不安を述べた。これに対して、最後のとどめを刺したのも入江法制局次長の答えだった。

「それではこの案（三月五日案：筆者注）を総理より内奏して御嘉納を乞い、勅語を仰いで、かかる案を改正案とすることについて天皇の御意思を決定していただき、その御意思に基いて内閣がこの改正案を要綱として発表することにすればよいのではありませぬか」

（『憲法成立の経緯と憲法上の諸問題　入江俊郎論集』）

彼はこう述べたのである。マッカーサーが天皇の神性を借りて日本の政治機構の変革をしようとしていたように、入江も同様な手法を使って、自らが所属する法制局がまとめあげた民政局製の憲法草案を通すことを提案したのだ。入江の提案に松本国務相も渋々と賛成した。

すると入江次長は石黒長官と勅語の案を相談し、すかさず鉛筆を使って走り書きをした。これを石黒長官が閣議に諮り、字句のみを閣僚に修正させると書記官の手で勅語案を整え、五時半頃に幣原総理、松本国務相が二人で宮中に参内することになったのである。その間、各閣僚は食事をし、七時から閣議を再開した。そして、再開後間もなく、幣原総理、松本国務相が宮中から帰り、幣原は、

「陛下は実によく事態を認識せられておられ、この改正案につき御異議ない旨を仰せられました」

と報告した。

三月六日は、朝九時から臨時閣議が開かれた。法制局が作り上げた憲法改正草案要綱が各閣僚に配布され、逐条審査をして、十二時半に完了した。その間、吉田外相よりＧＨＱ司令部に、「要綱十三」として、

「凡テノ自然人ハ其ノ日本国民タルト否トヲ問ハズ法律ノ下ニ平等ニシテ、人種、信条、性別、社会上ノ身分、若ハ門閥又ハ国籍ニ依リ、政治上、経済上又ハ社会上ノ関係ニ於テ差別セラルルコトナシ」

にある「国籍ニ依リ」の削除を申し入れていた。そのままでは選挙権、被選挙権を日本国民と同様に外国人にも認めなければならないからである。そこで口実として国籍云々と書いておくと、外交官の治外法権も日本国内では認められなくなる、そう指摘してみた。すると、司令部は早速それに反応し、削除に応じた。

前文は、安倍文相と法制局とが一案ずつ起こし、閣議で双方案を検討し、最後の一案にまとめた。そして、六日午後五時、憲法改正草案要綱全文を新聞発表した。すると、GHQ司令部も同時刻に、マッカーサーがこれを全面的に支持する声明を発表したのである。

この新聞報道にすばやく反応したのが、国務省日本代表部POLADだった。

アチソン駐日代表の部下であったM・ビショップは、三月七日に日本国憲法改正草案要綱を新聞上で知ると、翌三月八日、米国国務長官に宛て、GHQ司令部に読まれないように電信でなく郵便で、次のように報告した。

「一九四六年三月六日、日本政府は天皇詔書に従い、新憲法草案を発表しました。そして同日、最高司令官も政府草案の承認を発表しました」

「突然の発表に驚くばかりで、新草案を深く分析する準備時間もまったくありませんでした。新聞発表されたマッカーサー元帥の声明と天皇の詔書から考えて、政府草案はGHQによって十分に検討され、発表前にあらかじめマッカーサーと天皇に承認されたものであることは明らかです」

「将来、日本人がこの草案計画はあらかじめ用意されていたもので、日本人によって作られたものでない、と考えるようになる危険があります。そして、そのような結果になった場合、新憲法に対する日本人の態度が根本から変わってしまうかもしれません」

（*Max W. Bishop Interview* Harry S.Truman Library）

国務省日本代表部POLADには、戦前の日本の体制に憎しみを抱く外交官が他にもいた。ジョン・サーヴィスで、彼も親中国共産党派の外交官だった。彼の父親は、戦前に米国からキリスト教宣教のために中国に渡り、中国最初のフリーメイスン結社を設立した牧師で、ジョン自身も中国で少年期を過ごし、中国共産党の優待政策を受け熱狂的な毛沢東信奉者となって東京のPOLADに駐在していた。そうした背景もあり、POLADは日本共産党員を使って、マッカーサーへの日本情報報告書を作っていた。マッカーサーもこのような計略が動いていたと最初はわからなかったため、彼らの情報操作に悩まされたが、次第に気づいてくると、

「マッカーサーはそんな彼らに怒りさえ覚えた」

とマッカーサーの側近軍医R・エグバーグは証言している。


「彼らはわかっていないんだ。（略）天皇なしには、日本の変革は達成できない。天皇は、われわれにとっても、最も身近な権威者なのだ」

（*The General: MacArthur and the Man He Called "Doc"* Oak Mountain Press）


賽《さい》は投げられた。「無知なやからは無視し、己の信ずる案をとことん推進するのが最善の道」とマッカーサーは主張した。

マッカーサーは、国務省日本代表部POLADをGHQ司令部の一部署として、自らの管理下

に据えることをアチソンに伝えた。天皇処刑支持者アチソンはやがて東京から追放され、その後、事故死している。そんな彼の後任がM・ビショップであった。

POLADの動きを読んでいたマッカーサーは、運営委員の一人であるハッシーを、日本国憲法制定を報告するべくワシントンに送ることに決めた。すると、三月六日午後に、一張羅の礼服を着たハッシーが英文案十三通を持参し、これが確定案であるとする内閣認証を求めてやってきた。楢橋内閣書記官長がその十三通に原案であると証明する署名をすると、一通は日本側に、他の一通は米国側に渡され、残る十一通はハッシーが当日そのまま特別機でワシントンの極東委員会に交付するため出発することになっていた。民政局作成の日本国憲法定着化への工作活動である。

ピルグリムの子孫ハッシーには、それはこの上ない名誉なことであったのだろう。ハッシーは米国への機上で、彼の心の高揚感を次のような詩で表していた。

古き江戸日本橋からの旅立ちは
　古き夢を消しさる
　　人々が新しき希望の道に
到着するとき
「人々の」国の上に朝が訪れる
　わが新憲法――

それを守ろうではないか
再び我々は鐘を鳴らす
自由への愛を表明する鐘を
奮起せよ！　しなやかなれ！　新日本よ
平和の国を鳩が舞う
わが新憲法——
歌で褒めたたえようではないか
（*Alfred Rodman Hussey Papers* University of Michigan Library Special Collections　筆者訳）

アルフレッド・ロドマン・ハッシーはその後、再来日することなく、ＣＩＡに入所、極秘生活に入り、一九六三年三月三十一日、六十一歳で退職、再来日を夢見つつこの世を去った。

一九九一年、ベアテは六十八歳になっていた。一九四七年に離日した彼女は、後に、民政局で翻訳官をしていたＪ・ゴードンとニューヨークで結婚すると、ジャパン・ソサエティで人知れず日本に関係する仕事に従事していた。私はニューヨークに行くと、ベアテのジャパン・ソサエティ時代の仕事仲間だった人物にコンタクトした。

「彼女は、あまり話したがらなかった」

彼は私にそう言った。ジャパン・ソサエティは、富豪ロックフェラーが資金を出して土地を購入し、米国人有志に作らせた日米の交流センターである。私が会った人物もロックフェラー家の一員と知り合いで、ハーバード大政治学博士課程修了後、日米交流に関わってきた。ベアテは当初パート・タイマーとしてやって来てジャパン・ソサエティのビル三階で彼と机を並べて仕事をしていた。ベアテは気さくな女性だった。しかし、彼女が日本国憲法に関係していたことは話に出ず、後々、米国人の憲法学者から、

「お前知っているか、ベアテって憲法起草に関わり、婦人の権利を起草したらしいぞ」

と教えられたのだ。まさか自分の隣に座っているあの女性が、日本国憲法の作成をしていたとは。彼はこのことを知ると、ベアテに一度ゆっくり話を聞かせてもらえないかと頼んでみた。すると、彼女はウエスト・サイドの自宅マンションに、彼と日本から訪れた数名の英語教師を招いてくれたのだ。

一九七八年三月末のことであったという。その頃、アメリカ国内では米国憲法に女性の権利が規定されていないことから、ＥＲＡ（男女平等憲法修正条項）の運動が起きていた。州議会ではそのための議論が活発だった。このようなことから、ベアテ宅でも自然にその話題になったため、彼は、米国憲法には女性の権利も、男女平等もないことを皆に説明したのである。ところが、これを聞いたベアテから「God damn shame！（そんなバカな、ウソでしょう）」という思いがけない言葉が返ってきたのだ。彼は、日本国憲法に女性の権利を起草した本人なら当然このようなことは知っているものと思っていた。だから、「ウソでしょう」という言葉を耳にした彼は、他の日本人

の手前、彼女に恥をかかせたくない気持ちから、ベアテにこう言ったという。

「しかし、あなたは日本では米国よりも先にそれをやったのですよ。そんな大変なことをしたのを知らなかったのですか?」

「えー?」

彼女は彼の説明に絶句し、頭をフル回転させていた。そして、間がおかれてから、

「オーマイゴッド。私はそのようなことは考えもしなかった、本当に私がそんなことやったの?」

と答えたのだという。つまり当時ベアテは米国憲法に詳しくなく、そこには男女平等条項がないことを彼に指摘されるまで知らなかったのである。そればかりか、彼女は日本国憲法に男女平等を〝書いた〟ことも自覚していなかったことがわかる。しかし、一九七八年三月末以降、かつて日本国憲法に関わったということは彼女のキャリアに確実にプラスになり、ジャパン・ソサエティから移ったアジア・ソサエティを一九九一年に退職した時、彼女は部長職であった。

そんな職場を去るベアテに宛てて、ケーディスは手紙を書いており、その中で彼は初めて彼女の功績と活動の実態を具体的に明かしている。


「あなたはOWI勤務後、一九四五年秋、日本に戻りました。あなたの戦前の日本体験と日本語、他の外国語能力が、二十二歳ながら特別にGHQ司令部民政局で最初の民間女性職員となるきっかけになりました。一九四六年初期、あなたは他の民間職員と私がチーフをしていた民政局政府統治部の政党課に配属されました。政党課は構成員わずか三名のみでしたが、

広範囲にわたる役目がありました」

（*Charles L. Kades Papers, 1913-1997* Amherst College Archives and Special Collections　筆者訳）

その役目とは、日本の政党の活動を監視したり、実際にその指導者と接触を持ち、情報分析する仕事であった。しかし、役目はそれだけでなく、

「同課は、黒龍会、玄洋社などの超国家軍国主義秘密結社を解体させ、これらの会員関係者が産業界、放送メディア、公的機関などで要職について影響力を持つことを排除する監督責任もあったのです。その際、あなたの有益な忠告と熟達した補助が特命を成し遂げる不可欠な力として貢献したのです」（前掲書）

## 「公職追放」におけるベアテの役割

ケーディスは憲法作成の運営委員であったが、別の顔も持っていて、公職追放を推し進める中心人物でもあった。

公職追放といえば、公的な職業に就いていた日本国民を対象に追放したもののように思える。ところが、その対象は元軍人、政界、官界、財界、マスコミ界、教育界、町内会、部落会まで広

範囲に及ぶ粛清であり、公職追放は日本人にとっては、日本の歴史上でも全く新しい経験となった。

これが実行されることになった背景には、ポツダム宣言があった。その六項には、

「われわれは、無責任な軍国主義が世界から駆逐されるまでは、平和、安全および正義の新秩序が生じ得ないことを主張するものであるから、日本国民を欺瞞し、これをして世界征服の挙に出るという過誤を犯さしめた者の、権力と勢力は永久に除去されなければならない」

と記されていた。それは、国務・陸軍・海軍三省調整委員会が作成した「SWNCC228」文書、および統合参謀本部発令の「JCS1380」文書でも提示されていた。

例えば、「SWNCC228」第一部（ロ）は、

「日本は、完全に武装を解除され、且つ非軍事化される。軍国主義者の権威と軍国主義の影響力は、日本の政治、経済及び社会生活から完全に除去される。軍国主義及び侵略の精神を表明する諸団体は、断固として抑圧される」

とされ、第三部「政治」――「武装解除及非軍事化」では次のように指令されていた。

「日本大本営、参謀本部及びあらゆる秘密警察組織は、解散されるべきである」

「その他の日本政府の陸海軍高級職員、超国家主義的及び軍国主義的団体の指導者並びにその他の軍国主義及び侵略行動の重要な推進者は、拘束され（略）なければならない」

「軍国主義及び好戦的国家主義の積極的推進者であった人物は、公職その他のあらゆる公的また

は重要なる私的責任のある地位から罷免され、かつ排除されなければならない。超国家主義的または軍国主義的社会上、政治上、職業上及び商業上の結社並びに団体は、解散され、禁止されなければならない」

右のカテゴリーに属する人間は、「ＳＷＮＣＣ２２８」文書と「ＪＣＳ１３８０」文書を抱えて厚木基地に降りたったケーディスが属するＧＨＱ民政局によって、投獄か追放という粛清が行われたのである。

民政局は一九四六年一月四日、公職追放指令を出した。作成したのは、ドイツ占領に関わった民政局員でニューヨークの弁護士Ｓ・バイアードとハワイの弁護士Ｍ・グッドシルだった。ここにケーディスも加わり「ＪＣＳ１３８０－５」文書と「ＳＷＮＣＣ」文書を参考にし、ドイツの非ナチス化政策（パージ指令）を念頭に、原案を作成して公職追放指令Supreme Commander for the Allied Powers Instructions「ＳＣＡＰＩＮ５５０」を出したのである。そこでは「好ましくない淘汰されるべき日本人」が具体的に七項目に分類されていた。

例えば、Ａ項は戦争犯罪人、Ｂ項は大日本帝国陸海軍の全軍人、Ｃ項は超国家主義者、愛国主義者、Ｄ項は大政翼賛会などの政治指導者、Ｅ項は日本の大東亜共栄圏設立の企てに関係した金融・開発機関の役員、Ｆ項は大日本帝国の各植民地を支配した政府高官、そしてＧ項はその他の軍国主義者・国家主義者とされていた。

その中で、特に注目すべきは最後のＧ項であった。Ｇ項はドイツの非ナチス化政策にもなったカテゴリーで、A項からF項までの基準に漏れた、どうとでも取れる者を押し込めることができる項目で、ケーディス自らが挿入したのである。

AからFまでのカテゴリーについての粛清の決定は自動的に行われた（『指導者追放』ハンス・ベアワルド）。しかし、G項は解釈次第でどのようにでも決定できたことから、「日本の指導者の経歴を審査する人々に、行使し得る大きな権力を授けることになった」（前掲書）のである。

このような問題のG項は「その他の軍国主義者・国家主義者」として、次の三点を挙げていた。

一　軍国主義的政権反対者を攻撃し又は其の逮捕に寄与したる一切の者
二　軍国主義反対者に対し暴行を使嗾《しそう》し又は敢行したる一切の者
三　日本の侵略計画に関し政府に於て活発且重要なる役割を演じたるか又は言論、著作若《も》しくは行動に依り好戦的国家主義及侵略の活発なる主唱者たることを明かにしたる一切の者

そして、このような追放政策を運用した民政局の中でも、特に政党課が、重要な役割を演じたのである。同課はルースト、ワイルズそしてベアテ・シロタの三名で構成されていたが、中でもベアテの行動は一九四六年四月の時点ですでに参謀二部長ウィロビーの注目するところとなっており、彼女については次のような報告書が作られていた。

シロタ、ベアテ（TabH）

シロタ嬢は現在、民政局政治課 Political Section の調査分析に従事している。

この地位により、彼女は日本人官吏の公職追放及び審査に直接関与、地方行政府レベルにおける公職追放の範囲についても積極的な役割を果たしている。公職追放に関係する彼女の業務の中でシロタ嬢は左翼的な傾向を示し、左翼主義として完全に認められているカルロス・P・マーカム（TabG）、アンドリュー・ジョナー・グラジャンツェフ（TabA）などと密接に行動を共にしている。シロタ嬢は公職追放者の対象期間も一九三一年以前にまで拡大するよう強く要望している。それは該当年以前に日本共産党員の逮捕に関係した全日本人警察および警察官僚を含める目的があるためである。さらに彼女は公職追放に当たり、個人的な好悪の感情にもとづき、つまり、彼女の父親レオ・シロタが戦前、戦中に日本滞在中にある個人を嫌悪したり、個人的に不快な経験をしたという理由でも、彼女は該当者を公職追放者にしたと報告されている。

シロタ嬢が父親から日本の警察及び官僚に対する憎しみを受け継いでいるのは明白である。現在、日本問題専門家として、この若い女性は司令部内で異常な責任ある地位に置かれている。このような地位から、彼女は日本の官僚たちを公職追放する「専門家」として、抑えていた彼女の個人的憎悪をぶちまけ、子供じみた喜びに浸っている。このように年も若く、未熟で、曖昧な過去があり、個人的な強い憎しみの感情をもつ、米国市民権を慌てて取得した人物が、占領政策および米国の成否に関わる問題に米合衆国や最高司令官の威光を使うことには大いなる矛盾がある。

（『ウィロビー文書』）

私は、ウィロビーが作ったベアテに関する報告書を求めて、ヴァージニア州ノーフォークにあるマッカーサー記念資料館を訪れこれを入手した。当館は、マッカーサー関連資料および日本占領に特化した資料館で、対応してくれたゾブル司書もオーラル・ヒストリー作りを行っており、ベアテにも取材をしていたため、ベアテ関連の資料を提供してくれたのである。

ベアテが担当した公職追放は、懲罰的に使ってはならないとされていた。それが行使されると、追放の該当者は直ちに罷免され、退職金その他の諸手当は停止されて、該当者だけでなく、その家族が貧困に直面してしまうのである。さらに該当者は、

「被追放者の政治活動その他公職にあるものに対する影響力の供与の禁止」
「被追放者の元の職場の建物への立入禁止」
「三親等以内のものが被追放者の元の地位につくことを禁止する」

などの規定に直面し、親族・関係者たちも社会から抹殺同然とされてしまう。だから、公職追放は当時の日本社会全体を震え上がらせたのである。

## 「できるだけ多くの人間が引っ掛かるように……」

　このような追放政策を発令したのは民政局であったが、各条項に対応する細目は、日本側に丸投げした。当然ながら、追放指令について日本国民に対し口外してはならないという箝口令《かんこうれい》が敷かれ、日本側との折衝はケーディスらが行った。命令を受けた日本政府は、「別表」を作成する小委員会を設置し、石黒法制局長官、曾禰《そね》益外務省政治部長、郡祐一内務省地方局長他三名で作業に入った。二月九日にはC項、D項が作られた。続いてA項、B項、F項が作られ、ケーディスの同僚A・ハッシーがワシントンに向けて日本を去った四日後の三月十日には残りのE項とG項の細目がまとめられた。

　日本の国会は解散されたままの状態になっていた。衆議院は一九四五年十二月十八日に解散され、次の総選挙についてはGHQ総司令部から延期命令が出されたままであった。民政局としては、次に行われる戦後初の総選挙までに、この公職追放を十二分に効果的に使うことを意図していた。解散中の衆議院議員数をみると、その数は四六六名であった。ケーディスは、この衆議院議員のほとんどを公職追放該当者にして、粛清しようと考えていた。例えば、ケーディスが、

「できるだけ大勢の人間が引っ掛かるようなものを作れ」

（『占領秘録』住本利男）

と指示したと当時、彼と交渉に当たっていた曾禰が述べていることでもそれはわかる。

外務省終戦連絡中央事務局政治部長の曾禰も、法制局長官石黒武重も公職追放の支持者だった。これに抵抗すれば、自分たちが追放該当者にされてしまうからである。日本国憲法試案を作成した松本烝治国務大臣が粛清されていたため、石黒法制局長官以下、局全体が、民政局の指示で動く組織となっていたのである。

当然、彼らが抵抗できないように監視をする国内のグループも沢山あった。共産党員やその同調者、左派集団で、彼らは民政局に指導者層の「清掃」を盛んに進言していた。

「民政局の追放担当者の中に、特にこれらの分子と緊密な連絡をとっていたものもあって、それらの意見も民政局上層部にかなり強く反映していた」

（『回想十年』第二巻　吉田茂）

ケーディス自身も、野坂参三が民政局に頻繁に訪れてよく話し合っていたことを、日本の学者に明かしている（「ケーディス日本占領回顧録」竹前栄治『東京経大学会誌』第一四八号）。

共産党中央委員志賀義雄も情報提供者だった。そんな彼は、次のような演説を行っていた。

「犯罪者を指名する時が來た。日本を破滅に導き、日本を恐怖と抑圧の場所と化した奴等の名前を挙げる時が來たのだ。われわれのリストは長い。それには千三百人からの名前が上がっている。まず衆議院の三百五十七人の代議士共だ」

（『ニッポン日記』マーク・ゲイン）

ケーディスは同僚の憲法起草運営委員A・ハッシーが新日本国憲法草案をワシントンに届けただけではそのミッションは不完全だと考えていた。問題は、これが最終的に日本の国会で承認されるか否かにあった。つまり、新憲法草案が日本の国会に提出されても、これがその場で否定されてしまえば、ワシントンに届けられた新憲法草案も極東委員会に対する説得力を失ってしまうことになる。

このため、ケーディスは日本の国会に着目し、解散されていた前衆議院の議員四六六名に対して公職追放を発動、三八一名を追放し、次期立候補を禁止した。さらに貴族院八〇七名は罷免した。

一九四六年二月二十一日、政党課のP・ルーストとH・ワイルズは進歩党の斎藤隆夫を民政局に呼び出し、衆議院選の聞き取り調査を行った。斎藤は東京専門学校（現、早稲田大）卒で、後、米国イェール大学で法律を学んだ弁護士で、日本の中国への軍事政策や経済進出を批判して一九四〇年に国会から追放されていた元議員であった。

斎藤自身は公職追放の対象者でなかったが、彼が創設した進歩党員の衆議院公認候補二七〇人のうち、九十パーセントが公職追放対象にされている、と斎藤はルースト課長に報告した。そして、その欠員の穴埋めを問われると、追放された候補者の選挙区にチャンスのなかった新人や女性を候補に充てれば彼らに政治参加の可能性が与えられると答えた（*Interview with Saito Takao Memorandum for the Chief. GS. 24 Feb. 1946*）。

事態は民政局が思っているような展開になっている、ルーストたちにはそう見えたであろう。政党課は、三月十三日にも、自由党の女性の地位向上に関する活動報告をしている。これによれば、自由党は婦人部への関心が薄く、同党のある男性幹部は国内の婦人組織名を一つも挙げられず、他の幹部も女性の社会的地位向上に関する自由党の目標を述べられなかったとし、党のダメージを仄めかすような記述をしている。

しかし、彼らは単に追放するだけで満足していたわけでなく、民政局の基準を作り、スクリーニング審査を設け、彼らからのお墨付きを得られた者だけが立候補できるような仕組みも考えた。例えば、民政局が作った国会議員立候補者への審査質問書には、不完全な申告、虚偽の事実があった場合は犯罪として起訴し、処罰するという注意事項が付けられた。これも、民政局が作った新憲法を日本の国会で承認させるための手段の一つだった。

こうして旧政治家の粛清を終了すると、一九四五年十二月以来延期されてきた第二十二回衆議院総選挙の準備を始め、一九四六年四月三日に立候補の届け出を締め切り、同月十日に総選挙が行われた。

選挙結果は、新人の当選者が増え、定数四六六議席に対して三七九名の新人候補が席を確保し、全議席中の八十パーセントを占める結果となった。これら新人国会議員は、公職追放という名の粛清が行われたからこそ、晴れて議員になれたのである。そして、これら新人議員たちが召集されて、六月二十日に、第九十回帝国議会が開かれた。すると、民政局はそこに帝国憲法改正案を提出し、同改正案の可決を迫ったのである。全席の八十パーセントを占める新人国会議員は民政局による公職追放の恩恵を受けて国会の議席を得ていたが、そうではなかった他の議員も粛清の対象にはされたくなかった。このような状況であったため、民政局が提出した憲法改正案は、賛成四二一、反対八という圧倒的多数をもって衆議院で可決されたのである。すると同案は十月七日に国会議決をされ、十一月三日に日本国憲法として公布された。しかし、この公布は告示であり、実際に施行されるためには、参議院でも可決されなければならなかった。GHQは、占領下にあった日本国民に、連合国最高司令官、同総司令部及び同指揮下にある部署への批判を禁じ、検閲をしていた。それには、出版、映画、新聞、雑誌などが含まれていたが、新憲法に関しても、「日本の新憲法起草に当たってSCAP（連合国最高司令官、連合国総司令部）が果たした役割についての一切の言及、あるいは憲法起草に当たってSCAPが果たした役割に対する一切の批判」について、検閲の対象にしていた。

「SCAPが憲法を起草したことに対する一切の批判」に相当する検閲は、民間諜報局（CIS）

と民間情報教育局（ＣＩＥ）が行っていたため、民間人はもとより、日本の国会、役所などでも論じられるようなことはなかった。特に、国会議員や公務員の場合は、検閲・粛清と隣り合わせになっていたために、なおさら口を閉ざした。ところが、民政局は、日本国憲法が衆議院を圧倒的多数で通過し、公布されたものの、それでもまだ不安を抱いていた。それは民政局政党課が作っていた報告書から読み取れる。同課は、人類学者で社会学者、神智学の信奉者であったピーター・ルースト班長の下、「一九四六年選挙」調査報告書を作成し、ケーディスに提出していた。

ルーストは四月十日の総選挙の結果について九編の報告書を書いていたが、部下であったベアテも「二人の民主党指導者の訪問」「第九十議会における少数政党」という報告書をまとめている。ベアテのまとめた二人の指導者の一人は、のちに民社党を結成し、初代委員長となる西尾末広のことで、彼は片山哲社会党委員長との会談の依頼のためだけにベアテを訪問し、その許可を求めていた。政党課には片山哲などの他に日本共産党幹部も出入りしていたため、彼らからあらゆる情報が入手できた。西尾末広が訪れると、ベアテの他にルーストも同席し、地方で続発しているストライキの背景について質問した。西尾は他党と合併するかどうかについてもルーストから尋ねられた。ベアテは西尾とルーストのやり取りを報告書にし、また、「第九十議会における少数政党」もまとめ、次のような内容にしていた。

「一九四六年四月十日に実施された総選挙は、国会四六六議席を目指して二八〇三名が二六八政党から立候補した」

## 「地方ボス」を解体せよ!

二六八もの数の政党が日本国内に作られた理由として、政党の数が多ければ多いほど民主的だと日本人が考えていたためだと、ベアテは記している。しかし、それほど多くの少数派政党が作られたものの、選挙が行われた結果、次のようになった。

「三十政党が国会代表として当選できた。その内訳は、五大政党が三五二議席を、無所属が七九議席を確保し、残りの二十五少数政党は三五議席を確保した」

ベアテはこの二十五の少数政党の動向について、選挙後に二つの政党が解党を命じられたため、残った二十三の少数政党は発言権がさらに弱くなるので、最後の手段として少数党同士で連立を組むか大政党に加わることになる、と分析している。そして、このような分析に沿って、彼女は十七の少数政党とその党員がどの大政党に流れるかを図で示している。ベアテは、これら少数政党の議員は国会議員になったものの、どの大政党の、どの政策集団に加わるか決められずに政治混乱を起こしていること、また加わってからもその決定が知り合いなどに頼ってなされたものだったため、所属政党への忠誠心に欠けていると指摘している。さらに、当時二十二歳のベアテはこれらの少数政党代表者と会い、彼らの受け答えから得た結果として、少数政党の議員代表者を未熟な者たちとも評していた。彼女の報告書は、ルースト政党課長の承認を得て、ケーディスに提出された。

一方、政党課から報告を受けた民政局幹部はどのように考えていたか。もともとケーディスは、既成の国会議員の八十パーセントを粛清して議員資格を停止させ、彼らが再び立候補をできないような致命的打撃を加えてしまえば、総選挙の結果は社会党が第一党になると読んでいた。ところが、四月十日に行われた戦後初の総選挙では、社会党内閣の誕生になるどころか、自由党が第一党になり、期待していた社会党は第三党で、第二党の進歩党にも及ばなかったのである。ケーディスはこのような結果に心の底から危機感を抱いていたのだ。というのも、このような結果のままで自分たちが占領日本から去ってしまえば、民政局が作成し、苦労して国会承認させて成立した新憲法も、将来どうなるかわからなくなってしまう。

GHQの姿が日本から消えてしまえば、新日本国憲法は即座に改正されてしまうかもしれない。このことを憂慮したケーディスら民政局幹部は社会党が第三党に留まり、自由党が第一党になった背景を調査してみた。すると、そこには地方ボスがおり、その影響があることがわかった。つまり、地方ボスの活動に阻まれて社会党は敗北した、そう結論したのである。

このように、地方ボスの存在に焦点があてられると、民政局は衆議院選に次いで行われる第一回参議院の選挙対策に乗り出すことになった。その対策とは、地方ボスそのものにメスを入れ、これを完全に除去する行動を起こすことであった。それは何か——。

ケーディスは、半世紀後の一九九一年六月三日、前述したベアテ・シロタに宛てた手紙で次のように言及している。

「私が責任者であった民政局政府統治部の政党課にあなたは配属されていた」

「黒龍会、玄洋社などの秘密結社、軍国主義団体、超国家組織の解体を指示、監督し、関係組員や団体員を産業界、官界、情報メディア界などから締め出す責務を任されていた」

そして、このような課に所属していたベアテは、「熟達した仕事ぶり」を発揮し、

「課の使命を完遂させるために不可欠な貢献をした」

と明かしている。

政党課はP・ルースト、H・ワイルズ、そしてB・シロタというわずか三名の小さな課ではあったが彼らは「政党の民主化計画推進、政党の活動状況、目的、綱領の評価分析、政党指導者との連絡および維持、そして情報管理」を全政党に行うという広範な業務を担当していた。


ケーディスから評価されていた彼女が実際に関与し、その結果、粛清された団体には、日本競馬会、大日本武徳会などがあり、粛清対象人物には、佐藤栄作や出光佐三などが入っていた。中央の組織や人物から「地方ボス」への粛清に民政局の関心が移っていった。民政局は、地方ボス、地域ボス、具体的には日本全国に網の目のように存在し、機能していた町内会、部落会、隣組に注目することにしたのである。

ケーディスは「ベアテの熟達した助言が民政局のミッションを遂行するのに貢献した」、そう手紙の中で述べている。この彼女の助言とは、ベアテが終戦直後に日本に帰って両親と再会した際、彼らがどれだけ最悪な状態に置かれていたか、町内会から監視されていたこと、隣組制度の

悪習などを聞いて、それをケーディスに訴えたところ、彼がそれに説得されたことを意味するのであろう（「ケーディス日本占領回顧録」）。

そして、その結果、民政局は、日本中の町内会、部落会、隣組は日本社会の監視組織であり、例えばその長は、警察の手先として働き、日本社会の民主化にとって有害な存在である、このように解釈する次のような報告書を作成した。

「東洋においては、広大な土地の支配者や省の長官は、自分の権力を維持し、市町村の住民の生活までも支配するために、相互責任組織、すなわち、スパイと人質による威圧的な保護組織を設けていた。住民は、世帯単位でいくつかのグループに分けられ、各グループには任命制か間接選挙制によるグループの長が置かれ、全体としてピラミッド型の責任体系が作られていた。

中国人は、この階層的スパイ組織をパオ・チャと呼んでいた。七世紀に、日本の支配者は、この中国の組織を日本に導入した。十四世紀から十六世紀に及んだ内戦の時代にこの組織はすたれたが、その後、徳川将軍の時代に五人組、十人組としてふたたび用いられた。五人組、十人組は、クリスチャンを発見させ、報告させたり、浪人のように幕府の敵となるものを捜し出したり、つねに人民を支配下においておくために用いられた」

「この隣組によって、日本国民の個人的生活、活動、さらに思想さえも一握りほどの中央政府の官吏によって有効かつ完全に支配されてしまった。この組織により、中央政府官僚から各家庭、各個人にいたるまでの命令系統が設けられ、下部から中央政府にいたる情報網が設けられた」

「戦争中、大政翼賛会がおもにこの組織の支配権を握り、国民に大政翼賛会の方針を宣伝するとともに国民を大政翼賛会の傘下に確保するためにこの組織を利用した。

隣組組織は、市町村の執行機関の代行機関としてもっとも十分に利用された。多くの場合、長にはボスがなった」

(*Political Reorientation of Japan*)


このような地域ボスは公共精神に欠け、その地位を利用し暴君となり、思想警察その他抑圧機関の役になった、と報告書は続けている。しかも、同報告書は、地域ボスは監視と組織化に没頭していただけでなく、選挙を支配する存在であると指摘し、次のように結んでいる。

「彼等の多くは、地方選挙を支配し、あるいは自分の官職のために、派閥を作り組織を作った。このような人々は、地方行政の民主化を成功させるために非常に危険な存在である」


こうした報告を受け、民政局ケーディス次長は、町内会、部落会そして隣組を日本社会に存在する諸悪の根源であるとし、

「日本側のやっている追放はどうも手ぬるい。このことについて総司令部は関係国から非難されている。この問題はもう一度徹底的にやらなくてはならない」

(『占領秘録』)

と外務省関係者に伝えた。そして二か月後、日本国憲法案が提出された一九四六年六月二十日に開会された第九十帝国議会で、ケーディスは大村内務大臣に、町内会、部落会および隣組長は公選制にするよう伝達し、それができないならこれらの組織は廃止するよう付け加えた。日本全国の町内会、部落会、およびその連合会長や隣組の組長まで全てを選挙するなど無理な要求であった。

## ベアテ・シロタのプロパガンダ戦略

歴史的、文化的に、日本の地域社会においては町内会、部落会、隣組は国民生活に密着した組織であり、これを勝手に廃止してしまえば、住民の反発を受けてしまう。また、あらゆるものが混乱していた当時の社会情勢で、このような組織を廃止してしまえば、国民生活の秩序が保たれなくなる心配もあった。米がない、味噌がない、医者に行く金がない、このような時、互いに助け合いながら生きていく生活の知恵が、日本の互助組織だったのである。

このように日本人の生活に根付いていた町内会、部落会、隣組が、民政局からの命令で廃止、粛清されたことがわかれば、日本国民から非難の声が自分たちに向かう。

これを恐れていたケーディスは、内務大臣の方から趣旨説明を含めた声明を発表するよう要求した。一方、要求を断れば自らが粛清の標的にされることを恐れ、事情やむを得ぬものと、それを受けた日本側は、町内会などの廃止を閣議決定した。そして、内務省は、訓令第四号を発し、一九四七年一月二十二日付で町内会、部落会およびその連合会、隣組を廃止する新聞発表を行った。しかし、同局政党課の特別調査員ベアテは、日本政府の訓令や新聞発表だけでは不十分であるとして、地域ボスの追放粛清を日本国中に広く知らしめるため、ラジオ番組を使った宣伝放送を提案した。十七歳から終戦まで、対日プロパガンダ放送に従事した彼女ならではの発案で、それは次のような内容となっていた。

以下、立命館大学図書館所蔵のGHQ／SCAPデータ・ベース・サーバーよりGS－2を選択し「Sirota」と入力検索してやっと見つけ出した彼女の提案をここにそのまま記すことにする。

一九四七年二月三日

粛清ラジオ放送の件

1．追放粛清について広報し、追放粛清政策を日本人に関心を持たせるようにするためこれから二カ月間にわたって追放粛清の意味、目的、規定について日本の公共放送で継続して注意喚起をする必要があります。

2．追放粛清の解説番組は、「ラジオ町内会」という一時間番組とし、その番組中で粛清の目的、条項、指令について三、四名の政治指導者、新聞関係者、学者などに討論をさせ、その際の論点は、家族条項、（略）G項の解釈などにする。

3．一時間番組の後、毎週一〇分番組を二回、三〇分番組を週一回設け、その中ではあらゆる階層からの代表者討論がなされるようにする。
一〇分番組は一人の話し手（日本政府関係者、国会議員、学者、新聞関係者）が粛清指令に関する質疑応答番組やこれに違反して罰を受ける場合についての仮定ケースを担当する。三〇分番組は同指令に関係する一般的なものとするべきです。

このようにベアテはラジオ放送を用いた粛清広報番組の具体的な提案をしていたが、さらに彼女は民政局の狙いを読みとり次のような提案も行っていた。

4．選挙前の期間中は、ニュース報道をする際に三〇秒間速報を行い、その中で投票有権者に立候補者に関する質問審査表が用意されているので、これらを参考にして違反などには注意をするようにさせること、さらに粛清に関連する他の細かな報道もするようにする。

ベアテはこのように、参議院選挙前の期間中は、ラジオ放送を使って日本国憲法の改正を考えているような層の絶滅を狙った提案をしたのである。

「あなたの有益な忠告と熟達した補助が特命を成し遂げる不可欠な力として貢献したのです」

(*Charles L. Kades Papers,1913-1997*)

このようにケーディスが、一九九一年六月三日のベアテ宛の手紙で明かすように、彼女のラジオ企画、町内会・部落会・隣組廃止を報ずる追放粛清ラジオ放送案は採用され、一九四七年三月二十九日、放送が次のように実施された。

「戦時中国民生活に重要な役割を演じ、今日尚存続している隣組、町内会、部落会及びその連合会の四つの機構は、本年四月一日以降廃止せられることとなった。この際、その廃止の意義とその後の措置について、国民諸君の注意を喚起することとする」

「今后《こんご》、この種の強制的性格をもつ団体の存在は一切許されず、後継団体もなくなる訳である。国民諸君は、本年四月一日以降此等四つの機関は廃止され、その長の職務は存在しないこと、従って、またそこには資格審査とか選挙とかという問題もないことを明確に知っていただきたい」

(「自治庁行政局行政課部落会町内会関係書類綴」)

町内会長、部落会長およびその連合会長の追放粛清を広報する放送は、これらの会がそれまで行っていた世帯票の整理、配給通帳の検印、無所得証明、居住証明、税金の徴収、配給、大掃除、消毒薬撒布、回覧板などの業務は市町村の行政業務に移管されると伝え、さらに次のように放送を行った。

「わが国に於ては、従来国民が官制乃至官治的なものに依存する傾向が強かったのであるが、この際旧弊を一擲《いってき》して国民各自の創意と工夫により、国民の必要を充す為の新しい団体が国民自身の手により産み出されることを希望してやまない」（前掲書）

国民の必要を充す為の新しい団体――、とは新たに誕生する日本国憲法の精神と通じ合ったものが期待された。粛清ラジオは日本国憲法にも言及し次のように放送を続けていた。

「四月一日を期して行なわれるこの改革は、わが国の民主化の上に極めて重要な意義を有する。即ち、五月三日に迫った改正憲法の施行に先立ち、地方行政の末端に至る迄、戦時統制機構を一掃することによって、（略）選挙の公正なる実施を確保し、以て民主日本建設の基盤を確固不動ならしめようとするものである」（前掲書）

こうした町内会、部落会、隣組を一掃する粛清放送を聞いた日本人の大部分は、これに戸惑い、衝撃を受け、非難の声が日本政府に向けられた。実際、このような放送を歓迎したものは少なかったのではないだろうか。

一方、対日放送の宣伝員として生きてきたベアテにとっては、彼女の企画がかつての敵地日本で実現したことに感慨深いものがあったことだろう——。徹底した現実主義者で、自分を中心に考えてきた彼女は、粛清放送がなされ、実際に町内会が解体されたことに喜びをかみしめていた、と断言したら言い過ぎであろうか。

「シロタ問題の報告、これに取り組むべし」

GⅡのウィロビー部長が、調査の協力者スピンクス博士に宛てたメモには、「GⅡ　コメント」と題した注意書きが付されており、その最初の一文は次のように始まっていた。

GⅡ　Comment
This is the case of an "expert", characterized as indispensable, to pass on the purge of little office-holders, the village headman or neighbourhood chiefs.

「GⅡ　コメント
これは、『専門家』が必要不可欠なものとして、零細企業主、村の指導者、町内会長（隣組）などを粛清することを伝える事案である」

（『ウィロビー文書』筆者訳）

「専門家」とは、二十二歳のベアテが「リサーチ・エキスパート」という身分で雇われていたことに対して、ウィロビーが皮肉を込めて付けていた呼び名である。

ウィロビーは、一九四六年六月に彼女の両親が米国への移住の申請をすると、ベアテも含めシロタ家の身辺調査を開始した。そして、一九四七年になると、次々に疑わしい事実が判明し、それらをもとにかなりの量の報告書を作り、上層部に提出していたのである。この報告書は現在、米国ノーフォークのマッカーサー記念資料館に所蔵されているが、右記「GⅡ　コメント」も私が同館を訪れて、司書に探してもらった中から見つけ出した一枚だった。同館で収集した『ウィロビー文書』は一五〇〇ページほどからなっていたが、「ベアテと町内会長粛清」文書は数ページほどあった。それを読むと、ウィロビー調査が見つけたこととして、ベアテが日本の警察と隣組権力者に異常な憎しみを持っていた事実が、次のように書かれていた。

We find the "expert" almost psychopathetic in her hatred of the police and the neighborhood authority. She is almost childish in her glee, at being able to vent her fury, and her suppressed hatred, in a position as "expert" on the purge of neighbourhood officials…a stateless jewes, a hastily acquired citizenship, wieling the power of the United States and the prestige of MacArthur.

（*GII Comment DECLASSIFIED PER JCS 20 Aug. 75* MacArthur Memorial Library）

「われわれは『専門家』が、警察や町内会・隣組権力に変質的なほどの憎悪を抱いていることを知った。（略）もと無国籍のユダヤ人で、慌てて米国市民権を取得した彼女は、米合衆国の権力とマッカーサーの威光をふるって、隣組粛清『専門家』という立場で、それまで抑えていた憎悪と激怒をぶちまけることができることから、まるで子供のような歓喜にある」

（筆者訳）

ウィロビーが行ったベアテ調書は継続して作られていったが、右の「GⅡ　コメント」には一九四七年二月二十七日に作られた調書には見られなかったことが書かれていた。そこには、ベアテが町内会の会長といったものに異常なまでの抑圧された憎しみを持っていて、粛清が実施されると子供じみた喜びを表したというのである。

民政局次長C・ケーディスが一九九一年六月三日、ベアテに宛てた手紙については既述した。実は、彼はベアテ宛の手紙を出した一か月後、彼女の先輩で同窓にあたるエレノア・ハドレーにも手紙を書いていた。

エレノア・ハドレーは、民政局に在勤中、日本の財閥解体を指揮した人物である。一九四三年から四五年まではOSS員として日本経済の調査分析に当たり、同年五月以降は国務省に移って日本経済の講義をしていた。そして、一九四六年三月、民政局に調査分析官として年俸四六八七ドル五〇セントで派遣され日本に駐在した。しかし、駐在を終え、米国に戻ってCIA就職直前に赤狩りに遭い、彼女自身が公職追放され、それからは不遇な後半生を送っていた。ケーディスはその元OSS員で民政局員だったハドレー宛ての一九九一年七月五日付の手紙を「親愛なるエレノア」と始めると、ベアテの両親についてこう述べていたのである。

I think I once mentioned to you (but perhaps not) that her father and mother (so probably her, too) were trained by the OGPU and deliberately sent to Austria and then to Japan. I am reminded of it by the enclosed clipping as well as what you sent me. (*The Japanese Constitution of 1946, Correspondence Box 5 Charles L. Kades Papers* Amherst College Archives and Special Collections)

「私はかつてあなたにだったか（でなかったかも知れないが）、彼女（ベアテ：筆者注）の父親と母親（おそらく彼女も）がOGPUから訓練を受けてから意図的にオーストリア、そして日本に送り込まれたと言ったことがあると思います。私はあなたが送付してくれた切り抜き資料を見て、そのことを思い出しています」（筆者訳）

まず驚くことは、ベアテの出身校ミルズ・カレッジの先輩・同窓であり、民政局員時代にはベアテと軽井沢まで一緒にピクニックに行ったほど親しかったはずのエレノア・ハドレーが、ベアテの両親の隠された背景を知ると、その資料をケーディスに送っていたという事実である。ところが、そうした関係資料をケーディスに送ったところ、ハドレー宛てに、ベアテの両親はKGB（ソ連国家保安委員会）の前身OGPUから日本に送り込まれた、とする新情報が届けられたのだ。

つまり、それはシロタ一家が乃木坂に暮らしていた頃のことである。

# 新憲法に結実した個人的な復讐

「二・二六事件のその日、道路は封鎖され、家にも憲兵がやってきた」

（『1945年のクリスマス』）

ベアテは右のように回想録に記していた。当時十二歳だった彼女は、家の前に立つ兵隊を見て彼らが家を守ってくれているものと安心していたが、やがて、それは逆であることが判明する。

「私の家が憲兵によって見張られていることを知った」

（前掲書）

ここでベアテが述べているのは、乃木坂で暮らしていた際、一九三六年に遭遇した二・二六事件での体験である。そして、これ以降、シロタ家は憲兵に見張られたりするようになり、このことが警察にも憎しみを向ける出発点となったのである。

そこで、二・二六事件関連の資料にあたってみると、『検察秘録　二・二六事件Ⅱ　匂坂資料6』の中に、ベアテの父親らしき人物の名を見つけることができた。それは「コミンテルン関係調査メモ」とされ、「白系ロシア人シロータ」が、片岡義寅（満鉄東京支社）の紹介で貝塚新作（満鉄東京支社）に会うと、「シローター」は「宇佐美ニ渡ス金」として一五〇〇円を貝塚に渡したと記されていた。つまり、『検察秘録』に言及されている「シロータ」は、二・二六事件反乱軍の支援者だったということである。

当時、東京在住の欧米人は二〇〇〇人ほどにすぎなかったので、「シロータ」とは、ベアテの父、レオ・シロタその人ではなかろうか。そうではないにしても、その姓がそっくりなことから、警察の監視対象にされた可能性もある。父親レオ・シロタは高名なピアニストとして知られていた。日本滞在中は政治家、外交官などの著名人と交流し、自宅ではパーティーが催された。しかし、それほど交流を盛んにした人物ならば、手紙や日記類を残しているのではないかとメリーランド大学図書館に照会したところ、音楽関係以外の資料はメモも含め一つも見当たらないとの回答だった。妻アウグスティーネが回想録で「全ての文書は破棄した」と述べていたのは、本当だったのである。

彼らは常日頃から、第三者の監視を意識し、注意をして暮らしていたのであろう。そして、ベアテの先輩ハドレーと上司だったケーディスが交換していた情報などを分析してみると、ベアテの両親が警察、町内会、隣組などから注視されていたとしても腑に落ちよう。

ところが、ベアテはこうした両親の行動を客観的に捉えるつもりなどなく、彼らを悲劇の主人公にし、自ら粛清担当になると復讐鬼と化したのである。ベアテの調査をしたウィロビーGⅡ部長は、ベアテが粛清対象に対し、「圧倒的な嫌悪」を注いだ、と記しているが、一度決めつけると間違っていても絶対に訂正しない性格は、もしかしたら母親アウグスティーネの影響かもしれない。

間違っていても訂正しない、それは私がウィーン取材中に遭遇したことでもあった。私は、ベアテが来日するまで住んでいたヴェーリンガー通り五十八番の住居を訪れてから、彼女の両親の婚姻証明書を取得するためユダヤ公文書館に向かった。そして、それが入手できると彼女の父「レオ・シロタ」として知られたレオ－レイブ・シロタの記入欄を見てから、「アウグスティーネ(Augustine)」として知られたベアテの母親の記入欄に目を移した。すると、レオ－レイブ・シロタの花嫁アウグスティーネ・フェル・ギーテルブロホの「結婚時の身分、独身か未亡人か離婚者か」の記入欄に、彼女は離婚者であったにもかかわらず「独身」と書き入れていたことを発見した。

シロタ夫婦が戦時中に軽井沢に疎開し、そこで厳冬を経験した――それは事実である。ただ、軽井沢で体験した厳冬の疎開生活は一冬のみであった。

ところが、二〇一五年に出版されたレオ・シロタの妻アウグスティーネによる稀少な回想録『Augustine』には、次のように書かれていた。

We would be there not by volition but by force, required to spend three miserable winter there in fear, hunger, and desperation.

(*Last Boat to Yokohama*)

「私たちは、そこに意思でなく強制されて居り、そこ軽井沢で三度の悲惨な冬を、恐怖、空

腹、絶望の中で過ごさなければならなかったのです」（筆者訳）

第一章でも触れたことだが、右の文に明記されているように、ベアテの母アウグスティーネによれば、夫妻は厳冬の軽井沢疎開を「三回」経験したことになる。そして、ベアテ自身もこれを受け、生涯、厳冬の軽井沢疎開三回説に立ち、それを彼らの強制収容体験ととらえ悲劇を語っていた。その際に、彼女は、父親レオ・シロタと東京音楽学校との契約期間について問おうとはしない。レオは一九四四年まで東京で在任しており、同年に契約解除を受け、それから軽井沢疎開に向かった。つまり、彼らの厳冬体験は一九四四年から一九四五年の一度のみであり、厳冬の軽井沢疎開「三回」説は作り話なのである。それでも、ベアテは「三回」説を信じ込み、これを警察、町内会、隣組粛清に結びつけて、両親が受けた仕打ちに対する復讐に臨んだのである。日本国中がひれ伏すGHQ民政局員という肩書に加え粛清の「専門家」という大義名分を与えられたベアテは、

「それまで抑えてきた彼女の個人的憎悪をぶちまけ、子供じみた喜びに浸っている」

このようにウィロビー調書は記している。

ところが、「子供じみた喜びに浸っ」たのち、偽りの三回説が日本人読者にばれることを恐れてか、母アウグスティーネが書いた回想文を載せていた書（英語版）が、『ベアテ・シロタと日本国憲法』という題名で日本で出版された際には、その稀少な回想文は完全に削除されていたのである。

そもそも、公職追放の原点はポツダム宣言に由来する。ところが、同宣言には、町内会、部落会、隣組関係者への言及はない。粛清に関しては、「ＪＣＳ１３８０」指令の中でも詳しく明記されていた。しかし、同指令にも町内会等は記述されていない。それをベアテは無理やり粛清対象にし、新日本国憲法を定着させるための政治工作のための有力な武器として使ったのである。

虐待やいじめを受けた、そう信じ込んでいれば、その人間は男性女性にかかわらず、その経験がトラウマとなりどこかでバランスを欠いた行動をとることがあると判明している。ベアテはドイツ人に対抗意識はあったものの、彼らには劣等感を持っていた。一方日本人に対しては、こうした感情を裏返しに発散した。民政局にはユダヤ系の人間が何人もいた。ベアテの上司ケーディスもユダヤ系米国人であり、東京のアメリカンスクール時代のユダヤ人後輩も翻訳官をしていた。そんな彼がベアテと食事をしている時、民政局の仕事を希望すると、

「面白い仕事よ、やってみたら」

と二十歳にもなっていないこの青年に、「面白い」から、「やってみたら」と日本の指導者を粛清する仕事を紹介してくれたという。そして、実際に民政局員として粛清を担当することになった青年は後に、

「ＧＨＱは封建時代の幕府のようなもので、マッカーサーは〝将軍〟として振る舞い、高級

幕僚（各局長）の多くはちょうど諸大名のように個人的な影響を及ぼそうと互いに競い合った」

（「ハンス・ベアワルド回想録」ハンス・ベアワルド『世界週報』一九九二年新年号）

と記している。民政局内のユダヤ系中級幕僚たちにもユダヤ民族としての思い入れがあった。その一つとして、ユダヤ系幕僚たちは、ユダヤ民族としての思いを刻んだワイマール憲法の失敗が、日本国憲法には起こらないように肝に銘じつつ、公職追放という粛清を実行したのである。ベアテが発案した粛清のラジオ放送は、日本全国に行き渡り、人々を緊張と恐怖、混乱に陥れた。「もと無国籍のユダヤ人で、慌てて米国市民権を取得した彼女は、米合衆国の権力とマッカーサーの威光をふるって、隣組粛清『専門家』という立場で、それまで抑えていた憎悪と激怒をぶちまけ」「子供のような歓喜」（『ウィロビー文書』）をしたという。その結果、民政局の予想通りに日本国民も投票をした。

一九四七年四月五日　　初の地方自治体首長選挙

四月二十日　　第一回参議院議員選挙

四月二十五日　　総選挙

以上の結果について、日本国民は圧倒的に中道の道を選んだ、という評価が下された。

そして、一九四七年五月二日、国会、最高裁判所、首相官邸、皇居に限り、「日の丸」掲揚も初めて許可された。

翌五月三日、日本国憲法が施行され、以降七十年間、民政局作成の「日本国憲法」には改正の手が触れられることはなかったのである。

# 参考文献


・アメリカ合衆国憲法
・ワイマール憲法
・ソビエト社会主義共和国連邦憲法
・日本国憲法／小学館／１９８２年
・世界憲法集／岩波文庫／宮沢俊義編／１９８３年
・人権宣言集／岩波文庫／高木八尺、末延三次、宮沢俊義編／１９５７年
・マイロ・ラウエル文書／東京大学附属図書館
・日本国憲法制定におけるアメリカの役割（上・下）／チャールズ・L・ケーディス／法律時報65巻6号・7号
・ケーディス日本占領回顧録／竹前栄治／東京経大学会誌第１４８号／１９８６年11月
・アルフレッド・ロドマン・ハッシー文書／国会図書館
・マッカーサー回想記／津島一夫訳／朝日新聞社／１９６４年
・裸のマッカーサー 側近軍医50年後の証言／ロジャー・O・エグバーグ／図書出版社／１９９５年
・マッカーサー元帥の日本再建構想／パシフィカス／トッパン／１９４７年
・マッカーサー面会日誌／MacArthur Memorial Archives
・ニッポン日記（上・下）／マーク・ゲイン／筑摩書房／１９５１年
・マッカーサーの謎 日本・朝鮮・極東／ジョン・ガンサー／時事通信社／１９５１年
・マッカーサーの政治改革／ジャスティン・ウィリアムズ／朝日新聞社／１９８９年
・マッカーサー戦記（上・下）／C・A・ウィロビー／朝日ソノラマ／１９８８年

・マッカーサー元帥日本を語る／J・P・マッキヴォイ／リーダーズダイジェスト／1950年6月号
・ダグラス・マッカーサー演説要約／リーダーズダイジェスト／1955年6月号
・ペリーとマッカーサー／秋山謙蔵／新文明／1962年8月号
・秘められた昭和史 近衛公爵とマッカーサー元帥／奥村勝蔵／鹿島研究所出版会／1965年
・マッカーサーと対日理事会／マクマホン・ボール／中央公論／1965年8月号
・敗戦日本の内側 近衛公の思い出／富田健治／古今書院／1962年
・私は自由のために戦つた／ダグラス・マッカーサー／文藝春秋／1956年6月号
・日本に君臨したマッカーサー／カイズ・ビーチ／文藝春秋／1955年3月30日臨時増刊号
・人間マッカーサー／コートニー・ホイットニー／リーダーズダイジェスト／1956年3月号
・マッカーサーと吉田茂（上・下）／リチャード・B・フィン／同文書院インターナショナル／1993年
・戦後秘史5 マッカーサーの憲法／大森実／講談社文庫／1981年
・マッカーサーの日本／週刊新潮編集部編／新潮社／1970年
・マッカーサー 記録 戦後日本の原点／袖井林二郎、福島鑄郎編／日本放送出版協会／1982年
・近衛文麿 対米和平工作の全容／ロバート・フィアリー／文藝春秋／2002年1月号
・風にそよぐ近衛／牛場友彦／文藝春秋／1956年8月号
・近衛文麿の死とその以後／西園寺公一／文藝春秋／1951年7月号
・最高司令官を最初に泊める／野村洋三／文藝春秋／1956年8月号
・獄中で迎えた新支配者／志賀義雄／文藝春秋／1956年8月号
・ヴェノナ 解読されたソ連の暗号とスパイ活動／ジョン・アール・ヘインズ、ハーヴェイ・クレア／PHP研究所／2010年
・東京旋風／H・E・ワイルズ／時事通信社／1954年
・戦後日本の設計者 ボートン回想録／ヒュー・ボートン／朝日新聞社／1998年
・中国と私／オーエン・ラティモア／みすず書房／1992年

・アメリカ知識人と極東 ラティモアとその時代／長尾龍一／東京大学出版会／1985年
・嵐のなかの外交官 ジョン・エマーソン回想録／ジョン・エマーソン／朝日新聞社／1979年
・J・K・エマーソン氏談話速記録／竹前栄治、天川晃／東京経大学会誌第99号／1977年1月
・ビッソン日本占領回想記／トーマス・ビッソン／三省堂／1983年
・1945年のクリスマス 日本国憲法に「男女平等」を書いた女性の自伝／ベアテ・シロタ・ゴードン／柏書房／1995年
・ベアテと語る「女性の幸福」と憲法／ベアテ・シロタ・ゴードン／晶文社／2006年
・憲法に男女平等起草秘話／土井たか子、B・シロタ・ゴードン／岩波ブックレット／1996年
・ベアテ・シロタと日本国憲法／ナスリーン・アジミ、ミッシェル・ワッセルマン／岩波ブックレット／2014年
・アメリカ版「東京ローズ」が明かす〝マッカーサー憲法制定〟の内幕／週刊朝日／1991年8月16日号
・私は男女平等を憲法に書いた（VHSビデオ）／五百旗頭真監修／ドキュメンタリー工房／1994年
・ベアテ・シロタ・ゴードンを迎えて 第147回国会参議院憲法調査会第7回議事録／2000年
・私はこうして女性の権利条項を起草した／ベアテ・シロタ・ゴードン／世界／1993年6月号
・「斜面」／信濃毎日新聞／2013年1月9日
・春のあめりか／高田保／改造／1946年新年号
・戦時下日本での私達／ヴェ・ブブノーワ／世界／1955年8月号
・日本を愛したユダヤ人ピアニスト――レオ・シロタ／山本尚志／毎日新聞社／2004年
・大東亜戦争秘録 心理作戦の回想／恒石重嗣／東宣出版／1978年
・「東京ローズ」始末記／恒石重嗣／論争／1962年10月号
・日本降伏勧告の尖兵として／八島太郎／文藝春秋／1962年12月号
・終戦のころ 思い出の人びと／村山有／時事新書／1968年
・私の足音が聞える マダム鳥尾の回想／鳥尾多江／文藝春秋／1985年
・ローゼンストック回想録／日本放送出版協会／1980年

・ヒトラー、ゾルゲ、トーマス・マン　クラウス・プリングスハイム二世回想録／クラウス・H・プリングスハイム／彩流社／２００７年
・知られざる日本占領　ウィロビー回顧録／C・A・ウィロビー／番町書房／１９７３年
・財閥解体　GHQエコノミストの回想／エレノア・M・ハドレー／東洋経済新報社／２００４年
・ハンス・ベアワルド回想録／ハンス・ベアワルド／世界週報／１９９２年新年号
・指導者追放／ハンス・ベアワルド／勁草書房／１９７０年
・公職追放論／増田弘／岩波書店／１９９８年
・戦後自治史　第１巻　隣組及び町内会、部落会等の廃止／自治大学校／１９６０年
・戦後改革と地域住民組織　占領下の都市町内会／吉原直樹／ミネルヴァ書房／１９８９年
・日本の幻想／加藤子明／乾元社／１９５０年
・楢橋渡伝／「楢橋渡伝」編纂委員会編／「楢橋渡伝」出版会／１９８２年
・松本烝治氏に聞く／東京大学占領体制研究会／憲法調査会事務局／１９６０年
・日本国憲法制定に関する談話録音／金森徳次郎／国会図書館／１９５７年12月
・憲法成立の経緯と憲法上の諸問題／入江俊郎論集／入江俊郎／第一法規出版／１９７６年
・日本国憲法制定に関する談話録音／佐藤達夫／国会図書館／１９５５年２―４月
・日本国憲法成立史　第１巻―第４巻／佐藤達夫／有斐閣／１９６２年―１９９４年
・日本国憲法制定に関する談話録音／フランク・リゾー／１９５４年11月27日／国会図書館
・３月４日提出松本案／外務省外交文書マイクロフィルム・リールA００９２
・日本国憲法誕生記／佐藤達夫／中公文庫／１９９９年
・佐藤達夫関係文書 http://rnavi.ndl.go.jp/kensei/entry/satoutatsuo1.php
　高柳会長とマッカーサー元帥及びホイットニー准将との間に交わされた書翰
　Notes on conversation with Mr. Frank Rizzo on Aug.6, 1959
　幣原先生から聴取した戦争放棄条項等の生まれた事情について／平野三郎

マッカーサー草案を受諾した理由と事情
日本文草案を司令部に持参
司令部における徹夜の作業
The story of article 9. (Newsweek Oct.4, 1971)
第9条は総司令部の発意か
日本国憲法(3月5日案)
三月四、五両日司令部ニ於ケル顛末

- 日本国憲法制定秘史 GHQ秘密作業「エラマン・ノート開封」/村川一郎、初谷良彦/第一法規出版/1994年
- 日本国憲法制定の経緯 連合国総司令部の憲法文書による/犬丸秀雄編著/第一法規出版/1989年
- 憲法改正経過手記 昭和二十一年一月ヨリ五月迄/入江俊郎関係文書/国会図書館
- 新憲法草案起草の思い出/入江俊郎/郵政/1950年5月号
- 日本国憲法制定の過程(Ⅰ・Ⅱ)/高柳賢三他編/有斐閣/1972年
- 高木八尺著作集 第五巻/東京大学アメリカ研究センター編/東京大学出版会/1971年
- 前文・天皇・戦争の放棄・改正・最高法規に関する報告書/憲法調査会第一部会/1964年7月
- 憲法制定の経過に関する小委員会報告書/憲法調査会/1964年7月
- 第24回国会内閣委員会第38号/1956年5月7日/参議院会議録
- 回想十年 第2巻/吉田茂/新潮社/1957年
- 外交五十年/幣原喜重郎/原書房/1974年
- 大凡荘夜話/紫垣隆/一二三書房/1958年
- 憲法第九条を強要された父・喜重郎の悲劇/幣原道太郎/週刊文春/1981年3月26日号
- 一皇族の戦争日記/東久邇稔彦/日本週報社/1957年
- 「占領秘話」を知り過ぎた男の回想/白洲次郎/週刊新潮/1975年8月21日号

・プリンシプルのない日本／白洲次郎／新潮文庫／２００６年
・霊智学解説／H・P・ブラヴァツキー／心交社／１９８２年
・日本国憲法を生んだ密室の九日間／鈴木昭典／創元社／１９９５年
・新憲法の誕生／古関彰一／中公文庫／１９９５年
・占領秘録（上・下）／住本利男／毎日新聞社／１９５２年
・ベルリン・東京物語 音楽家クラウス・プリングスハイム／早崎えりな／音楽之友社／１９９４年
・検察秘録 二・二六事件Ⅱ 匂坂資料６／原秀男、澤地久枝、匂坂哲郎／角川書店／１９８９年
・二・二六事件 獄中手記・遺書／河野司編／河出書房新社／１９７２年
・日本の叛乱 青年将校たちと二・二六事件／ベン＝アミ・シロニー／河出書房新社／１９７５年
・ブラック・プロパガンダ 謀略のラジオ／山本武利／岩波書店／２００２年
・聞き書 緒方貞子回顧録／野村健、納家政嗣編／岩波書店／２０１５年
・スイス公使の謎の電報「軽井沢爆撃するな」／産経新聞／２０１５年８月16日
・「吉田元首相の回顧録音要約」／朝日新聞／１９７７年４月18日
・第２次世界大戦の和平交渉とスイス／鈴木多聞／第１回日瑞学術交流ワークショップ／２０１５年８月
・現代オカルトの根源 霊性進化論の光と闇／大田俊寛／ちくま新書／２０１３年
・米国対日占領政策と武道教育 大日本武徳会の興亡／山本礼子／日本図書センター／２００３年
・*Weimar Constitution.*
・*The Constitution of the United States.*
・*1936 Constitution of the USSR*
・*1918 Constitution of the Russian Soviet Federated Socialist Republic*
・*Basic Initial Post Surrender Directive to Supreme Commander for the Allied Powers for the Occupation and Control of Japan* (JCS1380/15) 3-11-1945／国会図書館

- *Reform of the Japanese Governmental System* （SWNCC228） 27-11-1945 ／国会図書館
- *Milo E. Rowell Interview* Harry S. Truman Library
- *Occupation of Japan Project* Charles Kades Columbia University 1976
- *Charles L. Kades Papers, 1913-1997* Amherst College Archives and Special Collections
- *Kades Memoirs on the Occupation of Japan: Oral History* MacArthur Memorial Archives
- *Alfred Rodman Hussey Papers* University of Michigan, University Library Special Collections
- *My fifteen years with General MacArthur* Col. Sid Huff with Joe Alex Morris Paperback Library, Inc. N.Y 1951
- *Oral Reminiscences of Dr. Roger O. Egeberg* MacArthur Memorial Archives 1971
- *East Wind, Rain* Elliott R. Thorpe Grambit Inc. 1969
- *The Japanese "Family" An Evil* Col. Elliott R. Thorpe MacArthur Memorial Archives
- *Communist Espionage in the Far East* Col. Elliott R. Thorpe MacArthur Memorial Archives
- *Communism in Japan After two years* P.J. Byrne Mary Knoll Kyoto MacArthur Memorial Archives 1947
- *The Secret World of American Communism* Harvey Klehr, John Earl Haynes, Fridrikh Igorevich Firsov Yale University Press 1996
- *The Communist Controversy in Washington: From the New Deal to McCarthy* Earl Latham Harvard University Press 1966
- *Oral Reminiscences of*

  *General George C. Kenney* 16-7-1971

  *Colonel William J. Niederpruem* 25-8-1971

  *Major Faubion Bowers* 18-7-1971

  *Major General William A. Beiderlinden* 25-6-1971

  *Major General Charles A. Willoughby* 30-7-1971

  *Lieutenant General Alonzo P. Fox* 26-6-1971

  *Lieutenant General Joseph M. Swing* 26-8-1971

*Ambassador William J. Sebald* 30-7-1971

*Major General Edwin K. Wright* 28-8-1971

*Russell Brines* 18-6-1977

*Major General Frank H. Britton* 28-7-1971

*Major General John H. Chiles* 27-7-1977

*Brigadier General Benjamin T. Harris* 3-6-1977

*Brigadier General Crawford F. Sams* (*M.D.*) 25-8-1971

*Brigadier General Burdette M. Fitch* 28-8-1971

*Colonel Sidney F. Mashbir* 1-9-1971

*General Albert C. Wedemeyer* 6-7-1971

*Brigadier General Frederick P. Munson* 3-7-1971

・*Leftist Infiltration into SCAP* (*PG23, Box 18*) MacArthur Memorial Archives

・*Harry Emerson Wildes Collection Box 3* Syracuse University Libraries

・*Harry Emerson Wildes Interview* Harry S. Truman Library

・*Ruth Ellerman Hussey Interview* Harry S. Truman Library

・*Richard A. Poole Interview* Harry S. Truman Library

・*Irwin Hersey Interview* Harry S. Truman Library

・*Max W. Bishop Interview* Harry S. Truman Library

・*John S. Service Interview* Harry S. Truman Library

・*Dr. Milton J. Esman Interview* Harry S. Truman Library

・*Prof. Cecil Tilton Interview* Harry S. Truman Library

・*Interviews of Mrs. Beate Gordon, Mr. Joseph Gordon and Mr. Irwin Hersey* Harry S. Truman Library

- *22-Year-Old American Gave Equality to Japanese Women* http://goldsea.com/Text/index.php?id=14061
- *Margaret Stone Hallerman Interview* Harry S. Truman Library
- *Reminiscences of Cyrus H. Peake* Columbia Center for Oral History 1961
- *Reminiscences of*
  - *Joseph William Ballantine*
  - *Faubion Bowers*
  - *Eugene Hoffman Dooman*
  - *Joseph Gordon*
  - *Harold Gould Henderson*
  - *Charles Kades* Columbia Center for Oral History 1961
- *Reminiscences of Hugh Borton* Columbia University 1956
- *American Presurrender Planning for Postwar Japan* Hugh Borton East Asian Institute Columbia University 1967
- *China Hand An Autobiography* John Paton Davies, Jr. University of Pennsylvania Press 2012
- *China Scapegoat: The Diplomatic Ordeal of John Carter Vincent* Gary May New Republic Books 1979
- *The Politics of Women's Rights: During the Allied Occupation of Japan* Susan J. Pharr University of Hawaii Press 1987
- *Records of Japan, Tokyo Embassy 1936-1941 and office of the U.S. Political Advisor for Japan, Tokyo 1945-1952* ／国会図書館
- *The Origins of Japan's Democratic Constitution* Theodore McNelly University Press of America, Inc. 2000
- *Revisiting the Japanese Constitution* Harold S. Quigley Foreign Affairs Council on Foreign Relations Oct. 1959
- *Owen Lattimore and the "Loss" of China* Robert P. Newman University of California Press 1992
- *Solution in Asia* Owen Lattimore Atlantic Monthly Press Boston: Little, Brown and Company 1945
- *THE ONLY WOMAN IN THE ROOM* Beate Sirota Gordon Kodansha International Inc. 1997
- *Last Boat to Yokohama* Nassrine Azimi, Michel Wasserman Three Rooms Press 2015

・*Beate Sirota* Subj: Radio Program on the Purge to be suggested to CIE 3-2-1947／国会図書館
・*Beate Gordon with Colonel Charles L. Kades Interview* Columbia University
・*Beate Sirota* Subj: Officials of the Dai Nippon Butokukai falling under Category G, Appendix A,
SCAPIN550／国会図書館
・*Beate Sirota* Subj: Dissolution of the Dai Nippon Butokukai 26-2-1947／国会図書館
・*Beate Sirota* Subj: Review of reinstatement NAGAI Gen and IDEMITSU Sazo 29-1-1947／国会図書館
・*Beate Sirota* Subj: Enforcement of the Purge Directives 20-2-1947
Economic Branch, PAD to Col. Marcum／立命館大学図書館
・*Beate Sirota* Subj: Barring CHONAI-KAICHO and BURAKU-cho from taking positions on Screening
Committees 6-3-1947／立命館大学図書館
・*Beate Sirota* Subj: Enforcement of the Purge
Economic Branch, PAD Memo for the Record
Memo for Major Napier, Chief Purge Office／立命館大学図書館
・*Obituary, Beate Sirota Gordon* The New York Times 1-1-2013
・*Beate Sirota Gordon* The Japan Times 13-1-2013
・*Dr. Pieter Roest Dies* San Jose Mercury News 12-6-1968
・*Jean Marie Roest 1919-2004* San Jose Mercury News 19-12-2004
・*Memoir of Japan* Jean Marie Roest 1996
・*Obituary notice Jean Marie Roest nee Louttit*
・*Election Report, Memorandum for the supureme commander* Pieter Roest 22-4-1946
・*Innocence is not enough: The life and death of Herbert Norman* Roger Bowen Douglas & McIntyre 1986

# 日本国憲法の真実
## 偽りの起草者ベアテ・シロタ・ゴードン

二〇一六年八月十日　第一刷発行

著者　高尾栄司
発行者　見城徹
発行所　株式会社 幻冬舎
〒一五一-〇〇五一 東京都渋谷区千駄ヶ谷四-九-七
電話 〇三-五四一一-六二一一（編集）
〇三-五四一一-六二二二（営業）
振替 〇〇一二〇-八-七六七六四三
印刷・製本所　中央精版印刷株式会社

検印廃止


ISBN978-4-344-02974-3 C0095
幻冬舎ホームページアドレス http://www.gentosha.co.jp/
この本に関するご意見・ご感想をメールでお寄せいただく場合は、comment@gentosha.co.jp まで。